臨川書店刊

牧田諦亮著作集

第二巻

中国仏教史研究1

目次

中国仏教史研究1

中国仏教史の流れ

中国上代の仏教

一　日本人の中国仏教史観

いまから七百三十五年も前、すなわちわが四条天皇延応二年（一二四〇）に伊予国高橋郡に生を享けた示観国師凝然大徳は、華厳宗東大寺でも有数な学僧であったことは周知のところである。華厳部・浄土部その他の計百八十二部数百巻に及ぶ凝然の尨大な著作の中でも、『八宗綱要』[①]や『三国仏法伝通縁起』などは、ことによく読まれたものである。

凝然大徳二十九歳の時の著作といわれる『八宗綱要』は仏教入門者必読の書として、今日においても仏教系大学では教材として用いているほどであり、『三国仏法伝通縁起』は仏教各宗伝播の事歴を略述したもので、これは凝然大徳の晩年、七十二歳で、後宇多上皇の叡覧に供せんがために東大寺戒壇院で本書三巻を撰述したのである。ときに応長元年（一三一一、中国の元の武宗至大四年）六・七月の頃であった。中国については、毘曇・成実・戒律・三論・涅槃・地論・浄土・禅・摂論・天台・華厳・法相・真言の十三宗の流伝を記したものである。このころ他に『仏法和漢年代暦』のような撰述もあったとはいえ、日本人の著作として中国の仏教をとりあつかったものとしては、やはり注目すべきものであったことはいうまでもない。

この凝然大徳の著作から十年遅れて虎関師錬（一二九八―一三四六）が日本仏教史としての『元亨釈書』三十巻を撰述したのは元亨二年（一三二二）であった。その巻二十七、学修志の序に、「中華の梁・唐・宋の三僧伝は但だ伝を列ねて、しかも志無し、史の体を全うせず、釈門正統と仏祖統紀は史製を倣《なら》うといえども、然も天台をもって正統となし、余宗を支庶となす、釈氏の全史となすに堪えず」と、てひどく中国の僧伝、僧史の類を批判している。これは、すでに虎関の当時に、中国の僧伝類が日本の仏教界にもよく読まれていた一証左ともなるものである。このような師錬の史観は、『愚管鈔』と『神皇正統記』の中間に位して、当時の偏狭ないわゆる皇国史観によるものであって、すでに存命中に、彼のもとに教を受けた円月中巌（一三〇〇―一三七四）からも指摘されている。しかも、日本においては、中国仏教に関する記述としては、凝然の『三国仏法伝通縁起』がそののち永く独自の権威をもって仏教界に読まれ、明治維新にまで及んだのである。

永年にわたる徳川幕府の庇護を離れ、廃仏毀釈の荒波に直面した仏教界の、僧侶資質の向上策として、各宗における仏教教育振興策がとりあげられたことは、今日における仏教系大学教育の隆昌の遠因となったものである。この仏教教育振興の具体的方策のあらわれとして、仏教史の教材として採りあげられたものが、凝然大徳の『三国仏法伝通縁起』であったことは、旧幕時代の諸宗の学寮での教科の延長であるとはいえ、将来にわたって多くの問題を派生することとなった。

仏教系大学図書館に蔵する『三国仏法伝通縁起』関係の書籍を見ても、㈠明治九年、楠潜竜校本、㈡明治十年、赤松皆恩校本、㈢明治二十一年、杉原春道解・瀬辺恵燈注の冠導本、㈣明治四十年、仏教全書本をはじめ、注釈に類するものとしては、㈠明治八年刊、吉谷覚寿述、三国仏法伝通縁起講述、㈡明治九年、酒井最正述、三国仏法伝通縁起質問録、㈢明治十年、藤島了穏述、三国仏法伝通縁起摘解、㈣明治十一年、広陵了栄述、三国仏法伝通縁起講義、㈤明治十二年、細川千巌編輯・渥美契縁校閲、三国仏法伝通縁起典拠などが続々と刊行され、かつ重版されたことを見ても、いかに、明治初期のわが仏教界に、凝然大徳の書がもてはやされたかが知られる。

しかし、中国仏教のみについて考えてみても、その記述は単なる「蘭菊美を諍える」[2]といった造疏述章の歴史を概観したものであって、必ずしも中国仏教史の体を成したものではなかった。しかしこのような明治初期における教学偏重の仏教史書の流行は、その後の日本における中国仏教史研究の動向に、仏教のおかれる社会を無視して宗義史偏重という、重要な影響を与えることとなったことを反省する必要がある。

この明治初年の宗義史を中心とした仏教史研究はその後、数十年にわたって、日本の仏教史研究の方向を規定したものといえる。そして、昭和十四年の道端良秀氏の『概説支那仏教史』にいたるまで、すくなくとも日本の中国仏教史研究の大勢を占めたものは、日本の祖師たちの理解した専門的な宗義教学のあとをひたすら辿ることを至上命令とするものであった。たしかにこれは仏教史研究の一面ではあるが、より重要な、活きた社会人を救済の対象とする宗教としての仏教の実態を究明することは、なおざりにされるという大きな過失を犯したことになる。従来、中国仏教史研究でこの面が忘れさられていたことの弊害が、中国仏教の実態を誤解させたことはいうまでもない。これからの中国仏教史研究において、まず、明治以来の、この謬った傾向を完全に清算してしまわねばならない。

二　漢訳経典の理解

以上は私たち日本人の中国仏教史研究に対する反省である。それとともにさらに重要なことは、今日、私たちが中国仏教史の研究資料として利用でき得るほとんどすべてのものは、趙宋初期、開宝七年（九七四）甲戌歳の刊記を有する『仏本行集経』（巻十九）などによって知られる、北宋勅版大蔵経以後の印刷大蔵経によっているということである。

周知のように、教団が展開してゆく過程の中で、教団の純正を保とうとする側（保守派）と、教団がよりよく社会に訴えようとして新たなものへの発展を求めようとする側（進歩派）との対立は、いついかなる教団の中にも見られる現象である。中道を標榜する仏教教団においてもこれは例外ではない。自国を中華と称し、周辺のものを東夷西戎南蛮北狄と蔑称する中国に、ようやく地歩を占めた夷狄の教である仏教も、さて、中国の仏教となると、翻訳経典こそが正しく、中国人の意をもって作為または抄出された経典はすべて疑偽の経典であり、教団からは必ず排斥せられるべきものとして、いわゆる「淫渭流れを殊にするもの」③とされたのである。中国の仏教徒が、中国人としての立場から、時と処に即応すべき経典として撰述されたものは、釈尊金口の経典とは厳格に区別されて、経典としての地位をことごとに奪われた。それは、現存するものでも梁の僧祐の『出三蔵記集』（その中には東晋の道安の綜理衆経目録もふくまれている）をはじめ、隋代・唐代の経典目録――経録に疑経録、疑偽経論録などの名で、その擯斥された経論名を知ることができる。

唐代経録中の最もととのったものとして知られる長安西崇福寺沙門智昇（六五八―七四〇）が開元十八年（七三〇）に撰集した『開元釈教録』二十巻は、その意味では、中国仏教の性格を知るうえの一つの基準とされる。白居易（楽天）が蘇州や洛陽に経蔵をつくり、その中に納めた経典類の組織は、もっぱら『開元録』によっていることを自ら記しているほどである④。宋版大蔵経も、その開板印行にあたっては、『開元録』巻十九・二十に収める入蔵録（総じて一千七十六部、合して五千四十八巻、四百八十帙となす）にもとづいているのであって、『開元録』によって「偽経」・「抄経疑惑」などと判定されたものは、その開板印行から全くはずされてしまっている。この経録の判定が妥当公正なものであればともかく、いったん翻訳された漢訳経典の原本はもはや全くすててかえりみない中国において、原典にたちもどっての判定でもなく、おそらく、前出の経録を踏襲し、また経録編纂者の私見が加えられて、ほしいままに改変された記事で満たされている経録のなかの訳経の記載については、必ずしも全面的な信頼をおくことはできないのである。

一例を挙げると、たとえば後漢の安世高訳として『大正大蔵経』第十七巻に収められている『分別善悪所起経』は、北宋版以来、真経として各大蔵経に収められてあり、当然、『開元録』には、真経と認定している。『開元録』からさかのぼって、『大周刊定衆経目録』巻九、『大唐内典録』、さらに開皇十七年（五九七）撰集になる『歴代三宝紀』巻一にいたるまで、すべてこの『分別善悪所起経』は、後漢の安世高訳として真経として処遇されている。ところが、『歴代三宝紀』撰集から三年前に編集された法経らの『衆経目録』巻三からさかのぼって『出三蔵記集』巻四までは、どの経録もみな失訳雑経録に入れ、訳者名を逸したものとしている。『歴代三宝紀』の編者費長房は、確固たる根拠もなく、従来、訳者名不詳の『分別善悪所起経』を安世高の訳出としているのである。さらに驚くべきことは、『出三蔵記集』巻五以来、北魏の曇靖が撰述したことを明記している『提謂波利経』の経文と、この『分別善悪所起経』の経文が、ほとんど完全に一致する内容を持っていることである。しかも『提謂経』はすべての経録が疑経と判定していて、真経の資格を与えていないのである。

『出三蔵記集』の編者僧祐（四四五―五一八）の死後八十年たって、費長房がいかなる根拠にもとづいて失訳経を安世高訳としたか、また同一内容を持った『提謂経』は疑経として入蔵録には見えていないが、安世高訳とされた『分別善悪所起経』は真経として勅版大蔵経に収載されている。⑤

このような矛盾は、他にも求めることはできる。それよりも問題とするのは、この印刷大蔵経の開板は従来書写されて伝わってきた、中国仏教の実態を私たちによく示してくれる疑経類（その名は疑偽の経典であるが、それぞれの撰述された時代の仏教信仰の一面を知り得るもの）が、ほぼ完全に中国仏教から姿を消しさった有力な原因の一つとなったことである。時機相応の経典であることをもって、いわゆる疑経類があるいは生じ、あるいは没してしまうものではあるにせよ、『開元録』巻十八の疑妄乱真録の中に、三百九十二部一千五十五巻にも及ぶ疑偽経典の名称が挙げられていることは、中唐頃までの中国仏教にあって、すこぶる重要な地位を疑経がもっていたことが知られる。ロンドンやパリ、その他に見られる数多くの敦煌疑経類の実在は、単なる好古癖にとらわれることなく、これらの疑経が敦煌で作られたものではなく、遠く長安・洛陽などの中原地方の仏教の実態を知るという意味で、極めて重要な意義を有するものであることに思いをいたす必要がある。実際に当時の中国人社会に行なわれていた仏教とはいかなるものであったか、いたずらな論議に眼をうばわれて中国仏教の実相を見失っていないか、教義学者による教学論争がはたして中国仏教の実相であるのか、日本・中国の社会構成の相異から中国人社会の宗教・仏教に興味をもたない日本人の通性からか、私たちは中国仏教史を研究するときに、そのほとんどの資料を印刷大蔵経によらざるを得ない現状に眼を奪われて、中国仏教の実態を見誤ってはいないかどうか、このような諸点について、十分に考慮する必要を痛感せざるを得ないのである。パリの国立図書館には『歴代三宝紀』の残欠の古鈔本があり、現行のそれとは若干の異同も認められる。⑥書写の時代から印刷の時代に移行するときに、実はこの疑経類についての一例からも知られるような、従来、見逃がされてきた重要な事実のあることをもよく承知しておかねばならぬことである。

以上のような、㈠旧幕時代からを通して、『三国仏法伝通縁起』の流行による明治初期以来の偏よった日本における中国仏教史研究の立場、㈡中国における、書写時代から印刷時代への移行を中心とする仏教資料の取扱い方、㈢疑経類の存在を全く無視しつづけ、各宗の発展を機械的に現実のものとして、古い認識からしてこれを認めようとする傾向など、これらのことをよく認識した上で、もう一度、中国仏教史の流れを見直してゆきたいと思うのである。

三　仏教の伝来

ふつうに、中国へのインド仏教の伝来は、後漢の明帝の永平七年とか永平十年（六七）に、摂摩騰や竺法蘭によって『四十二章経』などとともに洛陽にきたって、鴻臚寺（外賓接待の役所）にいたり、白い馬に経像を載せてきたところからついに白馬寺と称されるにいたり、役所の名としての寺はついに仏教の独占するところとなったというのである。⑦

しかし、今日、この説をまともに信頼する人は多くはいないであろう。宗教史の真実というか、また虚構というのか、宗教史の上で、その宗教が何時頃発生したか、何時頃、外国からもたらされたかということについては、すこぶる議論の多いことは事実である。私はもう二十数年も前に、ある宗教の発祥地での学会の席上、「御本典の哲学的意義」という、その宗教に属する研究者の研究発表を聴講したことがある。およそ、哲学には全く関係もない、純粋な宗教信念に生きた教祖の書いたものに対して、わずか数十年後の教徒によって、高次な説明が導きだされてゆく過程をまのあたりに見ることができた。宗祖の誕生に奇瑞が必ずあり、乞食坊主にやんごとなき姫君が配偶者としてあらわれるなどの例は、それは事実であろうと、なかろうと、大した問題ではないのである。信奉者たちによって種々の奇蹟霊験がつけくわえられてゆくのは、当然のことであり、教祖が偉大であればあるほど、その当時に権力者や異信の人たちからの迫害があればあるほど、そのことはさらに美化され強調されてゆくのは、誰しもが容易に見聞するところである。

まして、いまから千数百年の昔、国家経綸の中心としての儒教が確立しており、伝統的な中華思想のまっただなかに、何かにつけて軽蔑しきっていた夷狄の宗教――仏教が中国人社会に定着するまでには、仏者のなみなみならぬ努力を必要としたであろうし、儒教・道教などの伝統思想・宗教との厚い壁の前に、忍従の幾十百年があったであろうことは想像にかたくないのである。

歴史はあとから作られる。インドの仏教が数多くの国々を経歴して、ようやく中国に伝来するまでには、すくなくとも五百年の歳月を要していることは、何人も疑わない。そして経過した土地と人との間に、いくらかずつその教説は変容し増添されて、ようやく中国に伝わったとしても、その最初は、ちょうど日本に仏教が伝来した当初は、帰化人たちの間にそれがわずかに信仰されていたにすぎなかったのと同様に、洛陽などの主要な都市に、西域の人たちの聚落のなかに信仰されていたのであろう。

『列子』の仲尼篇に、「西のかなたに聖なる者があり、ことさらに民を治めなくとも世は乱れないで、民はうまく治まり、誠をもって人を感ぜしめれば、何もべらべらしゃべらなくとも人々から自然と信用され、教化することなくして世の中はよくおさまり、その偉大な徳化の中にあって、人々は名づけようもないほどだ（西方之人、有聖者焉、不治而不乱、不言而自信、不化而自行、蕩蕩乎民無能名焉）……」の句がある。『列子』そのものは、著作年代についても異論があり、魏晋の間の偽作であるというが、唐の道宣は『広弘明集』の巻一（帰正篇）にこれを証拠として、「孔子は深く仏を知って大聖なりとしたが、時縁いまだすすまないによって、言わずして心の中に覚えこんだ」と言うのである。⑧ 列子の時に西方聖者としての仏陀を記すの説の根拠がいかなるものであるかが察せられる。ここにいう聖人は、論語や荘子にもいう、真の聖人は言わずして教え、無為の化を行なうものであり、ことさらに仏陀を指すものではないことは当然である。

また、秦の始皇帝の時に、沙門室利防ら十八人が経をもたらして中国にやってきたなどの説があるが、これも隋代の費長房の『歴代三宝紀』巻一に記すところであって、六朝・隋頃の、仏教と儒教・道教などとの角逐によって招来された戯論に外ならないのである。[9]『老子西昇経』に、「老子の師が天竺に化遊して善く涅槃に入る」[10]とあり、この師とは釈迦文化のことであるとするなども、老子が仏を化したという『老子化胡経』などとの、仏道角逐のもたらした架空の談であることはいうまでもない。私たちが仏教入中国の問題を考えるとき、このような夾雑物を排除することが必要であることはいうまでもないが、同時に、このような説話の生れ出てくる時代背景を真剣に考慮することによって、仏教が儒教下の中国に受容されてゆく過程を、誤りなく観察できることを知らねばならないのである。

四　楚王英の信仏

中国における仏教信仰の実在について、信用し得る記載として挙げられるのは、『後漢書』巻七十二、楚王英伝である。

後漢書本紀十巻列伝八十巻の撰者は、のちに宋の文帝打倒の陰謀に連坐して誅死した范曄（三九八―四四五）である。多くの後漢書を刪除加筆して『後漢書』としたものである（志三十巻は晋の司馬彪の撰）。彼の父の范泰（三五五―四二八）は仏教を信頼すること甚だ篤く、私邸の西に祇園精舎を建ててこれに住んだと伝えられ、『弘明集』巻十二には、当時の中国人僧侶がインド風の食事の姿勢（踞食）をとることについて、范泰と当時の有名な僧侶との往返の文書が収められているほどである。[11]范曄はこのような家庭に生長して、仏教を十分に理解していたと思われるし、また范曄が『後漢書』を編纂した元嘉（四二四―四五三）の初年は、廬山慧遠の歿後十年も経っていない時であり、仏陀什が『五分律』三十巻などを訳出した時でもあり、江南における仏教の隆昌がようやく顕著となってきたころである。その頃から、溯ること三百五十四年も前に死んだ楚王英の生涯を、この范曄の残した『後漢書』の記事によって知るのである、という事実を没却してはならないであろう。

楚王英（?—七一）は、光武帝の庶子、仏教入中国伝説で必ず説かれる後漢の明帝の異母弟にあたる。その伝によると、永平八年（六五）、明帝が詔して、死罪のものも絹を納めて贖罪することができるとした時に、楚王英は絹三十四を納めて、従来の過悪を謝して贖罪したいと申し出たが、明帝はこれに対して次のような回答を与えている。⑫

楚王誦黄老之微言、尚浮屠之仁祠、潔斎三月、与神為誓、何嫌何疑、当有悔吝、其還贖以助伊蒲塞桑門之盛饌、因次班示諸国中

楚王英はいつも黄老の奥深い言葉《おしえ》を誦しており、また浮屠（仏）の祠（廟）を尚んでいるほどであり三月の潔斎を行なっており、神（仏）と誓をたてて（身を律して）おり、楚王の日常については全く疑うところはない。心から従来の所行を後悔しているのであろう。その贖罪のために納めた絹は楚王に還し、沙門たちへの供養となさしめよ。よってこれを国中にあきらかにせよ。

後漢第二代の天子の異母弟という高貴な身分の皇族の家で、異国の仏教を信奉していた実情が知られる。不死不老の神仙としての黄帝・老子と同様の神格としてインドの仏陀を信奉し、三月潔斎して持戒修行の生活を続け、家には相当多数の外国僧が出入していたとも推察される。しかも、それは三月潔斎というインド仏教でいう雨期夏安居の三カ月をいうのか、楚王英本人の三月、五月、九月の三長斎月の持戒修行であるかは明らかにしがたいが、ともかくこのような記事で西暦七十年代の中国における仏教信仰の実態をうかがうにたる記録を『後漢書』に見ることは、劉宋代の范曄の加筆があるか否かは別として、すこぶる貴重な資料であり、まだ一般社会に仏教の行なわれていない頃に、皇族の中に、このような具体的な信仏の事例を見ることは、不死の黄老の微言を誦するのと同様に、当年《いま》の幸福を求める対象として、浮屠（仏）があったという確証が見られるのである。のちに楚王英は道士と

結託して図讖の類をつくって、帝位をうかがうものとして罪、誅にあたる大逆罪として、はるか江南の丹陽に遷され、翌年その地で自殺したのである。その信仏も必ずしも深く萠したものではなく、それが果して仏教信仰と称し得るものであるかいなかについても、問題の存するところであることはいうまでもない。ただ、俗に永平十年仏教公伝説が仏教史料（五百年代初頭の頃、『梁高僧伝』などの一連の僧伝によって定型化されたもの）に説かれている頃に、現実に気まぐれとはいえ、皇族の中に仏教（仏教儀礼）に理解を示したものがいたことに注目しておこう。

楚王英が死んで七年ほど後に生れた文人であり、科学者として知られる張衡（七八—一三九）が、和帝の時に奢侈に流れる長安・洛陽の風潮を慨歎してつくった『二京賦』の中の「西京賦」には、「晧蘱流眄、一顧傾城、展季桑門、誰能不営」の句があり、[13]「佳人のながしめに城も傾くほどであり、（論語にも見える）かの直道を守った柳下恵（展季）や桑門《しやもん》といえども、まどわないものはない」との意であるが、このような喩に引かれるほど、当時すでに長安市中に外国沙門の姿が目についたことを推測させるものである。まだこの頃は、中国人の仏教を信奉するものは、楚王英のように、その事実が特記されるほど珍奇に属することであり、外国沙門の赤布をまとった姿が好奇の眼をもって見られていた時代であり、いわゆる「絹の道」を往来する西方の人たちや、長安・洛陽などの大都会に居住する外国人たちの間に、仏教がようやく行なわれていた程度であったのであろう。

道家の神仙方術的宗教、それは多くの中国人の願望である不老長生、家門繁栄などの希望をかなえ、禳災・招福に特別の能力を持つもの、それに似かよったような風態をし、呪術力を持つかに見える経典の読誦に日夜を送る外国僧に興味を感じた若干の貴族階級のあいだに、ようやく仏教が認識されだしたのが、後漢、明帝ごろの状態であったと推察するものである。

外国の仏教僧の往来があったとしても、仏教の教義・信仰が中国人社会に浸透するためには、当然そのよりどころとする経典が中国語に翻訳されて、中国人であれば、文字を解するものであれば、たやすくその内容を理解できるようになることが要求される。その要求を満たすものとして、最初にいかなる経典が中国語訳されたのであろうか。現存最古の経録である『出三蔵記集』や、同じく現存最古の僧伝としての『梁高僧伝』（これらはいずれも六世紀初頭の編集になるもので、後漢の明帝の頃からすれば、約四百五十年の後である）によれば、『四十二章経』がその首におかれる。『出三蔵記集』巻二の注記によれば、道安法師の『綜理衆経目録』にはこの四十二章経が記録されていないという⑭。

五　経典の翻訳

しかし、現に『大正大蔵経』第十七巻には、後漢西域沙門迦葉摩騰共法蘭訳として、北宋版大蔵経以来の伝承によって、『四十二章経』が収載されている。すでによく指摘されているように、㈠この『四十二章経』の訳語がよほど後世のものであると思われること、㈡『出三蔵記集』撰集より百三十年以前の道安は見ていないこと、㈢諸経の要を提げて俗を導くもので、必ずしも完全な翻訳ではないのではないか、㈣訳者名のごときは単なる仮託にすぎないのではないか、などの疑問がある。さきに述べたとおり、こうした経典翻訳の論議は経録類の記載によるかぎり、決着のつくことではなく、『梁高僧伝』巻一の摂摩騰伝や、竺法蘭伝の『十地断結経』・『仏本生経』・『法海蔵経』・『仏本行経』・『四十二章経』等を訳出したという記事も、それをそのまま事実であると認め得る証拠は見出しがたいのである。

また、中国に往来した仏僧たちのもたらした経典も、それぞれの宗とするところを随意に持ってきたのであって、その間に、一代仏教としての選択が行なわれたわけではない。インドでは仏教思想の発達にしたがって、その宗とする経典が仏説として世に提供された。しかし中国では、仏教の母国における思想の発展過程には無縁に、各種各様の経典が提供され、翻訳されて、おそらくは、世人を惑わしたことも多かったのであろう。そうしたなかで、初期中国仏教に多くの仏典を提供した訳経僧の中に、安世高を選んで、試みに問うてみよう。

安—安息《パルチヤ》、竺—天竺《インド》、支—月支《バクトリア》など、沙門には姓を称しない風習から、中国にやってきた外国僧たちは、それぞれの生地を冠して名を称するならわしとなり、安世高・竺法護・支謙などの訳名が中国に行なわれることとなったことは世上よく知られる。安世高も『出三蔵記集』や『梁高僧伝』にその専伝があって、安息国の正嫡の皇太子で父王の死後、その位を叔父に譲り、煩いを捨てんがために中国に来たのであって、後漢の桓帝の初め（建和元年は一四七年）に洛陽に来たという。しかし、この説にも異説があり、『高僧伝』の著者慧皎自身が、「衆録を訪尋するに高公についての記載は互いに出没があり、一概に定めがたいので、衆異を備列する」として、安世高の中国到来説についていろいろの説を挙げている。[15]それらの異説をまとめてみると、前後百四十年のへだたりがあり、容易には決定しがたいことを言っている。後漢の建和元年から西晋の太康の末年（二八九）、はなはだしきは、東晋の哀帝（三六二—六五在位）の時に安世高が鄡亭湖寺を修復したというような曇宗の『塔寺記』の説までを挙げれば、いかに正しい史実を得ることの困難さが知られようし、初期の中国仏教の歴史の捕捉しがたい現実を理解することができよう。

この安世高については、最近はAntonino Forte教授（ナポリ大学）の発表もあるが[16]、宇井伯寿博士の『釈道安研究』に見える道安の経序などの原経の翻訳者が開士《ぼさつ》世高とある僅かな例を除いて、『出三蔵記集』巻二に、安世高訳出三十四部凡四十巻とあり、『歴代三宝紀』巻四には、一百七十六部合一百九十七巻といい、『開元釈教録』巻一では、九十五部一百一十五巻とするような、出入のはげしい経録によっていては、安世高の訳経の真実を探し求めることのいかに困難なものであるかをものがたっているのである。かくて、さきにも述べたように、経録の記述のみをもってしては、中国の仏教の質的構成の中心をなした訳経の真実を知ることは難く、いたずらに煩雑な経名の羅列に終る危険さえ生ずる。

『出三蔵記集』（巻六―巻十二）に記す道安らの経序、後記、後序などにとり挙げられた経典などは、このような検討にはいささか貢献するであろう。また、宇井博士のように、道安らの撰述した経序を研究することも、この意味からはやはり新しい提案であるが、これを推究するためには、さらにその歴史的背景を深く探る努力が要求されるのである。『出三蔵記集』と『歴代三宝紀』や『開元釈教録』にあらわれた安世高訳経数の甚だしい差異は、何をものがたっているかを再考すべきであり、ひとたび訳出された漢訳仏典は、儒教の四書五経にも匹敵するだけの尊厳さが与えられるが、その外国語原典は華夷思想の立場からして、全く棄てて顧みることはない。いちめん失訳疑偽の経典も、たんに不正確な訳者名を付することによって真経としての権威がのしかかる。時機相応の経典として中国人の仏教受容の本質を示す中国人撰述の経典は、偽経として完全にしりぞけられる。このようなことをふまえて、中国仏教の訳経の歴史や実態を考究することが改めて痛感されるのである。

『四十二章経』が翻訳経典ではなく、一種の仏教概論として諸経から抄集されたものであろうとする見解は、今日では妥当なものとされる。伝説的な架空の権威にもとづいて、中国仏教最初の訳経とされたものは、実はその内容の妥協性、仏教術語のすくない点などからしても、その名誉は他に譲られなければならない。中国仏教の初期に、外来仏教に対する中国人の理解を得んがため、中国人に仏教を弘布するために訳出された経典はいかなるものであったか、また中国人が仏教を知ろうとして読んだ経典とはいかなるものであったろうか。

仏陀という新しい外国の宗教の創始者――それは最初は浮屠という軽蔑の意をもった漢字をもって音写された、のち浮図・仏図・仏と次第する――のひらいた仏教を、中国人が知ろうとしたとき、当然その創始者はいかなる生涯を送った人であるかが関心の的となるのは至極当然のことである。のちの事例ではあるが、南斉の京師安楽寺の智称（四三〇—五〇二）は、王玄謨に従って北方の獫狁討伐の軍にあったが、「人を害して自らを済うは、仁人の志にあらず」として煩悶し、戦い終って、たまたま『瑞応本起経』を読んで深く感悟を生じたという。[17]この『瑞応本起経』はいうまでもなく、三世紀中葉の呉の支謙訳という『太子瑞応本起経』であり、その原典も数多い仏伝中でも、もっとも早い時代の編纂といわれるものであり、いわゆる漢訳の仏伝文学中の白眉とされる内容を具備しており、後漢の建安二年（一九七）竺大力・康孟詳共訳と伝える『修行本起経』と同本異訳とされるものである。経典の撰述された年代、場所などを超越して各種の仏典のもちこまれた中国で、異国の不思議な宗教——仏教の創始者としての仏陀の伝記を読むことが、仏教を知る上の最初の重要な関門となるであろうことは、当然に予想されるところである。中国仏教初期の三教交渉の論文集として著名な『弘明集』を読むと、そのことがよく理解される。またこの『本起経』は「正言似反」を引用するが、『老子』七十八章の「正言若反」をそのまま承けたものであり、『弘明集』巻十二の王謐・桓玄の応報についての問答中に経典翻訳の上に、中国古典の影響の深さを知るのである。[18]

六　仏陀の伝記

梁の僧祐は『弘明集』の序文の中で、「そもそも道は人によって弘められ、教は文によって明らかにされるものである。道を弘め教を明らかにする。だから弘明集と称する」と述べている。[19]その開巻第一に、後漢の牟子の『理惑論』があって、初期の仏教と儒道二教との調和を試みた論として古来よくその名を知られているものである。合計三十七条という、いかにも仏の三十七道品か、『老子』の道経三十七章にゆかりあるかのような編制になっているこの『理惑論』の第一は、仏伝である。[20]

ある人が問うた。仏はだれから生れたのか、いったい先祖とか国邑などは有るのかないのか、またなにを修行するのか、状《かたち》はなにに似ているのかと。

牟子が答えた。なかなか大きな質問だ。私は不敏のものではあるが、仏伝のあらましを説くことにしよう。聞くところによれば、仏がいろいろなすがたをとられたそのありさまは、道徳を積みかさねて数千億年にわたっていて、とても書きしるすことはできない。しかし（ついに）仏と成られたときは、天竺に生まれ、形を白浄王夫人（の子として）の胎に仮りてあらわれたのである。（夫人が）昼寝しているときに、夢中に身に六本の牙をもっている白象にまたがり、夫人は欣然として悦ぶと見て、ついに（精を）感じて孕むにいたったというのである。（仏は）四月八日に母の右脇からこの世に生れた。地上に堕《お》りて行《ある》くこと七歩、右手を挙げて（天上を指さし）天上にも天下にも我《わたし》を踰えるものはないといった。時に天地はおゝいに震動し、宮中はみな明るくなった。その日、王家の青衣《めしつかい》もまた一児を産み、厩の中の白馬も白い駒《こうま》を産んだのである。召使いの子は車匿《シャノク》と名づけ、馬は犍陟《ケンタカ》といった。白浄王はこの車匿と犍陟とをいつも太子に随従させた。太子（の体）には三十二相・八十種好があった。みのたけ一丈六尺、体はみな金色で、その頂には肉髻があり、頬車《あごぼね》は師子《ライオン》のようであり、舌は（これを伸ばすと）顔面《かお》を掩うほど長くて、手（のひら）には千輻輪の模様があり、項の光は（とおく）万里（のさきまで）を照すほとであった。

これが仏のおすがたのあらましである。このような仏の出自や相好のなみなみならぬことを挙げて、中国の聖人とも決して遜色のないこと（のちには、孔子・老子の父はただの人、官職の栄なし、仏は万代金輪王の孫、浄飯王の子と、優劣を競うことになる）をいう。

ついで出家にいたるまでの王城内での生活、十九歳の四月八日に宮殿を出て修行に入り、思索六年、ついに成仏、十二部八億四千万巻の経典があり、衆生を救済して八十歳の二月十五日この世を去られた。その修行は五戒を保って、一月六斎の清浄日をおくる。沙門は二百五十戒を持って毎日斎戒につとめる、その威儀進退は中国の古典の教のとおりであり、終日終夜教を講じたり、経典を読誦して世俗の事には関与しない。この姿は老子（二十一章）のいう「孔徳之容、惟道是従」――大いなる徳をもつもののすがたは、ただ道だけに従っている――はまさに仏教の沙門のことを言ったものである。

中国の聖人さえをしのぐような仏陀のすがたが、『老子』を引用しながら浮きぼりされて、中国の人々をこの道に誘いこもうとするのである。仏教の創始者仏陀のすぐれた事蹟を通して、人々の関心をよびおこし、仏教に帰入させようとする努力をここに見るのである。これらはさきの『太子瑞応本起経』などにもとづいたものである。

中国人の仏教

一　中国人の出家

中国への仏教の流伝は、ふつうに、さきに述べたように後漢の明帝永平十年（六七）とされる。しかもその異母弟の楚王英が、仏教を、中国古来の黄老の教と同じように、不死不老の神仙として信奉していたことは、東漢時代の『東観漢記』や劉宋の范曄の『後漢書』などに記すところである[21]。しかし、これも確固たる仏教信仰にもとづいてのことではないし、外面的な相似・好奇の心から、その頃はきわめて珍しい存在であった仏像などを崇拝したのであろう。中国人社会への仏教の受容は、やはり中国僧の出現をまたねばならなかったのである。

月支国の沙門支婁迦讖が『般舟三昧経』『阿閦仏国経』などを翻訳したのは、明帝の時から八十年の後のことであり、安世高が洛陽にきて諸経を訳したのも、ほとんど同年代のことである。現存最古の経録であり、かつ僧伝ともいえる『出三蔵記集』の訳経僧伝によれば、支婁迦讖の訳経に「筆受」という、中国文に筆記する役割を果したのは、河南洛陽の孟福や張蓮という在家者であり、安世高の場合には、安世高自身が華語に通習して、衆経を宣訳して梵を改めて漢文となしたと伝えられていて、いずれも中国人僧侶の援助を得たことは記していない。

後漢の霊帝（一六八―一八八在位）の末に、洛陽に通商のためにやってきた安息国の安玄は、僧侶ではなかったが、多くの経典に通じていて、『法鏡経』（大正蔵第十二巻所収）を訳出しようとして自ら梵文を口訳し、漢人沙門の厳仏調が筆受し、古体の漢訳経典を完成している。訳語は世尊を衆祐、舎衛国を聞物国、菩薩を開士、長者を理家とするなどにも、この経の翻訳年時の古さを示すものがある。臨淮の人である厳仏調は、「若い時からその潁悟を知られ、出家修道して、経典を通訳して、時に重んぜられた」と、『出三蔵記集』巻十三に伝えている。[22] しかし、まだ二世紀の終りに、漢人沙門がいたかどうかは、はっきりとはわからないし、同時代の訳経に参加した訳主の外国人三蔵のほか、筆受に従事した中国人が主として在俗の知識人であったことは、[23]『出三蔵記集』・『高僧伝』の訳経関係の記載からも知られるのである。

康僧会（？―二八〇）が呉の赤烏十年（二四七）に初めて江南の建業にいたり、草庵を建てて、仏像を祀り、行道して修行にはげんだときには、この地方では、康僧会によってはじめて僧形のものを見かけ、矯異の感を持ったと『高僧伝』に記しているから、明帝の時から百数十年を経て、なお江南では仏僧を初めて見たというのであり、中国人が出家して、弘法活動に従事することは、案外に後のできごとであったのに注目すべきである。[24]

賛寧（九一九―一〇〇一）は、中国仏教史家の中でもとくに『宋高僧伝』・『僧史略』などの著述で知られるが、その中国仏教史学入門または必携とも称すべき『僧史略』三巻は、中国仏教史学の問題点について、当時としてはきわめて斬新な解釈を与えている。しかし、何時から中国人の出家者があったかという問題については、「東夏出家」の項を設けて説明しているものは、はなはだしく妥当ではなく、唐の初めに道宣（五九六―六六七）が撰集した『広弘明集』巻一に見える「漢顕宗開仏化法本内伝」というものにもとづいて、「後漢の明帝が陽城侯劉峻等の出家するのを認めたのが僧の始め、洛陽の婦女阿潘等の出家したのが尼の始めなり」とする。㉕

すでに六十年の昔に、仏教大学（今の龍谷大学）教授山内晋卿氏によって、漢人出家の問題が論じられていて、この劉峻の出家公認の記事も、いろいろと文献を挙げ、ことに清の趙翼（一七二七—一八一四）の、経史に渉る学問的随筆集ともいうべき『陔余叢考』巻三十四「仏」の中に記す、東晋の粛宗明帝（三二三—二五在位）の時に「民劉峻の出家を聴《ゆる》す」というものまでをも挙げているのは、注目すべき記事であり、わが国の仏教史学界においても、大正の初めに、すでにこのような「外典《げてん》」に目をくばっていた山内教授の烱眼に敬服するものである。㉖

それはともかくとして、中国人出家者が何時頃から発生したかという問題点の究明は、中国仏教の性格や中国仏教史の流れを知るうえにも、すこぶる重要なことがらでありながらも、後漢の明帝などといったそれほど古くまでには、溯り得ないのではなかろうか。

西域人で不思議の神通力をもって教化につとめ、『名僧伝』では神通弘教外国法師、『高僧伝』では神異科に立伝されている仏図澄（二三二—三四八）は、後趙の石虎の建武十三年（東晋穆帝永和四年）に百十七歳で入寂したという。その死の年時については、それほどの誤りはないものと思われる。仏図澄の教化活動については、受業の門徒一万、仏寺を興立すること八百九十三所といわれるほどである。この仏図澄伝に、仏教を信奉する胡族君主石虎のもとで、その領域内に仏図澄の教化がよく行なわれ、『高僧伝』にも、「澄の道化がよく行なわれて、民多く仏を奉じ、みな寺廟を営造し、あいきそって出家し、真偽混淆し、多く愆過《あやまち》を生ず」と記すほどである。㉗

中国仏教の歴史を知る上に有益な書として、いくつかの高僧伝類があることはよく知られている。従来この種の高僧伝は、一般民衆には無縁な、「高僧」の歴史で、高級な仏教を書いたものであり、歴史として拠るべきでないというような偏見が通俗に行なわれてきていた。これは高僧伝の名につられて、内容をよく読まずに概念化したものであり、私は高僧伝類が単なる高僧に限定されず、中国仏教史のみならず、「下級な」人たちの仏教信仰、社会の底辺にうごめく人たちの宗教意識や、社会の動向までをも含んでいる貴重な史料として、高僧伝類を再検討すべきであるとの見地にたって、『中国高僧伝索引』（全七巻）を有志の学究と協力して編纂し、『梁高僧伝索引』・『唐高僧伝索引』・『宋高僧伝索引』・『大明高僧伝索引』も昭和五十三年三月に全部の刊行を終えたことを附記しておきたい。

この仏図澄伝には、前文に続いて、石虎が中書省に「仏は世尊と号されるほどで、国家の信奉するところである、そこらの爵秩もない小人《しょうじん》どもに仏を信仰することができるのかどうか、また沙門はみな高潔貞正でよく精進できるものこそが道士（僧侶）となるべきであるのに、今の沙門はその数ははなはだ衆く、内外の姦宄《わるもの》、徭役を避けてかくれるものなど、その沙門としての資格のないものが多い、これらを料簡して真偽を議せよ」と命じたのにこたえて、中書著作郎の王度が「かつて後漢の明帝は夢に感じて仏教を伝入したが、ただ西域人だけに寺を（監視のよくとどく）都邑にのみ立てることを許し、漢人には出家することを許さず、三国の魏も漢の制度を受けて、中国人の出家を許さず、我が大趙国も旧章によって国をたてたのであり、（外国の仏教に対しても）華と戎と制を異にし、人と神と流れを別ち、外と内と混同してはいけない」として、「（儒教国家の立場から）国人が寺に詣でて焼香礼拝することを許さず、諸侯以下すべていちがいにこれを禁じ、寺に詣で焼香礼拝するを許さずとの命令を犯すものは、婬祠を奉ずるのと同様に罪し、趙国民で沙門となっているものはすべて還俗させるべきである」と、答えたことが記録されている。㉘

また中天竺人で三国魏の嘉平（二四九―五四）年間に洛陽に到達した曇柯迦羅の頃は、「魏国にはすでに仏法はあったが、その教に訛替《あやしくて》で、中国人の僧侶もいるにはいたが、いまだ三帰戒を受けず、ただ髪だけを剪って、一般人と俗《すがた》を異にしているだけにすぎない」という。㉙

以上のような断片的な資料からみても、中国人の出家者が僧侶として、自らの仏道修行と仏教弘通に貢献するようになるのは、やはり仏教初伝といわれる頃から百五、六十年も経ってからのことであろうか。

東晋の末期、叛乱を企て、一時は帝位に即いて、廬山慧遠が『沙門不敬王者論』を撰述する根拠ともなった桓玄（三六九―四〇四）が、その臣の領軍将軍吏部尚書中書令王謐（三六〇―四〇七）と、仏教の僧侶が王者に敬礼すべきことについての応酬の中で、桓玄が「昔は晋人（漢民族―中国人）はほとんど仏を奉ずるものが無かったし、沙門徒衆もみな胡族出身者ばかりであったので、王者はこれに接することなく、したがってとりしまることなく、彼等の風習に任せておいてよかった。しかし今日では、天子が仏教を奉じ、親しく法事に接しているのだから、事情は昔とは違う」とて、沙門が王者に敬礼をして、その秩序を正しく守らそうとしたことがある。[30]

故人出家者の時代と、国法をもって僧侶を取り締るべきであるとする中国人出家者出現の時代の下限・上限を考慮に入れると、西晋の滅亡、東晋の興隆の頃に、漢人の出家者が公然とあらわれたのであろう。たとえ漢訳経典が続々と訳されたとしても、それを弘める中国人の僧侶（業とするもの）が出現しないかぎりは、仏教が中国人の社会に浸透してゆくことは不可能であったろう。まさに法は人をもって弘まるのである。哲学をなりわいとし、哲学によって生計をいとなんでいる人達の世俗的な努力がなければ、哲学の書は空しく塵埃をつむだけの役割しか果し得ないであろう。不老不死をねがうという低次元の欲望の中に仏教を見出し、漢訳仏典を通して、ことには釈迦その人の伝記を中心として、知識階級の中に、外国の宗教である仏教の人間観・世界観に関しての深い関心がめばえ、ここに、ようやく仏と法と、それを連帯とする僧伽（専従者と、それによって導かれて仏と法とに帰依する人たちとの和合の集団、それが僧とよばれる）との三宝が中国において具備して、はじめて「中国仏教」の新しい流れが見られるのである。

二　経を誦して善報を獲る

楚王英が仏像を信奉したといっても、その内容からいえば、いわばその当時の社会によく行なわれていた黄老神仙の術ていどにしか過ぎなかったことは、上述のとおりである。

仏教の真義——それは中国語に翻訳されて、儒家における経書と同じような権威を持つこととなった仏教経典に説かれている——を理解し、実践することは、経典の翻訳にも見られるように、中国語や中国の事情に暁通した外国三蔵が訳主となり、中国の文言に博通した儒教的教養に溢れた知識人が「筆受」といった、訳経における重要な役割をうけもったように、相当な知識階級のあいだに先ず弘まったようである。彼等は外来の新しい思想に関心を持ち、あれこれ批判し論議しだした。近頃の知識人といわれる人たちが、仏教を哲学とし思想としてのみ受けとめようとするのにも似かよったところがある。仏教は、物ごとを正しく判断する、左右に偏しない中正な見解に立つなどの叡智を前提として、それぞれに応じた戒律を厳守して、自分の日常の行為を厳粛にし、ついに涅槃寂静《ねはんじゃくじょう》の「さとり」の境地に到達することが究極の目的である。

これらのことは、それぞれが手段とし、目的として独立し対立するものではなく、あいよりあいたすけて、最終の「さとり」の境地に入り、個人の中に仏性を見つけ、仏性を完成させるのが仏教である。それを発展させ、自己から近隣に及ぼしてゆくところに「上求菩提、下化衆生」の菩薩行が展開するのである。それにいたるみちすじの中で、いろいろとあげつらい、それに終始して、そのわくから踏みだし得ないものが、明治以降の日本仏教界で、とくに強調される「蘭菊の美」と称される（いちめん、そのことは戯論《けろん》として、批難された）教学論争であり、評論仏教であって、それが仏教そのものでないことはいうまでもない。しかし、今日、中国仏教を論ずる人の多くが、この教学論争のみに関心を見出していることは周知のところである。このような教学論争の中のみからは、真の中国仏教の姿は把握し得ないことに注意すべきである。

中国全史の治乱得失などを論じた、清の趙翼(一七二七―一八一四)の『二十二史劄記』には、六朝時代に仏教がよく行なわれ、仏経を読誦して善き応報を得たことが、正史の中にしばしば記載されていることを論じた「誦経獲報」の一節がある。[31] 中国有数の知識人であり史学者としての地位を今日にまで持ち続けている趙翼の、中国仏教観を記したものとして、重要な意義を持つものである。

仏教は六朝時代に、最も諸人の信仰の帰するところとなった。(晋書・宋書・魏書・南斉書・北斉書・北史・周書などの)各史に(これについて)記載しているところは、いかにも怪妄に近いものに似ているようではあるが、仏教がひとたび中国に入ってから、よく天下の人々を、草の風に靡くがように仏教に従わせたことには、必ず仏教に人々の耳目をおそれおののかしめるものがあったからにちがいない。いたずらに空を談じ、寂を説くといったこと(高級な哲学談議)に、よりかかっているものではないのである。

という書き出しで、趙翼が読んだ各朝の正史に記録されている、仏教信仰にもとづく霊験譚を数多く載せている。神仏への素朴な請願、祈求に順応して、請願者自身、または祈願される側の神仏の働きによって示される霊妙不可思議な超自然力のあらわれの体験を示すものが、霊験と称されるものであると、普通に解釈されている。しかし、このような霊験は、第三者によっては、「解釈される」としか表現のしようがなく、算術的にわりきれるものでもない。趙翼がこの項で、

けだし、一教の勃興し、天下後世を聳動させるものはその教の興起の始めに、必ず不思議の力をもった異人が不思議の術をもって、神奇霊験のことを生ずることは、仏図澄・鳩摩羅什の伝記にもあきらかであり、君主をしてその霊験を信じさせ、士大夫もまたこの霊験を信じて仏教におもむくこととなる。かくして、仏教の霊験は震い耀いて天下に遍く、仏教の信仰はいついつまでも流布するものである。でなかったならば、どうして

世人の仏教に対する帰依をおこさしめることがあろうか。各史に記すところの「経を誦して報を獲る」の多くの実例は、おそらくは当時に実際にあったことなのであろう。そのことごとくが偽り（誣）というのではなかったのである。

と、実感をもって記しているのは、彼が中国有数の史学者であっただけに、仏教の信仰とは何かということに、あらためて教えられるものがあるのである。

『二十二史劄記』に挙げている多くの霊験は、

㈠苻堅の尚書徐義が慕容永に捕えられて土中に埋められ、まさに殺されんとしたとき、『観音経』を読誦して難を逃れた。

㈡滑台での敗戦の責をとらされ、蕭斌に殺されようとした王玄謨が、『観音経』を誦して、刑を停められたこと。

㈢『高王観世音経』にかかわる、盧景裕の獄中での霊験など、その他の霊験が数えられている。

これらの霊験譚も、正史におさめられる以前すでに諸種の応験記、たとえば徐義のことは、劉宋の張演の撰した『続光世音応験記』や、王琰撰の『冥祥記』などに見えるものを、各史が集録したものである。しかも、ここに記録されたものは、高級軍人であり、儒者であり、政治家である。こうして「霊験」には、もともと批判的な立場にあると思われる知識階級の人たちの、仏教信仰の実態であることに注目しなければならない。初期の霊験記類に庶民の帰信を記録したものが少ないのは、もともと庶民の社会的地位の低さから、その行動が文献に記載されがたいということもあるであろうし、さらに、文字を識らない庶民層への仏教の浸透が、それほどではなかったのではなかろうかという、重大な要因も考慮せねばならない。

こうした霊験記の中では、『晋書』隠逸伝に立伝されている謝敷（四世紀後半から五世紀初にかけて活躍した）の撰集した『光世音応験伝』が、劉宋の傅亮（三七四—四二六）によって『光世音応験記』の中に伝えられている。

その中でも、年代的に最も古いものとしては、西域人を先祖にもち、西晋の元康（二九一—九九）中に洛陽に徙り住んだ富豪竺長舒が、熱心に光世音経を誦し、まさに、類焼の厄に遭わんとして、至心誦経のおかげを蒙って、火は隣家までを焼いて消えたし、後日、浮浪の少年の放火にも、観音経読誦の威霊により事無きを得たという。西晋武帝の世に、洛陽に来た敦煌菩薩竺法護によって、大康七年（二八六）に翻訳された『正法華経』の光世音普門品による熱心な観音信仰の実例が、経の翻訳後数年もたたないうちに、このように伝えられていることは、経典信仰流布の状況を示すものとして興味あるものである。[32]

月支出身の、外国沙門竺高座を師として敦煌に在った竺法護が師とともに西域に赴き、三十六国の言語に通じ、多くの梵典を長安に持ちかえって中国語に翻訳し、「経典が広く中華に流布するゆえんのものは、竺法護の力に依る」[33]と称されるほどの活動を示した、その『法華経』は数年ならずして、洛陽にも西域出身の竺長舒によって大いに信仰されたのである。

中国上代において、中国人の得た仏教の概念は、仏伝を中心とする翻訳経典から、教祖仏陀の生涯やその教説の輪廓を知り、異様の風態をした外国沙門の生活様式を見聞したりしたことから得たものであろう。

いまだ外国人沙門が赤布を着て市街を歩いていたのが、好奇の眼をもって見まもられていた後漢の時代には、なお、まさに外来の宗教であって、中国人の宗教的な関心を惹くまでにはいたっていなかった。中国人僧侶が出現するまでには、なお相当の年月を要したことはさきに述べたとおりである。ようやく外国人の僧侶を師として中国人の出家者ができ、また翻訳などを通じて、中国知識人の仏経に関心を持つものも増加し、中国人の「経」書となった仏典を通じて、如法に修行するもの、経説のとおり読誦して、応験を得たもの、またそれらを記録して後にのこるものなどが出て、ようやく中国人社会の中に仏教の活動が期待されだした。

ここにいう経典は、中国人にとっては翻訳経典ではなく、古典としての仏経であり、それは、儒学における経書と同様に、中国の仏教界にとっては、万古不滅の経書であり、もはやそこには原典がインド仏教であろうと、西域仏教であろうとも、その区別は全て忘れさられてしまって、ただ「中国仏教」の経典が存在したのである。しかし、のちの中国人仏教者（義学の僧）が、古典としての「経典」に重い権威を附与したために、かえって経典の固定化の傾向をあらわにして、とくに南朝における仏教者・知識人の間に仏教論議が一種の観念の遊戯化して、仏教界の義学の僧が、竹林の七賢と同様に扱われるという、弊風を生じたことは、後に述べることとする。

三　格義ということ

清朝の考証学者として、その該博な知識をもって知られる銭大昕《せんたいきん》（一七二八―一八〇四）の『十駕斎養新録』には、『列子』の天瑞篇に見える、まさに百歳に近い林類という老人が「死と生とは一往一反という（あるときは往き、あるときは反るという往復の関係にある）から、ここに死ぬということは、かしこに生れるということであるかも知れない。釈氏の輪廻の説は、これにもとづくものであるにちがいない。列子という本は晋の世に始めて世に行なわれたもので、おそらくは晋人の仮託したものであろう㉞」という。いま、『列子』の著書が列禦寇その人か否かを論ずるいとまもないし、その必要もない。

インドにおいて、仏教以前に輪廻説があり、仏教もこれを踏襲したが、人間が、それぞれの行なった惑業によって、三世（過去・現在・未来）六道（地獄・餓鬼・畜生・修羅・人間・天上）に無限に死生をくりかえしてゆくことは、涅槃《さとり》にいたる仏道修行に生涯をかける仏教徒にとっては、輪廻説は究極のものではない。いな、むしろ輪廻の世界の中にあって涅槃を得、三界六道に沈淪する衆生《ひとびと》を救済することこそ、仏道修行者――菩薩の理想とされる。『列子』に見える仏教の輪廻に類した説は、『荘子』の随処に見えるといわれるから、「積善の家に必ず余慶あり、積不善の家に必ず余殃あり」という（易・坤・文言）こととも考えあわせて、中国において必ずしも突飛なものではない。しかし、仏教以前のインドにあった輪廻説が、『列子』から出るというような、安易な断定は、近世の銭大昕だけのものでなく、中国仏教の初期から、排他的な中国の儒学者たちによって、新来の外国の仏教に対してたえず行なわれてきたものである。

「道は人によって弘められ、教は文によって明らかにされる、道を弘め教を明らかにするから弘明集と称する」という立場から、梁の僧祐（四四五―五一八）が、中国仏教初伝以来の破邪顕正に意を用いた文章とか、仏法護衛の言論を洩れなく集めて、十四巻に編集した『弘明集《ぐみょうしゅう》』は、中国仏教史の流れを見るうえに、漏すことのできない重要な意義をもっている。

この『弘明集』については先人の研究[35]もあり、また京都大学人文科学研究所でも、昭和二十四年以来、各方面の専門研究者を集めて、多くの共同研究参加者の努力によって、熱心な会読が続けられて、二十数年に及んだ。その間に、関連の研究として『肇論研究』（昭和三十年）、『慧遠研究』上・下（昭和三十五年、三十七年）などが出版され、現に『弘明集研究』遺文篇、訳注篇上・下が昭和四十八年、四十九年、五十年に刊行された。そして、上述のような中国仏教の初期に、外来の宗教である夷狄の仏教が、中国人社会にどのようにして入りこんできたか、興味ある多くの問題が、それなりに解明されているという点で、この『弘明集』を再検討する必要が生ずるのである。[36]

おそらく、中国人の出家者が出るほどに、仏教が中国人社会に浸透してくるまでには、異国の珍奇な風習の一つとしてこれを受けとめる上層階級の中に、たとえば時の天子の異母弟にあたる楚王英のように、黄老の神仙と同じように、インドの仏教を延年益寿の美果を齎してくれるという、世俗的な欲望を満すものとしての仏（神）としてのみ解釈されたであろうことは当然であろう。それが、後には、「天台山賦」を作って文名を世にほしいままにした孫綽は、『道賢論』という名僧評論とも称すべきものを著したり、儒仏の一致を説いた「喩道論」を『弘明集』

にのこしている。彼が当時の仏教界の名僧竺法護を山濤に、帛遠を嵇康に、竺法乗を王戎に、支遁を向秀に、于法蘭を阮籍になどと、支配社会における世俗の権力闘争にやぶれて方外に隠れて悠々した、いわゆる竹林の七賢の徒に、その当時の知識人の評価によって、仏教界の「解行兼備」の高僧をそれぞれ配している。

仏教の本義からいえば、いたずらに現実の敗北から目をそらせて観念的な世界に逃避した「竹林の七賢」のごときは、大いに排除せられるべきであったにかかわらず、孫綽の時代（四世紀後半）には、当時の仏教界を代表する高僧がそれらと同列に按配されていることは、なおこの時代の士大夫と交流の深かった仏教が、完全に中国の宗教とはならず、高踏的、観念遊的なものとして、受けとめられていたことが知られるのである。そのことは同時に、仏教が完全に中国化するまでの過程で、当然経過しなければならないものであり、知識人からの批判にたえ、うち克つためには、必ず受けなければならぬ試練でもあった。

『仏本行集経』・『瑞応本起経』などの経説によって具体化されてきた教祖仏陀の伝記の中に、王者の家に瑞相をもって誕生した仏陀、三十二相・八十随好形といった、孔子・老子はあしもとにもよれぬなみなみならぬ相好を持った仏陀、世俗の楽しみを十分に味わったのちに王城を捨て六年苦行ののちに成仏したことを誇りたかく記録した牟子の『理惑論』の第一に、老子にいう「大いなる徳をもつものの容《すがた》は、ただただ道だけに従っている（孔徳之容、惟道是従）」をもってきて、これこそ、礼儀三百威儀三千という中国の古典の精神にも匹敵する、仏教の沙門たちの戒律を厳守して日々にこれ勤める真摯なすがたそのものであるとしているのは、外来の仏教、その創始者（仏）が中国の古典の教にも相違しないことを強調するのである。[37]

仏陀の威徳を示し、沙門の精勤を記すなかに、老子・荘子の言をもってすることは、従来、ややもすれば仏教が荘子の影響を受けた、老子の思想をうけいれたなどと、さきの銭大昕の「釈家の輪廻説は列子より出づ」などと同じように解するむきもすくなくない。また、すくなくとも表面は、中国古典の語句を援用することによって、仏家の義を権威づけるかのようによそおったものもある。しかし仔細に観察すると、翻訳を通じて中国の経典となった、漢訳仏典、仏経に対する仏教者の信念が、表現には中国の古典の語を借用しながら、決してそれに溺れていないことが、『理惑論』の諸篇からだけでも、十分に看取できるのである（『理惑論』の撰述はもとより後漢時代ではなく、前序に、後漢の霊帝（一六八―八九在位）が亡くなってから天下乱れ、牟子の逃げた交州の地が安全であったというのも附会の説で、おそらく三国時代の呉の頃ともいわれる）。

『理惑論』に、「仏とは道徳の元祖であり、神明《かみ》の宗緒《おおもと》であり、仏とは覚者を指す、中国で三皇を神、五帝を聖とよぶのと同じに解するという」[38]のは、すでに、神・聖という中国の聖人に対立した概念として、仏を位置づけている。

仏教経典の訳語の中に、経書や老荘の語が用いられることはしばしばであるが、外来仏教を中国語に翻訳するとき、従来の近似した語彙を用いるのは普通のことである。「無為」という語を見ても、『易』にも『礼記』にも『中庸』にも、『老子』・『荘子』・『列子』にも引用されて、寂然不動とか、無為の事に処りて不言の教を行なうなどと、思慮を絶して人間本来の姿にたちかえるなどの意に用いられる。仏教では因縁の造作の無い、生滅為作を離れたことを、無為（asaṃskṛta）とよぶ。内容的には、仏教の無為がより根本的であるとしても、これを中国語に翻訳するときに、同じようなニュアンスを持つ中国古典の「無為」をもって充てることは、至極当然のことである。だからといって、仏教が「無為」を通して、老荘の思想に同化したとか、老荘の思想によって仏教を中国に弘めようとしたとは言えないことも、当然のことである。

一切の生死の苦難を超越する立場を示す「無為泥洹」とか、存在の真常如常なる本性をいう「法性」とか、造作を加えない真実のすがたを示す「実相」なども、「無為」とよばれる。『三国仏法伝通縁起』以来の、日本人の中国仏教に対する誤解、仏教を学問とし哲学としてのみ理解しようとして、その根底にある実践をことさらに無視、または軽視しようとする嫌いのあることが痛感される。中国の仏教を知ろうとする場合にも、この傾向が窺われる。いったん中国語に翻訳された仏経は、その時点で、中国のものとして、これを、読む人たちに理解される。もはや外来インドの聖典ではなく、中国固有の古典に左右されるものでもない。

翻訳の段階で、その時代時代の中国人の意識・教養が訳語の中に表現されるのは、訳主のほかに、中国人の知識人、中国僧が筆受・潤文などを担当するさいに当然現われるものである。

仏教に関する思想語彙の全くない中国での初期の仏典翻訳に、中国在来の語彙を用いるのは当然のことであり、これに儒家老荘の専門語彙が用いられていても、そのままに儒家老荘の義に解することは、時によっては独断に偏することのあることも知らねばならない。この問題は、漢訳仏典を読み、理解する能力を持つ知識人層への仏教宣布のさいに、中国古典の観念を媒介として、それに仏典の解釈を近づけることによって、彼らの関心をかきたて、興味を持たせることによってより有利にしようと試みたうごき、それが「格義」とよばれるものとして古くから論じられたことである。

『高僧伝』巻四の竺法雅伝にも記しているように、法雅は外学にも通じ、仏教にも暁通していたので、士大夫の子弟もみなこれに従って教を稟けたという。その門人たちが、世典（儒教などの古典）には通じているが、いわば仏教の教理を理解することにおいて十分でないので、経文に見える事数、たとえば、仏家の五戒（殺生・偸盗・邪婬・妄語・飲酒）を、儒教の五常（仁・義・礼・智・信）にあてはめて解釈して、仏義の理解に役だたせるなどのいわゆる「格義」の方法が、この時代によく行なわれ、法雅も仏経と外典とを逓互に講説したと伝えられている。(39) 主として知識人の子弟に仏教を解釈するための便法として、この格義の法が用いられたことが、『高僧伝』の文章からも察知される。そしてこのことは、義学の僧が知識人から喝采を博することによって、世俗社会から認められ、個人的な名誉を得ることにはなったが、仏教の本義からはかえって遠ざかることになった。かくてかの道安（三一四―八五）が格義仏教のわくをつきやぶらねば仏教の真義にせまることはできぬという反省に立って、根源に溯っての仏教教義の研究と、真摯な戒律厳守による仏教の実践に生涯を捧げたことによって、新たな中国人の仏教としての発展が期待されることとなったのである。[40]

劉宋の劉義慶（四〇四―四四四）が撰集した『世説新語』は、後漢から東晋の頃（二世紀末から四世紀末までの約二百年間）までの、乱世に生きたさまざまな人間像を描きだしたものとして、その時代の知識人を中心とした社会相を見るためにも欠かすことのできない資料である。しかもこの時代に、仏教乃至仏教の義学の僧たちの占めていた社会的な地位を窺うことができる。当代の知識人の一つの背景をなす「清談の徒」が、仏教とも関連を持ち、この人たちが『法華経』・『維摩経』・『勝鬘経』・『小品般若経』などをとくに好んで読んでいたことが知られる。しかしこれらの人たちが、実際に仏教をどのように実践したかということについては、問題もあるし、これらに応対した著名な仏教僧、たとえば支遁（支道林）などが、知識人からいかに評価されていたかということも、すこぶる興味あるものである。

太原晋陽の王坦之は、時の風俗が放蕩で儒教がうとんじられていることを慨き、『廃荘論』を書いて、刑名の学を尚んだ。彼もまた仏教に関心を持ち、支遁や于法開などとも親交があった。しかし支遁はそれほど彼を評価しなかったらしく、それが不満で、坦之は「沙門は高士となることができないという論」を書いたことが『世説新語』に見えている。

その概要は、

高士というものは必ず心を自由にして、くったくのないようにすることが肝心だ。沙門は世俗の外にあるものだとはいいながらも、（現実には）かえって、いっそう仏教に拘束されている。性情が（荘子にもいうような無為自然の道にかなっているというように）自ら体得しているものとはいえない。

というのである。[41] 同じ軽詆篇に、支遁が浙江省の東の方、会稽に往き、王徽之兄弟と会って帰ってきたとき、ある人が支遁に、王家の連中はどんなだったかと聞いたのに対して、支遁は「まあ、一むれの白い首のからすどもが、いたずらにカアカアと鳴きじゃくっているていどだ」と答えたということが記されている。

この二例からみても、支遁が義学の僧として、世にその名を知られているほどには、仏教の真義に到達せず、いたずらな口舌の徒となりおおせているにすぎないことが知識人の側から批判されていることが知られる。

中国に仏教が入ってから、

一、無批判にその外容だけにとらわれて信奉したころ、

二、中国人の出家者が出るほどに仏教がやや普及していたころ、

三、中国の思想に迎合するように積極的に融和をはかったころ、

四、そして、中国の思想にも詳しい仏教僧侶の出現によって格義仏教とよばれるものが盛行した時代、

五、次にそのような格義仏教の一派の総師ともいわれた支遁（支道林）の真価などを通じて、仏教の根本義にたちかえって、中国の仏教が中国人の宗教として発展してゆくのは、釈道安前後、四世紀後半ごろからはじめて「中国人の仏教」が展開してゆくものと思われるのである。

中国仏教史を形成するもの

一　仏教史料への反省

中国仏教史の流れを見るときに、私どもはともすれば、僅に残された文献を重視し、しかもそれを自己の見解において恣意的に理論づけようとする偏見におちいりやすいものである。いにしえのものを、今の尺度で勝手に判断して、とやかく論議しあうことは、いわゆる「経典の現代語訳」なるものにしばしば見られる傾向である。仏教を信ずる心、信心は、仏・菩薩・宗祖・開祖の教をいささかも疑うことなく、まっとうにその教のままに随順してゆくことであり、そのすがたを忘れて、いささかのかぎられた今の、私の智解・分別をもって、千年千五百年前の中国仏教のすがたを曲解し、仏教史の流れをみようとしても、これはすこぶる危険のともなう、向うみずな賭ではないかとの憂慮をいだかずにはおれないのである。

翻訳経典の原典、翻訳能力の表現のよきにせよあしきにせよ、それには少しも考慮せずに、いったん漢訳された経典のみが最高の権威である中国仏教では、やはり漢訳経典や、中国人の撰述したいわゆる疑経を中心として考えねばならない。

漢訳仏典と、サンスクリットその他の原典との比較研究も、十九世紀後半以降主としてヨーロッパの学界において、当時の超大国の東洋への積極的な経済・文化の進出に伴なって、採りあげられたものであった。日本においても、その影響を受けて、仏教学といえば、ただちに梵語・巴利語・西蔵語などの原典に直参する研究をなし得ないものは仏教学者ではないかのような見解が主流をなしてきたのである。原典研究が仏教学の研究に重大な貢献をなしてきたことは十分理解される。さればといって、中国仏教史の研究に無批判にこの傾向を受けいれることは必ずしも有益ではないし、かえって中国仏教史理解の本質をゆがめることになる。

私たちの前に提供された中国仏教史の諸文献も、主として文字を書く階層の中に、書き記されてきたものが大部分であり、その階層に属するものの多くは、中国の伝統的な文化層のなかにはぐくまれ、その中に地位を得て生活してきた人たちが記録したものが、その多くを占めている。

王朝の歴史を記録した正史にいたっては、編纂者（史官）のおかれた地位、編纂時の主観的な各王朝の実録を主要な資料とする基本的な編纂方法、作史の背景などを思えば、宗教とくに外来夷狄の仏教については、意識的に関係のある記事は省かれ、曲筆されていることはいうまでもない。『旧唐書』と『唐書』、『五代史』と『五代史記』の仏教関係記事の取扱いをみれば、この対比にいたっては、いっそう確然と指摘し得るのである。

五代後周の世宗顕徳二年（九五五）五月六日の詔勅による、仏教界への大粛正は、仏教界はもちろん、一般政界・社会においても耳目を聳動させる大事件であった。[42]薛居正らの『五代史』（巻一一五）には、事の顚末を詳細に記録し、約八六〇字を費しているのに、欧陽修の『五代史記』（巻一二）は、わずかに二十一字で終っているのは、欧陽修自身の対仏教観によるものとはいえ、厳粛な歴史事実に対してあらわな偏見をもって、ことさらに筆を曲げていることが知られる。

このような極端な例はしばらく措くとしても、中国の正史その他の史書などにおいての仏教に対する偏見はおおうべくもなく、いなむしろ、儒教倫理を骨幹とする国是にとってついに夷狄の教たる仏教は、あくまで方外の教にとどまるものなるべきことが当然のことなのであった。

中国の仏教教団の中にも問題が多く指摘される。今日、私どもが見得る仏教文献のほとんどは、『三論玄義』のように、早く日本に伝来していたものは別として、宋版大蔵経以降、ほとんど印刷によって後世に伝承されたものばかりである。

経・律・論を中心とした一切経――大蔵経の組織は、もちろん写経時代、経録編製のときから、翻訳の真経であるか、疑経偽撰であるかを大眼目としていることはいうまでもない。翻訳であっていったん仏経とされたものに、古典と同様の価値を認め、絶対の権威をもたしめようとしたことは、やはり従来の中国人の伝統的な中華至上主義を、仏教界の中においても、認めざるを得ないのであって、翻訳経典のかたちを執った中国人撰述の経典を、疑偽経典と貶称し蔑視し排除することに、涇渭の流れをあきらかにし、正邪を区別することに性急な経録編集者の共通した見解であった。このことは、上述の、「経典の翻訳」においてもふれたことである。

このような意図のもとに、道安以来のいくつかの経録の編纂のあとを承けて、『開元釈教録』にいたって、大蔵経の典型的な「入蔵録」となり、これに編入されているもののみが、書写され、印刻されて、世に法宝として流布される資格があるとされてきたのである。

このような傾向は、宋初の蜀地におけるいわゆる宋版大蔵経の刊行によって決定的な段階を迎える。白居易の書写大蔵経の基準が、『開元録』の入蔵録によっていることはさきに述べたが、大蔵経の印刻というはかり知れない巨額の経費と資材と人材を要する国家的な大事業は、皇帝の援助なしにはほとんど不可能であったし、そのためには真偽適否の甄別を経た「入蔵録」によって、その刊刻すべき経典疏鈔類が選ばれることは当然の成りゆきであり、「入蔵録」以外の現存する疑経偽撰とされた仏典は、刊刻の埒外におかれたのはいうまでもない。

つまり、印刷大蔵経の成立は、ある意味で中国仏教の様相を大きく制限することとなったのである。体裁は美事にととのって、法宝は高い蔵経楼の中に安置されることとなった。と同時に、あるいはそれ以前唐中期ごろから中国仏教の体質の変化や社会構成層の変化、文化の地方波及などに伴なって、禅宗の勃興という大きなできごとが、この印刷大蔵経などいう、民間仏教人のなし得ない大事業の完成を見ながら、実はその大蔵経などを読まないという事態を将来したことはまことに皮肉なことであった。しかもこの大蔵経の刊刻は、これまでの仏教史の流れを、経録編集者とか、伝統的な仏教教義学者、時の政治権力者に依存しようとする僧侶たちの考えているような一方的なものに偏らしめるようなものにしたことは認めざるを得ない。すくなくとも『開元釈教録』の編者である智昇（六六八―七四〇）の経録編纂についての基本的な立場を知ることによって、これらのことは理解されると思われる。

現存最古の経録としての『出三蔵記集』は、その序に云う。「漢の世に仏教が始めて来り、妙典（経典）は始めて流れた。法は縁を待って顕われるのである。漢末に安世高が翻訳につとめて、仏教の教義はようやく世に知られてきた。三国時代の魏の初めには、康僧会が翻訳された経典の注釈をするようになった。道は人に由って弘まることを実証したものである。晋朝になってから、仏教は中国にいよいよ広まり、外国からのすぐれた僧侶が続々とやってきた。もともと、経典は西方に出て中国になってきたものであり、万里のみちのりを経て、胡（外国の文字）から漢文へと翻訳し伝えられたものである。各国の音はことなっており、文に異同があり、中国へは時代の順序不同のままに伝えられている（翻訳された経典も西方での成立の順序とは関係なく訳されている）。かくして漢訳された経典はあいついで書写されて後に伝えられるのであるが、経典の訳出された年時とか、その経典は読誦講説されてはいても、誰が伝え誰が訳したかはいつしかわからなくなってしまった」と。中国人にとってはもはや訳者の如何は問題とはならなかったのである。かくて道安法師は経録を撰述して伝聞の誤りを正したと記している。伝聞の誤りを正し翻訳でないものを翻訳のかたちにした中国人の撰述した経典などを除き去って、その根源にたちもどって正そうというのが趣旨であった。

道安以来の諸経録を承けて、その決定版ともいうべき智昇の『開元釈教録』は、「真偽を別ち、是非を明らかにし、訳出の人と年代を記し、その部数巻数を標し、遺漏をひろいあつめ、むだなつけくわえをのぞきさって、正しい教を統合し、仏言をして秩序あらしめようとするのである。しかし法門は幽遠であり、その教化は大きいので、翻訳ののち、年移り世かわって、しばしば訳経は散滅し、その編成もばらばらになり、またそれとは別に奇怪なる人物が偽妄を増すことさえあって、真偽が混雑し、そのあとを究めがたい」として、現行の経典について、種々の判断を下して、一千七十六部合五千四十八巻、四百八十帙の入蔵録が成立するのである。(43) 入蔵録の中にも真偽疑わしいものがあるのは事実であるが、それよりも問題となるのは、疑惑再詳・偽邪乱正などの名のもとに(真経か否か疑わしいのでさらに検討を要するもの、あきらかに翻訳でない、中国人撰述の偽邪のもので真正なる訳経をみだすもの)多く中国人社会への仏教受容に必要なために、中国人の理解のもとに撰述された経典類(それが疑経とよばれる)が疑経偽経の名のもとに仏教界から逐われ、公式の場からその姿を消されてしまうこととなった。

仏教の伝統をそこなうとみられた経典類、いかにも卑近な治病のための符呪に属するたぐいのものは当然として、中国人社会への仏教受容の必要のために、中国人の理解のもとに撰述された数多くの中国人経典も、同時に追放されたことは、中国仏教の実態を究明する上からはまことに遺憾なことであった。『歴代三宝紀』などのような史書でも、印刷大蔵経として流伝したものと、それ以前の書写時代の敦煌写本(たとえばフランスにあるペリオ本四六七三号)と比較しても、出入のあることが知られる。まして、庶民の精神の書としての中国人撰述経典類が疑経の名をもって貶称され、たびたびの排斥をくらいながら、なおかつその生命を維持してきた事実は、敦煌写経の中に数多く実在していることにもうかがわれる。疑経そのものは、時機相応の経典であるから、その生命は案外にみじかく、また新たな中国人撰述の経典をうみだしてゆくのであった。時過ぐれば消えてゆくものでもあったから、あるいは敦煌石室の中に一千年の眠りにあったからこそ、事実として今日に伝えられたのであろう。いずれにせよ、宋版大蔵経以後に公式に流伝された三蔵以外に、中国には仏教信仰の脈々たる活動をものがたるものがありながら、遂に史上から消えさってしまって、宗教信仰からみれば末梢的ともいえる教学論争こそが中国仏教史のすべてであると誤認するような、多くの事実のあることを想起せねばならない。

隋末から唐初にかけての三階教の流行のごとき、中国仏教界の重要な事実であり、その多くの三階教典籍は『開元録』にもその名を記録しているにもかかわらず、日本には天平時代にその一部はすでに書写されていたが、中国には全くその姿を没し、敦煌写経中に関係典籍が発見されるに及んで、わが矢吹慶輝博士の『三階教之研究』となって、千数百年前の中国の庶民仏教「三階教」の全貌をあきらかにされた事実を、いまおもいおこすのである。

玄奘訳の『大般若波羅蜜多経』六百巻はたしかに真経であるが、これを通読した人が何人あるであろうか。六千巻大蔵経の首帙におさめられて、鎖国の妙典・人天の大宝といわれながら、今日我国では安置供養され、全く形式的に転読されるにとどまっている現実を思いあわせて、何が読まれた、信じられた経典であるかを理解せねばならない。

私たちがもっている中国仏教史の知識も、実はこのような盲点のあることに気づかねばならないし、中国の仏教・道教の交流についても、道教経典の多くが仏教経典のいわば焼きなおしとされる実態や、中国仏教史の史書としては完全に抹消されてはいるが、ペリオ本（二六二六・二八六二・三三七六号）に見られる古写『漢法本内伝』によって、多くの重要な示唆が与えられるなど、問題点は多いのである。㊹

南北朝から隋唐にかけての中国仏教史を考えるためには、このような根本資料についての再検討が必要となってくるのである。印刷大蔵経成立以前の仏教史書としては、『弘明集』・『高僧伝』・『広弘明集』・『続高僧伝』などの、いわば「正統派」のそれしか伝わっていない現実を重視再考すべきことを念頭におかねばならない。

二　金石文などの史料価値

中国仏教史の転変を見るうえの重要な文献資料の欠如となると、そして現実に中国人社会に信ぜられ流布していた「庶民経典」の存在は、敦煌石室における大量の古写経の発見まで、全く考慮の外にあり、中国仏教が、とくに日本人の一方的な関心の上で組織化されてきたのである。その次に、当時の姿を今日に伝える金石文の類が資料としての重要性を持つこととなる。高僧伝ことに唐・宋の高僧伝のよった資料の重要部分が金石文によっていることは著者自らがいうところである。道宣は『唐高僧伝』の序に「ひろく先達に諮り、あるいは行人に取訊す……郊郭の碑碣その懿徳をあらわすもの、みなその志行を撮り、その器略を挙ぐ……」とし、賛寧も『宋高僧伝』の序に「あるいは誄銘を案じ、あるいは志記に徴す」といっている㊺。

この碑銘の類を我が国で中国仏教史研究に資料として利用するにいたったのは、大村西崖氏の『支那美術史雕塑篇』や、常盤大定博士の『支那仏教史蹟』などによって、金石文が中国仏教史研究上の重要資料であることを強調されたことが機縁となったものといってよい。いわばまだ新しい仏教の歴史研究法といえよう。

しかし、ここで注意しなければならないことは、宗教史における虚構と真実の問題である。宗教史において、祖師を尊重し崇拝するあまり、門弟信者たちによって記述されたその伝記は、時を経れば経るほど美化され神話化されてゆくのは、私たちが日常よく見かける事実である。まして、碑銘の類は、故人の遺徳を顕彰するために、美文の誉高い人に依頼するのが常であり、僧侶の碑銘であっても必ずしも僧侶が撰文するとはかぎらず、資料を提供されて、かえって在俗の売文者流によって撰文され過褒溢美の文辞に誤まられやすい場合が多く、万幅の信頼をおきがたいものもある。同様のことは、七世父母の追善、長生益寿などを祈って供養した造像の銘などについてもいえることである。北魏の造像銘などは、その時代の仏教信仰の動向をうかがうに足るものとして、よく用いられている。たまたま一処に集中して遺存している洛陽龍門の造像銘は、たしかにある時代、ある場所においての仏教信仰の観察に役だつことはあるが、必ずしもその時代を通観したものとして、適確な回答が得られるとはかぎらないのである。龍門石仏群について、浄土教信仰の推移のなかで、唐代になると阿弥陀仏となって無量寿仏と称するものは一件もないといわれるが、必ずしもその通りでなく、唐代開元年間に、宦官高力士ら一百六人が無量寿像を造ったことが、『金石萃編』巻八十四によっても知られる。

仰いでは皇帝陛下、七世の父母、所生の父母のために敬って弥勒像を造る

上は国家皇帝のために、ならびに七世父母眷属などの銘文は、大村西崖氏の『支那美術史雕塑篇』などにしばしば見られるが、これが果して文面通りに、皇帝陛下と自分一家の先祖又は自身を同列において、後世安養のために造像することが可能なのか、おそらくは皇帝陛下云云は、胡族国家における漢民族の一種の免罪符的な意味を持つにすぎないのではなかろうか、まっとうに、皇帝と一庶民との信仰が同列におかれると信じてよいものであろうかとの疑念が生ずることを、従来うたがわなかったが、それでよいのであろうか。

五月一日経といわれる光明皇后願経の天平写経を見ても、その経文には中国書写のものも多くあり、願文だけが日本でつけられたものもある。敦煌写経にも、『法華経』・『金光明経』などの写経に、同文の願文がつけられてあり、願主がその名だけを後から書き入れたものがまま見られる。願主が法華経信仰者であろうと、金光明経信仰者であろうとは問わないのである。スタイン本九八〇号『金光明最勝王経』巻二や、龍谷大学図書館蔵敦煌写経『妙法蓮華経』巻六の願文は、辛未年（九一一？）に西漢金山国皇太子が、わが子弘が痢疾にかかったので、遂に発願してこの経（金光明経や法華経）を写した云云が記されていて、従来注目されていたものである。私は昭和四十八年五・六・七月パリに滞在してペリオ将来敦煌写本の調査に従事したさい、ペリオ本三一三五号の四分戒の願文が前二者とほとんど同文であって、「乙卯年四月十五日弟子索清児」と病名が後写であるものを、親しく見ることが

できた。これらの一連の写経は、おそらくは本土からもたらされて、必要に応じて願文を書き入れたものであることが推察されたのである。[46]

『唐大詔令集』(巻一一三)には、長安・洛陽などの市内雑沓の地に、写経と鋳仏を売るものがあり、口に酒肉を食し手に羶腥《なまぐさ》をみだりにするていたらくで、尊敬の道に虧ける所行であり、かくのごときことは禁断することを命じている。[47] これらによってみると、現世利益のために写経を買い、願文に名前や年月などを書いたものを、寺におさめることが行なわれていたものと思われる。かくみてくると、すくなくとも敦煌写経においては、無雑作に願文だけを信用するのでは、なお不十分であることが知られるのである。

このような諸資料に対しても、十分な検討の上、操作する必要があり、その上で中国仏教史の研究が行なわれるべきであることを理解して頂きたいのである。

三　南北朝仏教の流れ

多くの経典が漢訳され、これを信奉する中国人の僧侶や信者が頻出し、仏教受容に関する議論もあらわれて、中国における夷狄の文化としての仏教受容の問題(夷夏論)がおこったり、とくに劉宋以来の指導者層における仏教信奉が具体化するにつれて、具体的な事実が増してゆく。中国仏教史の流れの中で、翻訳経典の増加、教義の理解と整理、仏教信仰の具象的実践としての仏教儀礼の問題、一般社会や権力者階層への仏教信仰の普及など数えあげれば四、五にとどまらない。

その中でも、ふつうに、南朝漢人王朝の仏教傾倒や、中国人の中国仏教として評価される天台宗の開創などがまず問題となってくる。

楚王英の仏教信仰によっても知られるように、夷狄の教である仏教が中国人によってとりあげられるのは、まず上層階級によってであることは、日本における仏教信仰普及の状況とよく相似したものがあり、またその受容のしかたも、中国では不老神仙と同様の権力ある神として仏像は祀られたし、日本でも悪疫を媒介として問題が提起される。またいちめん、庶民階級への仏教信仰波及の事実は、余程大衆化し、社会事象化しないことには、記録されないという、中国社会での必然的な因果関係も考慮に入れなければならない。

仏教の教祖釈迦が死んでから五、六百年も経ってから、ようやく中国に仏教が入り、安世高・鳩摩羅什らの多くの翻訳者の手によって数多くの経典が系統的な選別なしに続々と翻訳されて、しかも中国古典の思想用語によって巧みに擬装された仏典が提供された。もともと仏教の母国インドやその他の仏教国において、教祖釈迦の死後、多くの部派に分れてそれぞれが正統を主張して譲らず、大乗と小乗の対立が顕著となっているときに、それらの中のいくつかの部派の僧侶たちが、おもいおもいに中国に経典をもたらして、それぞれの機縁を得て、北に、中央に、南に、それぞれの新たな活躍、布教の場を得て、経典の翻訳や、儀礼の普及に努力したのである。いわば、多種多様雑多な部派の仏教が、一様に仏教として中国人に提供されたところに、中国仏教の複雑さがあるのである。

そのような混雑さが、中国古典の思想表現を借ることによって、中国人の仏教への理解を深めることを期待したものが中国語の表現で仏教の語義を説明しようとする、たとえば涅槃を無為という老荘の語で表現しようとするような「格義仏教」であり、いまなお、初期中国仏教の実態を、中国古典や老荘思想への傾斜に主力をおいて説明しようとする人も多いのである。

この格義仏教は、仏教を中国人にわかりやすく受けいれさせるためになされたものであり、その目的はいちおうは達成されたかに見えたが、結局は、中国の古典の媒介を得て仏教の説明解釈をすることは、仏教の真義を誤解させることに終るという無意味なことを知ったのである。さきにも述べた格義派の代表の一人でもある支遁（三一四

―三六六）に対する世評にも見られるように、また竹林の七賢に七人の僧が排列されるような、また『世説新語』に見られるような、清談を中心にした遊閑知識人の社会に、得々と交遊した僧侶たちの振舞も、結局は一時の仇花でしかなかったのである。かれらは、一種の観念遊の徒であり、真摯な仏道修行の仲間ではなかった。

このような弊風を打破することに努めたのが神異僧である仏図澄門下の釈道安（三一四―三八五）であり、道安の感化を受けた廬山慧遠（三三四―四一七）であったことは、中国仏教史上周知のところである。

西晋末の混乱の中を、道安が数百人の門弟を擁して、世俗の権力に拘束されることなく、黙々と仏行にはげみ、教団維持統制のために、インド伝来の戒律の外に、中国特有の「僧尼軌範」、「仏教憲章」というような、時代に適した僧団の制規をつくり、世間の耳目を眩惑するような外見的な華やかさはないかわりに、師徒粛々として修行第一の静かな日々を送ったことは、もはや支遁者流の及ぶところではなかった。のち、道安は苻堅に優遇されたが、その生活に安住することなく、般若空義の体得に懸命の日々を送り、その結果は死後十六年、鳩摩羅什の長安入りによって実現されたのである。

廬山慧遠もまた、儒道の学を究めんとして洛陽にでてきたが、道安の教を受けて、儒道九流は皆糠粃《かす》に外ならぬと看破して、弟とともに出家して仏道修行にはげむこととなったのである。中国の北と南に、真摯な真仏教の修行と実践に生涯を送る漢人教団の存在が、後世に大きな影響を与えずにはおかなかったことはいうまでもない。ことに慧遠が『般舟三昧経』による念仏結社の実行や、[48]『沙門不敬王者論』による、桓玄らのような侵略者、世俗権力への不服従は、漢人教団の独立を宣言したこととなる。中国仏教史上の記憶すべき事件である。

鳩摩羅什の長安到達は、後秦の弘始三年（四〇一）である。いま、羅什について屢説する必要はないが、『大品般若経』の翻訳や、その最も権威ある注釈書としての龍樹の『大智度論』一百巻（この大智度論も、果して龍樹の撰述なりや、羅什訳出当時のままの姿であるかいなかについては、若干の疑問が指摘されるし、ラモート博士の立論も必ずしも同意しがたいものもある）や、『中論』・『十二門論』・『百論』の訳出など、目を見はる羅什の翻訳活動は、北から南に、中国仏教の主流としての役割を果したことのみを記しておこう。

この間にも、中国仏教の信仰は各方面に浸透し、とくに観音信仰は知識人・軍人・商人・農民などの各階層の上に及んだ。『法華経』の信仰とはいいながら、当然、当面する危難から逃れんがために呪術力をたのんだ普門品を中心とする『観音経』によるものである。竺法義（三〇七—三八〇）の観音信仰は『高僧伝』などにも記すところであるが、それらの源流となった傅亮（三七四—四二六）の『光世音応験記』・張演（五世紀中葉）の『続光世音応験記』・陸杲（四五九—五三二）の『繫観世音応験記』などに代表される観音信仰の事例は、当時の中国人の信仰の実態を知るうえにも、貴重な貢献をなすものである。

この中、張演の甥にあたる張融は、道教と仏教の教本の一致を説き、当時の貴族階級の仏教信仰の内容をうかがい得る『門律』（家訓）がある。張融は、建武四年（四九七）五十四歳で歿したが、持説のとおり臨終に、左手に『孝経』と『老子』を執り、右手に『小品般若経』と『法華経』を執って死んでいったという『南斉書』の記事は、ゆくりなくも、当時の知識人の仏教信仰を如実に具現したものといえよう。[49] しかし、もはや仏教僧侶の間には、このような生半可な姿は見られなくなってきたのである。

羅什学派の盛んな長安に、北インド釈迦の生地の迦維羅衛国から来た仏駄跋陀羅が、保守派の旧僧たちから擯斥されて南方江陵の地に難を避けた。支法領が于闐から持ち帰った『華厳経』の前分三万六千偈を道場寺で翻訳したのは、義熙十四年（四一八）であり、同年に、インドから帰ってきた『仏国記』の著者として名高い法顕が、『摩訶僧祇律』四十巻、その他十五部百十七巻を訳出するなど、活発な翻訳活動が行なわれて、新仏教の弘布につとめたのである。

また羅什の伝えた『法華経』・『維摩経』などの大乗経に対立する小乗有部阿毘曇の学が行なわれ、般若の空に対して、万有実有を主張する毘曇の隆盛もあって、両派の対立抗争は仲々に融和することはなかった。

かくして、梁の武帝の頃、僧祐（四四五―五一八）が、一方では、従来の仏儒道三教交渉に関して仏教を宣揚した諸論説をあつめた『弘明集』十四巻（最初は十巻）を編集して、仏教が中国の古典や老荘と対等に、あるいはこれらを越えてその独自性を主張した文集をみやすくしたのとともに、他方『出三蔵記集』十四巻によって、中国仏教伝入初期から武帝の天監年間にいたるまでの、翻訳経典を中心とする経典章疏類を整理統合して、闕経をふくめて、一千三百六部、一千五百七十巻の経目と、真経に入れることのできない抄経・疑経類など四百六十巻近いものとしたことは、やはり、中国仏教史における一つの時代の区ぎりをつけたものといえよう。

四　仏教は宗教

この『出三蔵記集』所収の多数の翻訳失訳疑偽などの諸経典がそのまま全部読誦されたわけではなく、『法華経』・『維摩経』・『涅槃経』・『般若経』などに集中して読誦講讃が行なわれたことはよく知られている。

しかし、仏教が教学研究を終極の目的としているわけでは決してない。仏教は宗教であり、敬虔な信仰実践が中心となるものである。中国仏教を学問研究の対象とし、中国思想との交流を中心としてのみとりあげようとするところに、偏見が生じる。仏教はあくまで宗教的実践を中心として、考えるべきであり、天台の五時八教の教相判釈が、中国仏教の独立だとする考えも、関口真大博士によって再検討が要求されていることを知らねばならない。『法華経』にせよ、『金剛般若経』にせよ、この経を受持読誦し、この経を書写するものは、無量無辺の功徳を成就し得ると説く。何らかの形において、経の説くところを実行するところに、宗教的実践が発露しなければならないのである。

道宣（五九六―六六七）は、「中国に仏教が入ってから今日まで、国は十六、時は四百年を経て、観音・地蔵・弥勒・弥陀を称名念誦して、そのまさに救を得たるもの、紀すにたえず」（釈迦方志巻下）としている。日々の礼讃・礼仏が重要な仏事となる。たまたま、筆者が権力者や知識人であったために、今日に残されている『弘明集』などに収められた仏教関係の文疏の中には、仏讃や悔過、懺文があり、『南斉書』巻四十一の周顒の伝にも記すような蔬食の励行も当時のインド仏教の習慣に便乗した新僧派の肉食に対処したものと思われるし、また南斉の竟陵王子良の『浄住子浄行法門』などに見られる真摯な仏道修行実践が、空疎な議論の前に要請される。ことに梁の武帝の「浄業賦」・「捨道事仏疏文」・「断酒肉文」、簡文帝の「六根懺文」・「唱導文」、陳の文帝の「大通方広懺文」などに見られる仏前での悔過のたぐいは、当時の仏道修行の如実なさまをうかがうことができるのである。[50]

中国近世の仏教では、水陸法会と称して、地上・水中、生きとし生けるものすべてを放生するために、大規模な法会が行なわれていた。そのゆがめられた目的は、しかし一家一門の延命益寿を願うという、現世利益的なものであるが、この水陸会・施餓鬼会などの起源を、いずれも梁の武帝におくのは、いま述べたような武帝の日常生活の中にとけこんだ仏事・勤行からみて、全く不似合いではないのである。武帝はついには天監十六年（五一七）には、儒教の典礼である牲牢を罷め、蔬菜を用いしめるまでにいたっているのである。

武帝自身は毎日朝二時に起床し、菜食を守り、高僧も及ばぬ如法の生活を続け、このような溺仏佞仏の譏りをさえうけるような仏教心酔のなかにあって、昭明太子以下の肉親の多くを先に見送るという不幸な日々ののちに、叛将侯景に首都を包囲されて、餓死同様の悲運のなかに八十六歳、在位四十八年の幕を閉じたのであった。このことは、韓愈を初め、宋儒たちから、中国の君主でありながら、夷狄の仏教を信仰した代表的な君主の末路として、後世に批難されたのである。しかし、だからといって武帝の仏教信仰が批難される必然性は見出しがたいのである。梁の武帝の頃にその起源をもつとされる中国仏教の水陸会・施餓鬼会などの仏教斎会法会の流行は、南北朝時代仏教教学の発展の一面に、中国社会の中に定着した外来仏教の実態を示すものに外ならない。

中国仏教の成長と終りと

一　教相判釈

インド仏教での発展段階を無視して、伝道者のそれぞれの信奉する経典選択によって中国にもたらされ、中国語に翻訳された経典の続出によって、中国人の仏教徒が大いに困惑を感じ、矛盾を膚で感じたことの例証は、『高僧伝』などにも説かれるところである。それが中国人自身によって取捨選択されて、私は『法華経』によって自分の仏教信仰の中心としたいとか、私は『無量寿経』などの浄土経典を中心として、その教える念仏の業によって律してゆきたいとか、の選択が自発的になされるまでに、その仏教信仰が深められてゆく。それが仏教学者の難解な専門用語では、教相判釈とよばれ、いわゆる翻訳仏教の整理体系化と称されるものである。竺道生が四種法輪を唱え、闡提成仏を説くのも、教相判釈の一種といわれる。

そして、そのような見解は、先ず、天台大師の三種教相、五時八教の教判による「天台宗の成立」として大々的にとりあげていられたのが、従来の仏教学者の理解であった。

南都六宗・平安二宗といった概念的な語は、日本仏教徒の常識的な言葉となっていて、誰もこれを疑わない。それと同様な概念を、中国仏教にも当然通用するものとして、「天台宗」の成立が、「中国人の仏教」としての成立であるとするのは、近来いわば常識的に解釈されてきたのである。そして、その証拠としての「五時八教」の提唱者としての天台智者大師智顗（五三八―五九七）が大きくクローズアップされる。智者の名は必ずしも智顗の独占ではなく、南北朝の中国に他にも智者と称された高僧はあり、また智顗の外護者としての晋王広（のちの隋の煬帝）の日常は、智顗に帰信した仏教者としての所業ではなかった。

天台大師一代の教義は、いわゆる教相・観心からなる教観の二門に尽きることはいうまでもない。それぞれの経典の中から選択し、それを中心として、他の経典よりも勝れていることを明らかにすることにおいて、自分の宗旨とするところの絶対性を確立しようとする試みが教相判釈であり、このためには同じ仏陀の教説であることを冠した（仏説）経典でありながら、場合によっては仇敵のごとくに批判して自らを高めることが行なわれたことは、よく知られている。

『後漢書』の著者范曄の父である范泰（三五五―四二八）が劉宋時代の仏教篤信者であり、自宅の西に祇園精舎を建てた。彼が当時の代表的な仏教学者であり、闡提成仏説の提唱者でもあった竺道生（三五五―四三四）や、宋の文帝の帰信を得た道場寺慧観（元嘉中に七十一歳で入寂）に宛てた書翰が『弘明集』巻十二に収められている。これには、『阿毘曇心』に通じた僧伽提婆が、おそらく隆安三年（三九七）廬山を下りて建康にやってきたときに、慧義・慧観ら青年僧たちは、沐浴讃仰して僧伽提婆の新説を喜んだのである。

外国の風俗はまたおのずから不同のものがある。僧伽提婆が我が国に来て（小乗有部の教法を伝えると）慧義・慧観法師たちは大変な礼讃ぶりである。しかし提婆の教法は小乗の法であるにすぎないのだ。しかもこれこそが至上の真理であるとして無生、方等のことを説いた経典は魔書であると謗ったのである。提婆は後には、経を説いても高座には登らなかった。のちに、法顕がインドから帰ってきて『泥洹経』をもたらして、涅槃常住の説をいうと、今までは諸経の中では最高の法だとしていた般若の宗極《みち》も、みなその下風につくといっている。このような状態では、仏教者の心に中心となるものがなく、新しい教が来るとすぐに変ってしまう、丁度、矢を射て的にあてても、後から射た矢が前の矢を倒してしまうようなものである。[51]

と概歎しているのは、まさにこのような中国仏教の苦悩を巧みに指摘したものである。

このような中から、次々にいろいろな新しいインド仏教での発展段階を無視した経典が中国にもたらされ、翻訳されてくると、当然に前後矛盾する経説の存在に気づき、とくに関心を持つにいたった自分の所依の経典の、他経よりの優越性を強調することとなる。しかも中国仏教においては周知されているように、いったん中国語に翻訳された経典は、もはやその原語原典については、朱士行のような例外は別として、ほとんど問うところがなく、儒教における古典と同じく、「経」としての絶対の権威がのしかかっている。

中国仏教史、中国仏教思想史の研究において、特に重要視されなければならないことは実はこの一点である。中華至上思想といったものが中国仏教の世界にも大きな地歩を占めているのである。中国仏教研究にインド仏教学の知識を導入することは、比較検討の上にすこぶる重要なことであることはいうまでもない。しかしたとえば漢訳された鳩摩羅什訳という『法華経』の研究には、西暦四〇〇年代の初頭に、羅什がもたらした『法華経』の原典との比較対照がなされないかぎり、学問的には完全な原典研究には成り得ないし、まして漢訳された羅什訳や、これに先行した竺法護訳の『正法華経』などの漢訳法華経を中心として発展した中国での法華思想の歴史や、それの中国仏教史上の地位など、漢訳法華経を基幹として発達したその実態を尅明にあとづけてゆく以外に方法はないのである。

『法華経』がよく読まれたといっても、実は『観世音菩薩普門品』――『観音経』が中心をなし、ほとんどその信仰の全部を占めているといって過言でないことは宗教として受け容れられた中国人社会を考察する上の重要な示唆を与えるものである。日本では、仏教を学問として思想としてとらえることを前提とし、その社会に受け容れられた仏教が何であったかを考えることは、社会学の問題対象かのように軽視しがちであるが、中国仏教史としては、実際に中国人社会に受容された仏教と、官僚的な儒教の学問などの影響をうけて、注釈講義を主とする義学の仏教とに焦点をあわせるとき、当然に前者に重点をおくのは、宗教としての仏教とはいかなるものであるかに思いをいたすからである。

ちかごろ、天台智顗における五時八教の教判の問題について、関口真大教授の見解や、佐藤哲英教授の反論、横超慧日教授の天台智顗の証悟の背景についての見解など、示唆に富む見解があいついで発表されている。上述したように、日本の宗教でも開教後百年足らずして教祖の神典についての再編成などのことが行なわれており、それは日本仏教の各宗においても、開創者の言説を二祖三代乃至は七・八祖にいたって整理再編して、その宗の教義が大成し、かえって融通のきかない固定の教団が成立する。祖師仏教の日本各宗においてその傾向が強いのであるが、中国の仏教各宗（というものがあれば、それ）を考えてみても、従来の師の教のわくをのりこえようとする努力が、さらに時機相応の新仏教を生ずるのであるにもかかわらず、後の教義大成者は、かえってその傾向をおしとどめて、数百年以前の開創者の思惟を固定してしまう。そこに、日本の各宗宗義の編成という現実を意識して、中国にも日本と同じような宗団組織の厳存を思い、中国仏教各宗の存在を誤認する。このような教団観が私たち日本の仏教者の中に支配的ではないのであろうか。中国浄土教の祖師として「偏依善導」の語をもって知られる浄土宗祖の傾倒も、中国人善導の真面目を伝えるのではなく、宗祖の目を通した善導像であることはいうでもない。

梶山雄一教授の話では、コロンビヤ大学の某氏が『浄土論註』の英訳を完成された由であるが、中国にその注釈が行なわれていないことについて疑問を持ったとのことである。『論註』は日本では浄土教系の宗団とくに真宗において重要視されることは事実であるが、中国においては蔵経にも入っていないし、おそらく『往生論私記』の名で天平二十年（七四八）に初めて書写されたことが正倉院文書であきらかにされるが、日本に伝わったことによって今日まで伝承されていることを見のがしてはならないし、『三論玄義』にしても、日本でよく知られておりながら、中国では早く佚してしまっている事実など、日本における『論註』の重視が、そのまま中国で、そうであったかいなかは十分な検討を要する。それと同様に、日本の天台宗の祖師たちが入唐して天台山などで書写し将来した仏典のそれぞれを見れば、天台山で得たものは、日本人が考えるような天台宗独自のものではないのである。また『仏祖統紀』では天台の正統を歴史における本紀の体載をもって記しているが、これも、唐末以後の師承を重んずる禅宗の師資に対抗するために、撰述されたものであり、中国の浄土教における伝承なども、浄土五祖・浄土七祖などの伝承についても、さらに尋ねなければならないのである。

ふつうに天台大師の天台宗開創をもって、「中国人の中国仏教」というように解説されるが、果してそうであるか。日本の学者はそう解してはいるが、中国の智顗その人にあって、師の慧思の説をのりこえて、教証としては、あきらかに疑経とされるものも大胆に採用して、より修道体験を深めて、さらに時機に適した修道を求めたのであって、おそらく仏教は、儒教と異なって、外国の宗教であるなどという認識は、中国の仏僧にはなかったのであろう。

二　疑経について

このようなことは、敦煌石室において発見された多量の古写経類の中の、今日にはほとんど伝わらない疑経類についても、私たちは大いに認識を改めねばならない。この疑経類が当時に随分と読まれたものであることはいまさら説くまでもなく、古写経の汚損度から見ても知られる。現実に中国で、しかも長安・洛陽などの中原で、日常生活の中の庶民たちの間で行なわれていた仏教の実態を、まのあたり見る思いがするのである。時代意識の変化や、宋以後の官版大蔵経の印行による、仏典伝承上の変化などを考慮して、今日私たちが唐代の仏教だ、六朝の仏教だと称しているものが、多く宋以後の限定された印刷大蔵経による伝承にもとづいているものの多いことにも気づかねばならない。

かくして、中国仏教史も、今日において敦煌出土の疑経類において予見されるように、多くの問題を内在しているものであり、たまたま沙漠の石室にのこされた貴重な証人を、もう一度洗いなおし、再検討して、教義学僧のような専門家でなく、実際に宗教を必要とした人たちの要求した仏典とはいかなるものであったかに、心をいたさなければならないのである。敦煌や敦煌文書についての報告は数多くあるが、新書版であるにせよ日本人の専著に、疑経について記すものが全くないことは、奇妙なことである。最近は若い研究者のあいだにも、疑経についての再認識の必要が強調され、幾多の成果が挙っていることに注目したい。

中国になぜ宗派仏教がおこらなかったか、宋以後になると、ほとんど禅一色にぬりつぶされ、それに各宗が融合されて、浄土の念仏がそれらをはりめぐらして、おそらく清朝における臨済宗のような特異の活躍をなしたものでも、なお我宗の意識は、私たちが想像するほどのものではなかったのではないか、どれ一つをとって考えても、従来だけの見解では解決し得ないものがあるのである。

疑経については述べるべきことは甚だ多いが、私も従来しばしば論じてきたことでもあり、昭和五十一年三月、京都大学人文科学研究所よりそれらを総集補訂加筆出版した研究報告『疑経研究』を参照されたい。

三　中国近世仏教の現実

とおく、後漢の明帝の頃にすでに確実に中国の史実の中に記されている仏教の中国社会への伝入以来、二千年近い歴史の流れの中に中国の仏教は多くの変遷を経てきたことは周知のところである。

最初は、中国在来の道教の神々とすこぶる類以した形態でうけとめられたにすぎなかった仏教、それは楚王英の仏教信仰の実態を伝えている『後漢書』に詳しいように、延命益寿という、人間にとってもっとも根源的な欲望をみたしてくれる超能力の具現者としての神として、祀られ、礼拝されたのであった。

それが、多くの西域・インドからの伝道者や、また西に向って求法の旅に出た中国僧たちによって、続々と仏教の経典がもたらされ、多くの手続きを経て漢訳仏典として、大量に、しかもインド仏教での発展段階を無視して中国人社会に提供されたことは、きわめて官僚的に、治世の要諦としてその重要性が維持しつづけられてきた古典儒教の経書の教養の中にはぐくまれてきた中国人知識階級にとっては、やはり大きな驚きであったことはいうまでもない。

貴族階級の一部の、一種のたのしみとして祀られた仏の教（それは日本での平安貴族階級の浄土教信仰ほど華麗ではなく、豪奢でもなかった）は、中国語仏教経典の出現によって、これを読みこなせる階級、やはり知識人の社会のあいだに、ようやく仏教に対する関心の度合を深めてきたことは推察される。しかし、いずれにせよ、中国の知識人の根底には、儒教の教養が厳として存在することは銘記せねばならない。新しいインドの仏教と、それに附随して行なわれるインド風の礼拝作法、たとえば食事についての踞食とか、坐法についての偏坐とかをも、中国人の僧侶がインドの僧侶のなすそのままに実行したのに対して、范泰が中国式の作法があるのに、何も野蛮な土地のまねをする必要がないではないか、北の楚には楚の風俗が、南の越には越の風俗があるのではないか、インドからきた仏教でも、中国に入れば中国式の礼法によるべきではないかとの、意見を提出していることは、十分に考慮されなければならない[52]。

訳出された経典を中心にして、いろいろな意見が開陳され、中国古典の解釈学をまね、魏晋南北朝の煩瑣な聖典に対する注釈書の流行をまねて、仏教関係の章疏類が数多く撰述された。そのわずらわしいまでに瑣末な末疏類の横行が、宗教としての仏教をめざす実践者にとっては、まさに他山の石にしかすぎないありさまであり、仏教学を事とする義解の僧たちに対する批難も、しばしば見ることができるのである。儒家者流の注釈学に熱中のあまり、金口の言を如実に修行することを忘れた僧への批難は、『洛陽伽藍記』に見える、洛陽随一の講学の僧曇無最の地獄行という閻羅王の裁判となってあらわれてくるのである。

また、この講釈の実態は、今日に残された大蔵経に収める経疏部の義疏類を見れば当然に諒察されることであり、敦煌石室の残巻をことさら挙げずとも知られることである。北朝書写という『勝鬘経義疏』残巻と、聖徳太子撰の『勝鬘経義疏』との類似の問題も、末疏類の成立の過程からいえば、ことさらに論ずるほどもないことであり、いまさらながらの感もするのであり、日本上代における聖徳太子信仰成立の過程にたちかえって考慮すべき問題が先行するのである。

漢訳仏典の盛行と、それに伴なう注釈書類の続出から、当然に導きだされるものは、無雑作に手当り次第ともいってもよいほどの無秩序さで翻訳された経典を、いかに位置づけ、価値判断するかの問題であり、前述の教相判釈がここに出現する。

天台宗・真言宗の成立（成立という語も、実は日本仏教からの発想であろう）も、その意味では、中国仏教発展の階程であった。

しかし、梁武帝の仏教信仰にも見られるように、『涅槃経』にも重大な関心は持っているが、それだけでもなく、また武帝自身の信仰の発展を見れば、儒教の聖典をあくまで根幹においてのそれである。范縝の『神滅論』に対する武帝の『立神明成仏義記』にも、それを窺うことができる。そして武帝自身が意図したものは、「断酒肉文」にも見られるような、因果の法を信じ、仏の教説を信じて、十悪を行ずるものは悪報を受け、十善を行ずるものは善報を受ける。この経教の大意を信受して、酒肉を断じ、仏行実践につとめる、在家の身をもって従来の禁戒をたもつことのなかったことを改めて、飲酒噉肉などのことを廃し、自らもこれを厳守し、僧尼は当然にこの厳守を要求される。また「金剛般若懺文」・「摩訶般若懺文」などによって、仏教儀礼を通じて、仏教知識の習得のみならず、仏教精神の体得に直往しようとするにいたる。梁の武帝の生涯における肉身の不幸の連続は、武帝の仏教への帰信をより深めさす有力な背景であったとはいえ、やはり永年にわたる仏教への傾倒は、たんなる仏教知識の集積にとどまらず、仏教とは、仏の教のままに実践し、体得するにあるという過程を、武帝の多くの文集を通観して、あきらかに暁り得るのである。後世の儒臣たちからは泥仏佞仏溺仏とのていたい批難を一身に得た武帝の仏教信仰ではあったが、しかも儒教の精神を没却したものではなく、国家建設の理念としての儒教をふまえて、道教を排して仏教精神の体得をめざしたものであったことは「全梁文」に集められた武帝の文集に一貫したものであった。

中国の古典として、政治理念の根幹としての儒教の精神を没却して、夷狄の教である仏教に傾斜した多くの知識人というものは、実は中国においては求めがたいのである。

唐代における王維とか白居易とかによって代表される仏教者として、居士として評価される人たちの仏教信仰も仔細に観察すれば、儒教のわくの中での仏教信仰であることが知られる。

仏教思想の発展はおおむね唐代で終り、宋以後は、禅宗の発展を通じて、主として禅浄融合の通仏教的な仏教が行なわれたと説くのが、従来の仏教史家の通説であった。

この通仏教的な仏教とは、いうまでもなく、日本におけるような宗派仏教が存在しないということを意味する。異民族の中国（したがって漢民族）支配期、蒙古族の元、満洲族の清に行なわれたラマ教の問題はいちおうきりはなして考えるべきである。講教禅融合とか、禅浄一致とかの名でよばれる中国近世仏教は、実は二千年近い歴史を持つ中国漢民族の仏教の帰結であるともいいえよう。

学解中心とか、経疏述作などを旨とするいわゆる講学義解の僧は、漸時衰退をし、名もない庶民たちの間に仏教は、かつての楚王英の頃のような、一種の仏教道教混融神のようなかたちで、はかり知れないほどの潜在力をもって浸透しているのである。

明王朝の基礎をなした太祖朱元璋は、もともと濠州（安徽省鳳陽）皇覚寺の沙弥としての生活の数年あったことが知られている。元来混乱の時期に、寺に入って生活のたしとしたことも、この時代の仏教寺院のありかたや、僧侶の素質などをうかがわしめるものがある。

中国では匹夫の身をもって天子の位に登ったのは漢の高祖、明の太祖、そして現代の天子毛沢東のみといわれる。その明を開国した英邁剛毅な太祖は、ついで当時の社会底辺に隠然たる勢力を持っていた白蓮教匪の仲間に入り、頭角をあらわして、その部将の一人郭子興の娘（第二夫人張氏の養女）の婿となることから運命は大転回してゆくのであるが、ついに中国史上第二番目の匹夫上りの天子の位を得たのは一三六八年、洪武元年。その宗教とくに仏教教団に対する取締りも、前代のそれを承けたとはいえ、また太祖自身の体験もとりいれられて、仏教統制機関としての善世院がおかれ、その初代の統領に補せられたのが、演梵善世利国従教大師慧雲であり、この大師号にも、仏教に対する明朝の期待がこめられているといっても過言ではない。

成祖永楽帝の帝位簒奪の総軍師としての道衍（姚広孝、一三三五―一四一八）の存在は、はしなくも、明代仏教の一性格を示すこととなる。華厳・天台・禅・浄土の遍歴をなした道衍は、江南においては浄土の名師として知られ、庶民への浄土教の浸透に努めた人であったが、仏学の外に兵書に殊のほか詳しく、いわゆる靖難（君側の奸を除いて国難を靖んずる）の役の最大の貢献者としてその華やかな生涯を送るのである。そのような国家の元勲としての地位にあった僧形の道衍が何十年かぶりに故郷蘇州の地を訪れたときに、旧知はもちろん彼の実姉までが、正統の皇位継承者でない燕王に加担して、僧侶としてはあるまじき軍事政略のことに大功を挙げた人間はわが弟、わが友にあらずとして忌避されたことも、金陵の天子の位を簒奪するのに手を貸した道衍に対する怒りとともに、仏教の僧侶としてはなすまじきことをした道衍に対する反発も感ぜられて、なおこのころの一般社会の、仏教教団や僧侶に対する一種の畏敬の念さえ感じられるのである。

明の全盛期ともいわれる万暦の頃の進士であった謝肇淛が自分の著書の中で、「仏教がほとんど天下にあまねく、その寺は、学校よりも盛んであり、経を読む声は絃歌のさんざめきよりもかしましい」、このような仏教の信仰のさかんなのには、㈠年老い、死の日も近くなって、平生の罪業のおそろしさを省りみて、せめては仏の教にすがって輪廻のおそろしさから逃れんとする。㈡ややもすれば奇を好み、いっかどのもの知りふうで、虚無寂滅の教、明心見性の論を聞き、恍惚として実地につかず、聖賢の書を読んでも実践するまでにいたらない、本は浅いのに深いといい、下なのに高だといい、卑近なるにもかかわらず高遠だというような、一種衒学者流のものといった二種類の仏教信者の型を指摘しているのは、当時の仏教信仰の実態をいい得て妙なるものである(53)。

仏教寺院での生活の経験もある太祖朱元璋の宗教政策の結果として、戒律を守り、十分に経典に通じたものでなければ度牒を請うことはできないし、生殖能力のある四十歳以下の女子は出家して尼となることができないなどの諸規定によって出家者の数を限定しようとしたが、それでも開国六年目には九万六千人が度牒を得て公許されているし、約百年後には一年にあらたに二十三万人が度牒を得ている。また飢饉を救うために粟十石で名の書いてない度牒一枚を売るなどのこともあり、兵役義務労働を避け、あるいは山林に姿を隠そうとする犯罪者などがこれを得て俄か坊主となって、教団の素質はいっそうに低下していったのである。

このような明代で、すぐれた僧侶も出ないではなかった。明末四大師と称される雲棲袾宏・紫栢真可・憨山徳清・藕益智旭がそれである。ことに雲棲袾宏（一五三二―一六一五）は、華厳・禅を学び、浄土念仏に帰した禅浄同帰・諸宗融合の新仏教を提唱し、『雲棲法彙』三十二冊の大著をのこしている。しかし民衆にアピールしたものは、仏教の三世因果報応思想と、儒教道教に説く日常倫理生活への反省とを結びつけた功過格思想を鼓吹した『自知録』とか、当時の中国に流行した水陸法会の儀軌・施餓鬼儀軌などに興味が集中していたのである。また智旭（一五九九―一六五五）も、禅教律三学一源、結帰念仏一行執持名号を目標とした新仏教の提唱者であるが、日々の自己の善悪の行業を占察することを説いた『占察善悪業報経』の義疏を著作していることも、智旭の教学の一面が、仏教道教の混淆した日常生活への対処といったところにあることも、当時の社会における仏教のめざすものが何であったかを考える上の重要な答案の一つでもあることを示している。

かく見てくると、近世の中国仏教では、儒仏道三教融合とか、禅教律三学一源とか、禅浄混融などの語によって表現されているように、融合とか、混融などの美名によって、仏教の本質は埋没されてしまったかのようである。事実はまったくそのように、道教の総本山ともいうべき北京の白雲観でも、三皇殿には仏教の観世音菩薩が祀ってあり、邱祖殿ではいつも、現存する数少ない疑経の一つである『高王観世音経』が読まれ、新道教の祖王重陽は『孝経』・『常清浄経』・『般若心経』をもって三部聖典としているのである。これに対する古道教の本山としての東岳廟の神々を見ても、道教・仏教を区別することは甚だ困難な状態にまで、道仏の混淆が進んでいるのである。

四　中国仏教の本質

近代の中国の人々にとっては、もはやインドの仏教だとか、中国古来の民族神だとかの区別は無用であり、願いごとをかなえてくれるもの、それが仏であり、神であるのであり、「有求必応」の四文字の中に、中国人の宗教観の重要な部分が照し出されているものといえるのである。

日本でも、人口に比して宗教人口の多さが、宗教学者、社会学者たちによってとりざたされている。近代中国においても、多種多様な神々の存在（それは仏菩薩たちをふくめて）は、日本のそれよりもなお多く、なおバラエティに富んでいる。しかもそれは現在に生きる人間個々にとって頼み甲斐のある神であり仏であるとして、崇拝の対象となっている。いずれもが生きている人間を中心として、神々が作られ、またその使命を終えて、あるいはその使命を達せずして民衆の神壇の中から消えてゆく。

異民族朝廷の清朝政府も、仏教に対しては非常に警戒的であり、自分たちの信仰であるラマ教に対するのとは異なって、儒教をもって仏教を牽制するかのような対応策をとっている。「聖諭」十六条、ついで「聖諭広訓」が頒布され、毎月二回各地でその講読会が設けられ、永く定式となったのである。ことにその第七条に、「仏教に、一人出家すれば九族天に生ずというような虚妄を説き、地獄・輪廻・応報などのことを言って衆人を誑し、昼夜を分たず講説する」ことを強く警戒していることは、前朝以来の仏教寺院における集会などが、場合によっては反革命集団の謀議の地となっていたこととも思いあわせて、異民族政権の漢民族の分断統治策として、ラマ教には優遇策をとり、漢民族の仏教には厳正をもって臨むという態度であった。婦人が寺院に焼香礼拝のために入ることを禁止する法令も出されたし、それを許せば寺主住僧までもが罰せられるというものであった。

かくて厳正な仏教の修行はともすれば歪められた方向にはしり、また漢民族の満洲族に対する反感から、白蓮教匪などの宗教秘密結社の跋扈をも招来することとなり、それはまた、清朝の宗教への一層の圧迫をもたらすこととなったのである。

清朝の初期には勅建の仏教道教の大寺廟は六千、小寺廟も六千、私建の大寺廟八千四百、小寺廟五万八千六百、僧尼合計十二万と称されたが、これだけ多くの寺廟僧尼がありながら、宗教的な活動をしたものは数えるほどしかなく、その多くは庸質の僧尼で、経懺・呪経などの法事にあけくれするもの、その法事も一家一門の延年益寿災難消除を念ずるための、現世利益を中心としたものであることは、いうまでもない。

そのような結果は、「地獄門前僧道多し」とか、「十人尼僧がよれば九人までは阿呆であとは気違いだ」、などいう俗諺が流行するというような、仏教僧の質的堕落を招くにいたったのである。[54]

清朝末期に、今までの白蓮教匪とは異なって、キリスト教の影響を受け、民間信仰とつきあわせ作った新興宗教「拝上帝会」の創始者洪秀全がやがて天王となって叛乱をおこす。一方からいえばその革命精神が今日の中国共産党につらなっているといわれる太平天国、長髪賊の乱は江南の仏教寺院を多く焚焼して重大な影響を与えたことはよく知られている。杭州方面でもその焼かれた寺院の多くは復興はしたけれども、結局は建物の復興で、教団の内部構成をさらに優秀化することにはならなかったのである。

清朝崩壊の直前、張之洞らによる寺院道観の財産を転用して初等教育の充実に資するという「廟産興学」の提唱は、形骸化して久しい中国の仏教界に最後の止めをなしたものといえよう。社会から隔絶され、劣等視された無為徒食の僧侶たちの、せめてものよりどころであった寺院の多くは政府や地方行政機関によってほとんど強制的に徴用された。教育機関としての転用はともかくとして、軍隊・警察に占拠された寺院もすこぶる多数にのぼった。その上に、地方のボス、いわゆる土豪劣紳がこの機に乗じて、寺田やその他の寺産の兼併をはかって大混乱を呈したのである。

宗派的な結束もなくまして全国的な仏教統制機関ももたなかった中国の仏教寺院が大同団結して、この難関をのりこえようとして組織したものが八指頭陀と称される敬安や、北京法源寺道階らの努力で、中華民国仏教総会の成立となったのである。これは中国仏教史はじまって以来の特筆すべき事件であった。敬安の死後、まもなく、中国政府は管理寺廟条令を発布して、寺有財産の保護を確認したのである。しかし、残念ながら寺堂の保護のための仏教会の設立は実を結んだが、仏教界自身の内省、僧侶教育などが仏教界で論じられ、実行に移されるのは、なおその後のことであった。

こうした仏教界不振のなかにあって、居士と称される士大夫階級の仏教篤信者たちの仏教信仰は、中国近世の仏教活動を特に「居士仏教」と称するほど、近世仏教を特色づけているものである。

すでに明の王龍渓(一四九八—一五八三)は、老子に虚といえば儒には寂あり、世の儒者はその根本をおしはからずして、いたずらに釈老二氏を異端とするのは普遍的な議論ではないとの立場から、儒仏道三教の一体を述べたものに「三教堂記」のごとき見解がみられる。彼自身は禅に泥んだものとして世上の批難を得ているが、ついに儒家としての一線を譲ってはいないし、「僧として外学を兼ねないものは懶にして愚なるもの[55]」として僧界に反省の声の大であった時勢ではあるが、王龍渓自身は、先師王陽明以来の、儒教は経世の学であり、仏教は出世の学であるとの根本的な立場を超越したものではなかった。

清朝の居士の代表として知られ、『居士伝』五十四巻の著もある彭紹升(一七四〇—一七九六)のごときも、僧以上に居士として如法な平常が特記せられる仏教者ではあるが、彼の仏教信仰の実際を見てみると、念仏専修ではあるが、なお道教の飛鸞化行といった一種の神おろし的な俗信を重視していた純正な仏教信仰のみとはいいきれないものを、彼の日常生活の中から見出すのである。

しかもこれらの居士たちの伝統をひいたものが、太平天国に焼かれた仏寺の復興をうながし、いままた民国の庶政一新の時期に重要な貢献をしたのである。

居士たちの仏教信仰はほとんどといってもよいほど、念仏信仰である。清朝以来の、とくに公羊学派の儒者たちの仏教信仰の深さはよく知られているが、それらも念仏の信仰である。禅浄融合の念仏というよりは、禅をもすてさった浄土念仏といえるかも知れない。その伝統は民国の居士たちにもうけつがれ、王一亭(王震)を頂点とする近代中国の居士仏教は、主として功成り名遂げた実業家や引退政治家を中心とした、ゆたかな経済力をもって、僧侶を叱咤するほどの勢いを示したことは、今なお記憶に著しいものがある。唯識研究を中心とした北京の三時学会のような組織(現に香港にその流れを汲んだものがある)はまれで、多くはその財力によって仏寺の復興・新建、仏教大蔵経の出版などの経済力を必要とする諸事業の遂行に努めたのである。その結果は、表面的には未曽有の「仏教復興」かのごとき幻影を社会に投げかけたし、それに刺戟されて、太虚師を中心として僧界に、僧教育を中心とする仏教復興運動が大きな社会現象となるまでに進んだのである。『磧砂版大蔵経』や『宋蔵遺珍』などの大規模な蔵経の刊行（これは南条文雄の援助によってうちたてられた楊仁山の金陵刻経処における仏書普及運動の影響を受けたものであろう）を中心とする、上海の財界人居士の強力な後援によるものであった。惜むらくは社交的仏教に堕して、真実の仏教精神の発露と見られるものがすべてではなかったことであり、さきの土豪劣紳による兼併とは別に、財力による仏教界の大檀越として、縦横にふるまったことが挙げられるのである。

しかしともかくも、仏教復興の波は全中国をおおい、五四運動の頃の「新青年」を中心とする孔子批判、ひいては打倒迷信運動などによって崩壊寸前の窮地においやられた仏教界に、大いなる光明を見ようとした矢先きに、戦争の勃発となり、中国の勝利ののちも、国内情勢の変化は、ついに仏教をしてほとんど有名無実の現状においやったのも、実は、今日残された仏教国を僭称する日本の軍事行動にもとづくものであることに思いをいたすとき、もはや私どもには中国の仏教を語り得る資格はないのである。

近代の中国における仏教の大勢を考察してみると、仏教思想についての研究といった面では、もちろん日本のそれとは比較すべくもない。数百年にわたる仏教の不振はもはやいかんともしがたいものとなっていた。外面的な寺院の盛観も、居士の華やかな信仰も、その目的とするもの、「有求必応」にかなうことがその帰結であるかのようにされていた「仏教復興」の現実を観察するとき、中国に伝入した当時の仏教が、道教の神と同じ場におかれていたことを思いおこす。千数百年後の中国で仏教復興の名のもとに、居士たちの財力によって化粧をほどこされた中国仏教が、いまだ僧侶たちの努力による真の仏教復興が実を結ばないうちは、やはり一種の神として中国人の心の中に座を占めていたこと、延年益寿、家門繁栄などを祈願の対象として法事が営まれたにすぎないのであろうか。

数多くの仏教学者の輩出、祖師たちの救世の大言説にもかかわらず、中国人の受容した仏教とは、ついに現世利益を求めて、ただ念仏を称えることのみを金科玉条としたものであったのであろうか。天台も真言も華厳も、禅をさえもいつしか混融して南無阿弥陀仏《ナムオミトーフア》ですべてを終るということが、やはり中国人の民族性によるものであろうか。

外来の仏教も、その経典が中国語に翻訳されて、数千巻の大蔵経を形成するまでに大量な経典末疏類を生みながら、ついにそのすべてをあるにまかせて、ひたすら「求めあれば必ず応ず」というような皮相な(と思うのは異邦人の僭越か)信仰がすべてであろうか。マルクス・レーニン主義といえども、毛沢東思想に帰一するという中国人独得の発想と同じように、過去の輝かしいインドの仏教も、中国語に翻訳されて中国人のものとなると、偉大な思想家を生んだ過去の歴史は歴史として、生きている今日の中国人が何を求めるか、何を与え得るかという点で、現在の「中国仏教」を、毛沢東の湖南農民考察報告における演説の一句で結びたい。

龍王廟の壇上に祀られている神や菩薩の像はその必要があって民衆がつくったものであり、むかしは雨が降らなければ雨が降るように、長雨が続けば止むように祈るだけだったから、このような龍王もつくられたのだ。今はちがう。民衆の力で溝をつくり水を導けば、もはやひでりが続いてもビクともしないし、神を頼らなくてもよい。神像をつくった民衆が、今度は高い壇の上から神像菩薩像をひきずりおろすのだ(毛沢東選集より取意)。

中国共産党指導下の中華人民共和国における「仏教」の存在を、希望的観測のもとに幻想をいだく人も日本人仏教徒の中には無いではない。しかしこの毛沢東の宗教観を、私達は冷静な観察によって、事の真実をうかがいたいと思うのである。[56]

① 新藤晋海編『凝然大徳事績梗概』（東大寺南都仏教研究会刊）による。
② 三国仏法伝通縁起巻上、震旦仏法伝通の条に、「挙世講敷、造疏述章、諸師競学、蘭菊諍美」という。
③ 開元釈教録巻一八、偽妄乱真録、「今恐真偽相参、是非一概、譬夫崑山宝玉与瓦石而同流、贍部真金共鉛鉄而斉価、今為件別真偽可分、庶涇渭殊流、無貽後患」（大正五五・六七二a）
④ 白氏文集巻七〇、香山寺新修経蔵堂記参照。
⑤ 深浦正文稿、「経録の研究」（昭和十年一月以降、『龍谷学報』三一一、三一二、三一三）を見よ。拙著、『疑経研究』第四章、「提謂経と分別善悪所起経—真経と疑経—」参照。
⑥ ペリオ蒐集敦煌本P三七三九、四六七三。
⑦ 春日礼智稿、「支那仏教初伝に関する諸研究」（昭和十三年、『支那仏教史学』二—四）に従来の諸説が挙げられている。
⑧ 広弘明集巻一（大正五二・九八b）、商太宰問孔子聖人、道宣の見解として、「抛斯以言、孔子深知仏為大聖也、時縁未升故黙而識之、有機故挙、然未得昌言其致也」という。
⑨ 歴代三宝紀巻一（大正四九・二三c）、「又始皇時、有諸沙門釈利防等十八賢者、齎経来化、始皇弗従、遂禁利防等、夜有金剛丈六人来、破獄出之、始皇驚怖、稽首而謝焉」。
⑩ 広弘明集巻一、仏為老師（大正五二・九八b）、「老子西昇経云、吾師化遊天竺、善入涅槃、符子云、老氏之師名釈迦文」、しかし現行の西昇経（正統道蔵・新文豊版第十九冊）には開巻第一に「老君西昇開導竺乾、号古先生、善入無為」というが、『広弘明集』に見る文はない。
⑪ 広弘明集巻一二、与王司徒諸人論道人踞食（大正五二・七七c）に詳しい。『弘明集研究』巻下六三三頁以下参照。
⑫ 後漢書巻七二、楚王英伝。
⑬ 文選巻二、西京賦。
⑭ 出三蔵記集巻二、新集経論第一（大正五五・五c）、四十二章経　一巻旧録云孝明皇帝四十二章安法師所撰録闕此経
右一部凡一巻、漢孝明帝夢見金人、詔遣使者張騫羽林中郎将秦景到西域、始於月支国遇沙門竺摩騰、訳写此経還洛陽。またこの前文に、「古経現存、莫先於四十二章、伝訳所始、靡踰張騫之使」という。
⑮ 高僧伝巻一、安清伝（大正五〇・三二四a）

⑯ An Shih-kao, biografia ecnote critiche (*IONA*. XVIII, 1968, Napoli) *IONA* はイタリヤ、ナポリ大学出版にかかる研究雑誌。筆者は京都大学人文科学研究所で中国仏教史の研究に従事していた。

⑰ 高僧伝巻十一、明律、智称伝（大正五〇・四〇二b）、「年十七、随王玄謨申坦、北討獫狁……却乃歎曰、害人自済非仁人之志也、事寧解甲、遇読瑞応経、乃深生感悟、知百年不期国城非重、乃投南澗禅房宗公、請受五戒」

⑱ 弘明集巻一二、王謐が重ねて桓玄に答える書のなかに言う（大正五二・八二c）、「故本起経云、正言似反、此之謂也」。また『弘明集研究』下巻、六七〇頁注一〇参照。

⑲ 弘明集巻一、序（大正五二・一a）、「夫道以人弘、教以文明、弘道明教、故謂之弘明集」

⑳ 理惑論の訳文は『弘明集研究』（巻中、九頁）によった。

㉑ 春日礼智稿、『日華仏教研究会年報』第三年所収、「漢代仏教の外典資料について」を見よ。

㉒ 出三蔵記集巻一三、安玄伝（大正五五・九六a）、「玄与沙門厳仏調、共出法鏡経、玄口訳梵文、仏調筆受、理得音正、尽経微旨、郢匠之義、見述後代、仏調臨淮人也、綺年頴悟、敏而好学、信慧自然、遂出家修道、通訳経典、見重於時、……（道）安公称、仏調出経、省而不煩、全本妙巧」

㉓ 出三蔵記集巻一三、支讖伝（大正五五・九六a）、（沙門竺仏朔）又以霊帝光和二年、於洛陽訳出般舟三昧経、時讖為伝言、河南洛陽孟福張蓮筆受」

㉔ 出三蔵記集巻一三、康僧会伝（大正五五・九六b）、「時孫権称制江左、而未有仏教、会欲運流大法、乃振錫東遊、以赤烏十年至建業、営立茅茨、設像行道、有司奏曰、有胡人入境、自称沙門、容服非恒、事応験察……」。また高僧伝巻一、康僧会伝（大正五〇・三二五b）に出三蔵記集を承けて、「時呉国以初見沙門、覩形未及其道、疑為矯異……」という。

㉕ 高僧伝巻九、仏図澄伝（大正五〇・三八五c）に著作郎王度の奏には、沙門甚だ多く、これを「漢人皆不得出家」の漢の制度によるべきことをあきらかにしている。僧史略巻上、東夏出家（大正五四・二三七c）。広弘明集巻一、漢顕宗開仏化法本内伝（大正五二・九九b）、「又説出家功徳其福最高、初立仏寺、同梵福量、司空陽城侯劉峻、与諸官人士庶等千余人出家、四岳諸山道士呂恵通等六百二十人出家、陰夫人王婕妤等与諸宮人婦女二百三十人出家……」。また吉岡義豊著稿、『道教と仏教第一』参照。

㉖ 山内晋卿著『支那仏教史之研究』「漢人の出家公許について（大正三年五月稿）」を参照。山内教授以後に、中国仏教の受容発展に最も関係深い中国人出家の問題についても、つきつめた研究はなされていない。

㉗　高僧伝巻九、仏図澄伝（大正五〇・三八五b）、「澄道化既行、民多奉仏、皆営造寺廟、相競出家、真偽混淆、多生衍過」
㉘　注25を見よ。
㉙　高僧伝巻一、曇柯迦羅伝（大正五〇・三二四c）、「以魏嘉平中、来至洛陽、于時魏境雖有仏法、而道風訛替、亦有衆僧、未稟帰戒、正以剪落殊俗耳」
㉚　弘明集巻一二、王謐の答に対する桓玄の難（大正五二・八一b）、また『弘明集研究』巻下、六五九頁を見よ。
㉛　二十二史劄記巻一五、誦経獲報の首めに「仏教在六朝時、最為人所信嚮、各史所載、雖似近於怪妄、然其教一入中国、即能使天下靡然従風、是必実有聳人観聴、非徒恃談空説寂也」という。
㉜　牧田著『六朝古逸観世音応験記の研究』（昭和四十五年一月、平楽寺書店刊）参照。
㉝　出三蔵記集巻十三、竺法護伝（大正五五・九八a）、「沿路伝訳、写以晋文、所獲大小乗経賢劫大哀法華普耀等、凡一百四十九部、孜孜所務、唯以弘通為業、終身訳写労不告惓、経法所以広流中華、護之力也」。『梁高僧伝』の竺法護伝は、この文を承けている。
㉞　十駕斎養新録巻十八、釈氏輪廻之説、「列子天瑞篇、林類曰、死之与生、一往一反、故死於是者、安知不生於彼（現行の列子はこれに続けて、「故吾安知其不相若矣、吾又安知営営而求生非惑乎、亦又安知吾今之死不愈昔之生乎」という。）釈氏輪廻之説、蓋出於此、列子書晋時始行、恐即晋人依託」
㉟　常盤大定著『支那に於ける仏教と儒教道教』（東洋文庫論叢第一三、昭和五年一〇月刊）、久保田量遠著『支那儒仏道三教史論』（東方書院、昭和六年一〇月刊）、同『支那儒仏道交渉史』（大東出版社、昭和一八年二月刊）。ことに久保田教授は「弘明集之研究」を出版しようとする意図のあったことを前著の序文に記している。
㊱　戦後日本における学問研究の傾向としての、京都大学人文科学研究所宗教研究室における共同研究の成果の一として、これらの研究が刊行された。ひきつづき広弘明集の研究も継続されている。
㊲　弘明集研究巻中、一一―一二頁参照。
㊳　弘明集巻一（大正五二・二a）、「問曰、何以正言仏、仏為何謂乎、牟子曰、仏者謚号也、猶名三皇神五帝聖也、仏乃道徳之元祖、神明之宗緒、仏之言覚也、恍惚変化、分身散体、或存或亡……」。『弘明集研究』中巻一三頁を見よ。
㊴　高僧伝巻四、竺法雅伝（大正五〇・三四七a）、「時雅依門徒、並世典有功、未善仏理、雅乃与康法朗等、以経中事数、擬配

外書、為生解之例、謂之格義、乃毘浮曇相等、亦弁格義、以訓門徒」

㊵ 高僧伝巻五、僧光伝（大正五〇・三五五ａ）。道安がまだ具戒を受けず未だ沙弥の時、僧光もまだ沙弥で、たまたま逆旅《やど》で相い会してからの長い道友であった。「安曰、先旧格義、於理多違、光曰、且当分析逍遥、何容是非先達、安曰、弘賛理教、宜令允愜、法鼓競鳴、何先何後」。誤った格義を是正し、理教を弘賛するのに、先達だからといって遠慮することはないとの意である。高麗本では僧先とするが、宋元明三本をはじめ名僧伝抄に記す目録でも「巻四、偽秦飛龍山釈僧光」という。

㊶ 王坦之字は文度、『晋書』巻七五に見える。竺法師と幽明報応の事を論じたと伝えるほど仏教にも通じていた。世説新語下之下、軽詆（21）「王中郎与林公絶不相得、王謂林公詭弁、林公道王曰、箸膩顔帢、緆布単衣、挟左伝、逐鄭康成車後、問是何物塵垢嚢」、また、（25）「王北中郎不為林公所知、乃著沙門不得為高士論、大略云、高士必在於縦心調暢、沙門雖云俗外、反更束於教、非情性自得之謂也」

㊷ 牧田編著『五代宗教史研究』一五一頁以下参照。

㊸ 宋高僧伝巻五、智昇伝（大正五〇・七三四ａ）に「藻鑑もて妖偽の源を杜塞する」としている。智昇の『開元釈教録』の序文（大正五五・四七七ａ）によれば「目録の興るは真偽を別ち是非を明らかにする」ためになされるものであるとする。しかし従来の経録に厳密な検討を加えるのでもなく、胡梵の原典と漢訳仏典との比較対照をしたのでもないし、また恣意に訳者名を増益するのこともあり、単なる伝説伝承と史実が混同されて読者をして判断に苦ませるものがあり、これが中国僧侶の経録編纂に対する共通した欠点と思われるのである。おそらくは、経典整理学の上での華夷思想にもとづいた所産の一つといえよう。

㊹ 吉岡義豊著『道教と仏教第二』、道仏二教の対弁書としての「漢法本内伝」の成立について、を参照。現行の正統道蔵は宋代仏教の宋版大蔵経の刊行と前後して作られた真宗皇帝や王欽若らによる道蔵の編制出版によって、従来の仏教臭のある道経の改変という内容に大きな変化をもった道経によるものである。唐初における道経とは、質的にも大きなへだたりがあることに留意するべきである。弘明集巻八、釈玄光の弁惑論（大正五二・四八ａ、『弘明集研究』巻下四三五頁以下）、広弘明集巻八弁惑篇、とくに道安の二教論や、唐の法琳の弁正論巻八、出道偽謬篇など、それぞれ仏教の一方に偏するとはいえ、事の真実を究めるうえの重要な文献である。

㊺ 高僧伝序録（大正五〇・四一八ｃ）、嘗以暇日遇覧群作、輒捜検雑録数十余家、及晋宋斉梁春秋書史、秦趙燕涼荒朝偽暦、地理雑篇孤文片記、幷博諮古老、広訪先達、校其有無、取其同異

続高僧伝序（大正五〇・四二五a）、今余所撰、恐墜前緒、故不獲巳而陳之、或博諮先達、或取訊行人、或即目舒之、或討讎集伝、南北国史附見徽音、郊郭碑碣旌其懿徳、皆撮其志行、挙其器略、言約繁簡、事通野素、足使紹胤前良、允師後聴、

宋高僧伝序（大正五〇・七〇九c）臣等謬膺良選、倶乏史才、空門不出於董狐、弱手難探於禹穴、而乃循十科之旧例、輯万行之新名、或案誄銘、或徴志記、或問輶軒之使者、或詢耆旧之先民、研磨将経論、略同讎校、与史書懸合、勒成三帙

㊻ スタイン本（S・九八〇）金光明最勝王経巻二の願文（Gilesの目録五四頁）、辛未年二月四日弟子（西漢金山国）皇太子恒為男弘忽染痢疾非常困重遂発願写此金光明最勝王経上告一切諸仏諸大菩薩摩訶薩及太山府君平等大王五道大神天曹地府司命司録土府水官行病鬼王疫使知文籍官院長押門官専使可嚙官弁一切幽冥官典等伏願慈悲救護願弘疾苦早得痊平増益寿命所造前件功徳唯願過去未来見在数生巳来所有冤家債主負財負命者各願領受功徳速得生天

龍谷大学図書館本（『西域文化研究』巻一、二三四、五頁）の妙法蓮華経巻四に辛未年二月七日の同様の願文がある。ペリオ本にはp・三一三五、四分戒本（残欠、乙卯年（八九五）四月十五日弟子索清児）、p・三六六八金光明経巻九（皇太子恒、辛未年二月四日）があり、よく観察すれば、できあいの願文に年月、病名、氏名などを書き入れればよいようになっている。

㊼ 開元二年（七一四）七月に頒布された「断書経及鋳仏像勅」を見よ。同年閏二月三日には僧尼道士女冠をして父母を拝せしめる勅も出されている。

㊽ 日本の浄土宗では、僧侶の法名に、慧遠の白蓮社の遺芳を慕って蓮社号を附ける。しかし慧遠の念仏は般舟三昧経による、宗祖法然上人の「観念の念にもあらず」とされた禅定の念仏である。心情的な中国浄土教への安易な理解がこのような矛盾を生んだのである。

㊾ 張融の門律は弘明集巻六（大正五二・三八c、『弘明集研究』中巻三五八頁）に見え、張家一門のさだめとして、代々仏教を奉ずるが、母方が奉じている道教も根本をつきつめれば同じとし、儒教のもと、仏教道教を併せ修することを説いている。またその言葉の通り、左手に『孝経』・『老子』を執り右手に『小品般若経』と『法華経』を執って死んでいったと、『南斉書』巻四一に伝える。

㊿ すでに四十年を経過した著述ではあるが、大谷光照著『唐代の仏教儀礼』（附註共二冊）は、この問題にとりくんだ最初の労作であり、開拓者としての重要な貢献をわが仏教史学界に提供したものである。今後、さらにその研究を推進してゆく学徒の出現を期待するものである。

51 弘明集巻一二、范伯倫与生観二法師書（大正五二・七八b）、弘明集研究巻下、六三九頁を見よ。
52 弘明集巻一二、鄭道子（鮮之）が慧義禅師に手紙して踞食を論じ、また范伯倫（泰）が道人の踞食・坐法について論じ、慧義がこれに対する反論をするなどのことがあった。（大正五二・七七b～七八b参照）。范泰は「今之奉法白衣、決不可作外国被服、沙門何必苦守偏法」という。また、『弘明集研究』巻下六三〇～六三九頁。
53 牧田稿「謝肇淛の仏教観」（昭和五〇年九月刊、『東洋哲学研究』七四号）
54 中国社会における宗教に関する俗諺を述べた書籍の中では、C.H. Plopper, *Chinese Religion seen through the Proverb*（Shanghai, 1926）が有用である。
55 釈氏稽古略続集序（大正四九・九〇三b）、「為僧而不兼外学、懶而愚、非博也、難乎其高、為儒而不究内典、庸而僻、非通也」
56 この項については、牧田著、民衆の仏教（佼成出版社刊『アジア仏教史、中国篇第二』）

肇論の流伝

はじめに

明の漢益智旭（一五九九―一六五五）は、かつて一月の中三度憨山徳清（一五四六―一六二三）を夢みてその門に入らんとしたが、途遠く離れて遂に其の意を果さなかったと言われる。しかも徳音遥に通じたものの如く、おそらくは徳清の『肇論略疏』に啓発されるところ頗る大なるものがあったようで、その著『閲蔵知津』巻頭の凡例に、

此土述作、唯肇公及南岳天台二師、醇乎其醇、真不愧馬鳴龍樹無著天親、故特入大乗宗論、其余諸師、或未免大醇小疵、僅入雑蔵中、

と、『肇論』のすぐれていることを激賞している。生前、鳩摩羅什をして、「解空第一肇公其人乎」と歎ぜしめ、千載のもと智旭をして「醇乎其醇」と称せしめた僧肇の中心著作である『肇論』が、中国及び日本において如何に流伝していったか、そのあとを、主として『肇論』の末疏によって求めたのが此の篇である。かかる企ては、曩に故中田源次郎氏が『東方学報東京』第六冊（昭和一一年二月刊）に「肇論及び其の註疏に就て」を発表しておられる。此の研究に従いつつ、敢て蛇足する所以のものは、一は『肇論研究』としての京都大学人文科学研究所における共同研究の分担を果し、二は研究の推移により中田氏稿に若干増補すべきものが生じたからである。

僧肇の著作について

『肇論』を中心とする僧肇の著作については、最も古い資料として梁僧祐（四四五—五一八）撰『出三蔵記集』巻十二によれば、陸澄の「法論目録」によって、次の如く記している。

（法論一）　不真空論　百論序　法性に属するもの
（法論二）　涅槃無名論　覚性に属するもの
（法論三）　般若無名〔知〕論　維摩詰経注序　般若に属するもの
（法論四）　丈六即真論　法身に属するもの
（法論六）　長阿含経序　教門に属するもの

此等について略説すれば次の通りである。

百論序　出三蔵記集巻十一（大正五五・七七頁中）
　鳩摩羅什訳　百論（大正三〇・一六七頁下）
維摩詰経注序　出三歳記集巻八（大正五五・五八頁上）
　僧肇撰　注維摩詰経（大正三八・三二七頁上）
長阿含経序　出三蔵記集巻九（大正五五・六三頁中）
　仏陀耶舎・竺仏念訳・長阿含経（大正一・一頁上）

ことに、維摩詰経注序は、その釈文すら行われていたことが、スタイン、ペリオ等蒐集の敦煌写経中の断簡から知ることができる。即ち矢吹慶輝博士の指摘された如く（『鳴沙余韻解説』第一部四〇頁）、大暦二年（七六七）長安崇福寺の体清が資聖寺道液の『浄名経集解関中疏』の会坐に参じて、「紀其所聞、以補多忘、庶来悟義伯、無誚斐然矣」として、「僧肇序」「道液経序」に注釈を施したものであり、敦煌写経中に敦煌においての書写の維摩、浄名経疏の多くを見出すのは、此の地に於ける仏教の大勢を窺うに足るものがある。『維摩疏釈前小序抄』、「釈肇序」にそれぞれ「纂天台之注釈」、「天台弁本迹有略五重」とするのは、また以て当時の長安仏教の趨勢を知るものがある（大正八五巻、四三四―四四〇頁参照）。

吉蔵に「百論序疏」があって、僧肇の「百論序」を註していることは周知のごとくである（大正四二、二三二頁上）。

僧肇撰の経序には、このほか、「梵網経序」（大正二四、九九七頁上）があるとされるが、『出三蔵記集』等にこれについてふれることなく、かつ無名氏撰の第一序は、明かに僧肇の文をふんだものでありながら、「願来劫不絶、共見龍華」といい、僧肇撰の第二序は、第一序と文旨殆ど同一であり、「欲使仰希菩提者、追蹤以悟理故、冀於後代同聞焉」と結んでいるが、撰者としての僧肇の名は、元版大蔵経以後に見えることであり、おそらくは後世僧肇に仮託したものであろう。

また『法華経伝記』巻二、諸師序集の中に、「法華翻経後記、釈僧肇記」（大正五一、五四頁上）をおさめているが、記末に「冀通方之後賢、不咎其差違、流行之処、必有感応矣」とするが如きよりしても、後世の偽託であることは明らかである。

『肇論』は此の時まだ一巻にまとめられてはおらず、『梁高僧伝』によれば、其の撰述の年代を、般若無知論・不真空論・物不遷論・涅槃無名論と次第するとしている。『歴代三宝紀』巻八、『大唐内典録』巻三等は『梁高僧伝』の説を承けている。

現行『肇論』は、此の四論に宗本義の一篇を加え、陳の慧達の撰述になる「肇論序」を附して定型化したものである。此の宗本義の僧肇真撰については、猶若干の疑問の存するところである(続蔵本恵達撰肇論疏には宗本義を欠いている)。

恵達疏の奥書には、すでに神亀三年(七二六、唐の玄宗開元十四年)『肇論疏』書写のことが見え、また『大日本古文書』巻八所収の天平十五年(七四三、唐の玄宗天宝二載)の正倉院文書には肇論書写、三年溯った天平十二年には肇論疏書写のことが記され、さらに東大寺・永観堂等所蔵『元康疏』の奥書には、大唐開元二十三年(七三五、わが天平七年)に日本の大乗大徳法師に此の疏を流伝したことを記している等のことから推測すれば、『宋高僧伝』巻四に記している如き、貞観中に京師に遊学し大に彭亨の誉を得た、安国寺元康の頃には、今日の形の『肇論』が流伝していたことが察せられるのである。

『通志』巻六七には『僧肇論』二巻(偽秦釈僧肇撰唐僧光瑶注)とならんで、『涅槃無名論』、『般若無知論』が録されている。雍正帝が『肇論』に関心を持っていたことは、雍正十一年癸丑四月望日の御製序のあることによっても知られるのである(御選語録巻一、また、清末浙西西湖慧空経房刻印流通本にも此の序がおさめられている)。

『丈六即真論』は、僧肇の死後五十年頃、宋の明帝の勅によって編された陸澄の『法論目録』に、法身に関するものとして分類しており、おそらく仏身論についての僧肇の意見を記したものであろう。鳩摩羅什・慧遠の間にとりかわされた『大乗大義章』には、真法身についての問答が集録されており、僧肇もそれに刺戟されたものであろう。これは早く散佚し、隋の法経の『衆経目録』にその名を録する以外、他の経録等に全く見出されないのである。吉蔵の『中論疏』巻一之末(大正四二・一七頁下)に「彭城竺僧弼作丈六即真論云、如月在高天、影現百水、水清則像現、水濁則像隠、緑見有生滅、仏実無去来」とある。僧弼も僧肇と同じ羅什の門下であり、記事の混同も考えられる。

『宝蔵論』は、今は僧肇の著書として『続蔵経』、『大正大蔵経』等にさえ収録されている。元来、此の『宝蔵論』

の名は古い中国側の文献には記録されておらず、唐中期以後、宗密の『禅源諸詮集都序』にはしばしば此の書を引用しており、鄭樵（一一〇四―一一六二）の『通志』巻六十七にも、『宝蔵論』三巻（偽秦釈僧肇撰）と見えるのであって、『宋史芸文志』もこれを承けている。其の文体が僧肇の他の著作とは異り、かつまた其の中に説く華厳思想が、僧肇在世当時に訳出されていなかった六十・八十華厳にもとづいている等の見地から、その僧肇真撰を疑われている。

『通志』巻六十七に「混渾子」三巻（不知氏名所、釈肇法師法蔵論主義）と記しているのは、おそらくは『宝蔵論』の釈義の行われていたことを物語るものであろうか。

わが国への『宝蔵論』の流伝は『日本比丘円珍入唐求法目録』（大正五五、一一〇〇頁）に初めてその名を見るのである。円珍の帰朝は天安二年（八五八、唐の宣宗大中十二年）で、此の年初めて僧肇撰『宝蔵論』が我国に船載されたと思われる。

義天の『新編諸宗教蔵総録』巻三にも、法滋の『宝蔵論註』三巻とともに其の名を録している。『東域伝灯目録』には、その名を録してはいるが、『肇論』並にその末疏とは同一視せず、雑録にかかげ、かつ「私僧肇撰」の頭註を附する別本のあることは、おそらくはその真撰をうたがったものであろうか。然しながら宋代の浄源は、その著『肇論中呉集解』にもしばしば『宝蔵論』を引用しているし、元初の文才疏にも引かれている。明蔵にいたって『宝蔵論』の全文が収載されてあるのであって、北京大学の湯用彤教授は、おそらくは禅家の発展とともに、唐の中期以後に偽撰されたものではなかろうかと疑っている（漢魏両晋南北朝仏教史三三二頁）。

『註維摩詰経』十巻（大正蔵巻三八所収）は既に其の経序によって撰述編纂の縁由を知るのであって、現行本は羅什・僧肇・道生・僧叡・道融の註を合している。『出三蔵記集』巻十五、道生法師伝に「関中の沙門僧肇始めて維摩を註し、世咸く翫味す。（道）生に及んで更に深旨を発し新異を顕暢す」と記している如く、今日の『註維摩』

の形に編纂されたのは僧肇の死後であり、其の年時についてはもとより知るべくもない。然し奈良時代書写と思われる『浄名経集註』（九巻）〔醍醐寺蔵〕には、羅什・僧肇・道生の外に、現行本には見出されない「僧叡曰」としてその註釈を頗る多く附加しているものがあるのを見る時、幾種かの僧肇の名を冠した『註維摩経』の流伝を知り得るのである。また『大唐内典録』巻三には「羅什又著実相論及註維摩」と記している。

『東域伝灯目録』には、『註金剛般若経』一巻を録し、また智顗撰『金剛般若経疏』一巻を録するに註して、「天台智顗禅師撰、往年披見与肇註不異、本宗又疑」としている（大正五五、二四七頁中）。『義天録』巻一には、『金剛般若経註』一巻（僧肇等四注）を録している。『続蔵経』（一ノ三八ノ三）には、『金剛般若波羅蜜経註』（姚秦釈僧肇注）一巻を収載しているが、もとより信頼性のあるものではない。

此の外、『東域伝灯目録』には、

『大智度論抄』八巻（或云疏、釈僧肇記）、『三論遊意』一巻（肇師二十三紙）

を挙げているが、もとより其の真撰なるやは保証し難いものがある。安澄の『中論疏記』に引用されているのは『磧法師三論遊意』である。

また法蔵の『華厳経探玄記』巻八（大正三五、二六〇頁上）に、

又依肇法師法華疏中十善為本

と見え、吉蔵の『法華玄論』巻一（大正三四、三六三頁下）に、南斉劉虬の『法華経疏』はその縁由を説いて、

与十許名僧、依傍安林壱遠之例什肇融恒之流、撰録衆師之長秤為註法華也、

としていると思いあわせて、僧肇に『法華経疏』のあったことが察知せられるのである。

唐の道宣の纂集にかかる『広弘明集』巻二十三（大正五二、二六四頁中）に、「鳩摩羅什法師誄、釈僧肇」が記載されている。従来多くは此の誄の僧肇摩撰を疑わなかったようであるが、羅什の没後最も近い年代の著作である

『出三蔵記集』の羅什伝にその没年を既に義熙（四〇五―四一八）中とし、『梁高僧伝』は弘始十一年（四〇九）八月二十日と記しつつ、猶異説のあることを述べている。然るに唐の道宣にいたって、俄に「癸丑之年（四一三、義熙九年）年七十、四月十三日薨于大寺」という断定が下されている誄を見ることはやや疑念なきを得ない。殊に誄の文中、釈道二教についてしばしば言及し、「審釈道之陸遅、悼蒼生之窮藹」、「先覚登遐、霊風緬邈、通仙潜疑、応真沖莫」、「華風既立、二教亦賓」と記すが如き、その文意よりしても、誄の作成は僧肇の時代を遥るかに下るものと言わねばならぬ。

また『梁高僧伝』巻六の記載にもかかわらず、『景徳伝灯録』巻二十七（大正五一、四三五頁上）には、僧肇が秦主姚興のために罪を問われ、刑死の時に臨んで、

四大元無主　五陰本来空
将頭臨白刃　猶似斬春風

の偈を説き、玄沙師備が「肇法師死に臨んで猶寝語するが如し」と歎じたことを記している。其の拠るところを知らないが、『伝灯録』巻二十七に記されている、

一、或問僧、承問大徳講得肇論是否、曰不敢、曰肇有仏不遷義、是否、曰是、或人遂以茶盞就地撲破曰、這箇是遷不遷、無対、

二、楽普侍者調和尚曰、肇法師制得四輪甚奇怪、楽普曰、肇公甚奇怪、要且不見祖師、侍者無対、

等の問答と相応じて、禅家によって訛伝されたのであろう。

肇論の末疏について

『肇論』が千数百年にわたって、中国の仏教学界に与えた影響については、今更述べるまでもないところで、従って『肇論』の末疏についてもその数は極めて多い。今は存佚の別によって、左に列挙することとする。

存

一、肇論疏三巻　陳（?）恵達撰　続蔵（一ノ二ノ乙二十三ノ四、台湾版第一五〇冊）所収

続蔵目録に「肇論疏三巻欠下巻又云肇論中呉集解　晋恵達撰」とするもので、これの誤りであることは論ずるまでもない。この恵達が「肇論序」を書いた小招提寺慧達と同一人なりとするのは中田源次郎氏の主張であるが、松本文三郎氏は反論をたてている。大安寺安澄の『中論疏記』に屢々引用されている『肇論述義』（仙光院某師撰）の中に多く恵達の言を引いていて、それがこの恵達疏の本文と合致するから恵達撰に相違ないとする（続蔵経本恵達撰肇論疏跋文）が、また同時に別筆で、

此疏恵達師撰云云。未詳之

とあり、中田氏も、続蔵本恵達疏の配列の順序について考証して無名論義記（上巻）・般若無知論義私記（中巻）・物不遷論・不真空論（下巻）が正しい配列であるとして、もしこの推定にして誤りなければ、「肇論の巻首に置かれている慧達作の肇論序を本疏の巻首に附することによって、無名論義記上の初一葉のみを闕失せる以外は全部現存すると言い得る」とされるが、慧達序に見える宗本義が恵達疏にはないことについて触れておられない。ただこの疏が極めて多く引用している論疏の中に、郗嘉賓（郗超）の『奉法要』とか梁の僧祐『法苑集』等を見ること

は、此の疏の撰者が、時代的には小招提寺慧達とさほどなひらきを持っていないことが予想されるのである。石晋氏が「読恵達肇論疏述所見」に記しているが如く、わが安澄の疏にすでに引用されており、引用書もすべて南北朝時代及び、その以前の著作であるから、現存肇論末疏中最古のものであるということは明らかである（図書季刊新五ノ一、民国三十三年三月刊）。

なお石晋氏の大頓悟、小頓悟、涅槃無名論疑作論についてのわが国の学者の見解については、横超慧日博士の「涅槃無名論とその背景」なる論文を参看せられたい（肇論研究）。

慧達法師肇論序は澄禅（一二二七—一三〇七）の『三論玄義検幽集』にもしばしば引用されていて、多く流伝していたことを知るのである（大正七〇、三八〇頁中）。

二、肇論疏三巻　唐　元康撰

我国に於ては正倉院文書の中にも既に其の名を録しており、大安寺安澄の『中論疏記』にしばしば元康疏を引用しているから、古くから知られている。

元康は貞観中（六二七—六四九）長安に遊学して其の名を知られた三論の学僧であって、太宗の勅によって大安国寺に住せしめられたと伝えられる。浄源の『肇論中呉集解題辞』には興善元康としるされているから、おそらく大興善寺に住していた時に、此の『肇論疏』を撰集したのであろう。

肇論疏の序を釈するところに、ある本は小招提達法師作といい、ある本は直に小招提撰というとあるのをみれば、この頃、幾種かの慧達序を附した『肇論』が行われていたことを知るのである。数多い肇論疏の中で禅、教等の後世の義をもって解することなく、極めて忠実に僧肇の意を布衍した特にすぐれたものと思われる。後の浩疏者も亦多く之にのっとり、『夾科肇論序』を撰した宋の泐潭禅師暁月の如きも、ほとんど元康疏によっているのである。

元康が慧達を批評して、「然此法師、未善文体、所作論序、多有庸音、真以敍述論宗、不無倫次、貴其雅意、如後釈之、所望通人幸無譏誚也」としているのは、『慧達序』に宗本義四論の疏を撰したことを書いていないのとあわせて、『恵達疏』が小招提寺慧達の撰ではないとする松本博士の説を傍証するものである。本疏の日本への流伝は、東大寺本・永観堂本『元康疏』の奥書に、開元二十三年（七三五）乙亥閏十一月三十日に、揚州大都督府江都県白塔寺僧玄湜が勘校して、「日本国大乗大徳法師」に流伝したと記している。この「大乗大徳法師」は大安寺道慈であることが、三論円宗沙門聖然によって断定されている。

なお現行の『元康疏』に「玄湜意」とか「玄湜謂」と但し書された白塔寺玄湜の書入れ文がまじっていることは、注意すべきことである。

三、注肇論疏六巻　宋　遵式撰

趙宋天台の復興に全生涯を捧げた慈雲遵式（九六四―一〇三二）の撰述するもので、彼の歿後四十三年にあたる煕寧甲寅（七年、一〇七四）某師（杲）の南峰西庵での序（夢庵和尚節釈肇論による）には、

然古今解釈注疏頗多、取意求文、各随所見、推宗定数、曽無一家、遂令学者迷文、宗途失旨、杲（続蔵本に遵式となすは誤り）幼従師授、虚己求宗、後因習字華厳大経、常覩清涼判釈、尽開五教、取法古師、権実之旨有帰、行解之門可向、常恨此論人亡則難、致使深宗固多乱轍、今則精研譚思、三復竭愚、但愧流通之心、輙伸鄙作耳、

とあって、遵式没後にまとめられ、序を附されて流通したものであろう。多く『元康疏』に拠りつつも、『華厳経』や賢首大師法蔵、清涼大師澄観等の疏を引用していることは、肇論解釈の新発展をここに見るものである。続蔵本

に、「肇論疏科文、姑蘇堯峰蘭若沙門遵式排定」とあるものは、おそらくは『注肇論疏』から後人によって抽出されたものに過ぎないであろう。

現行遵式疏の冠首には「夾科肇論註　小招提寺沙門慧達述　沕漂禅師暁月注」が附載されている。これについては中田氏に詳しい解説がある。嘉祐七年（一〇六二）明教大師契嵩の『伝法正宗記』入蔵のことを其の序註中に記している。契嵩の『鐔津文集』巻十二に、「沕漂双閣銘並序」があり、此の閣は嘉祐五年（一〇六〇）竣工しており、この中に大長老暁月のことを記している。また契嵩の『伝法正宗記』に対し、極力此の反撃につとめた医僧子昉が、知識人士の序をあつめて『祖説』、『止訛』等を公刊したのは『釈門正統』巻七によれば嘉祐・治平の間のことであって、序註に既にこのことを記しているから、おそらくは『遵式疏』編纂と前後して、遵式の果さなかった慧達序の註を『元康疏』によってなし終えたものであろう。序注の中に「復造宝蔵論三章進上秦王」とあることも、『宝蔵論』真撰偽撰の問題の上に興味ある記事である。

四、肇論中呉集解三巻　　宋　浄源集

はやく、「義天録」にその名を見るもので、松本文三郎博士の旧蔵（松本博士は宋刊本とされるが、若干の疑問が存する）に『肇論中呉集解』があり、伝是楼蔵宋刊本を景印した羅振玉氏の宸翰楼叢書五種本、後にこれを増補した八種本にも収められてある。名古屋宝生院真福寺には、高山寺伝本によって康永二年（一三四三）伏見にて書写した『肇論集解』があり、後述の『令模鈔』と共に、明恵上人入宋の時随行した行弁が高山寺にもたらしたものにもとづいたものであろう（中田氏は羅振玉刊本等を見られなかったため、逸失せる肇論疏の中に名を列ねている）。

高麗の義天が元豊八年（一〇八五）、当時既に中国本土に散佚して学者の見ることを得なかった華厳の章疏を宋にもたらしたことから、晋水の浄源（一〇一一―一〇八八）が此等の書籍の覆刻につとめ、ために、華厳教学の中国本土に再興する端緒となったことを『仏祖統紀』巻二十九に述べている。

いわゆる浄源疏は、実は中呉秘思法師が『肇論』に通じて其の名を知られていたが俄に謝世したので、浄源が四十八歳、嘉祐三年（一〇五八）正月に、かの『浄名経関中集解』を作った道液の故事を思い、いささか添削増補して『中呉集解』と名づけたと題辞に記していることによって、その成立を知ることができる。

浄源在世当時、教界に行われていた『肇論』の末疏については、

其書由陳、隋之後盛行於世、興善元康・幽棲慧灯此二尊者嘗述疏鈔以広之、自茲已降、杭烏好直・永嘉修広・玉峰雲靄是三高僧互発淵旨而為之註、且夫正曲直者在乎縄墨、定軽重者在権衡、

と記し、未だ『遵式疏』の名を挙げていないのは、おそらくは『遵式疏』の公刊がこの後であったことを示すものであろう。随処に賢首・清涼の疏をひき、また「不真空論」の、

故経云、色之性空、非色敗空

を釈して、

敗滅也、宝蔵論云、譬如水流風激成泡、即泡是水、非泡滅水

とて、『宝蔵論』を引用し、また「答劉遺民書」の、

此絶言之途、知何以伝

を釈して、

至道絶言、真知本有、詎可伝乎、然則知之為体、具載群籍、是以文殊抗志華厳、馬鳴潜神起信、荷沢開拓衆妙、圭峰包并一言、自非内因聖心、外迹祖訓、則何以優遊其源哉

となすが如き、三論中観の理を、禅家を以て会通せんとする時代の変遷を知るのである。

五、肇論集解令模鈔二巻　宋　浄源撰

『肇論中呉集解』は浄源の編輯ではあるが、もともと中呉秘思法師の稿によりこれに筆を加えたものであるため、浄源自身として疑念の存するところ、叙述の便宜上『集解』中に省略に属した部分についてさらに解釈を施したものなどをあつめて一本としたものがこの『令模鈔』であろう。

常盤大定博士の「高山寺法鼓台所蔵宋版章疏大観」に詳しい高山寺蔵経調査の報告があり、此の中に版本『肇論中呉集解令模鈔』の存在が知られるのであって、中田源次郎氏が之を調査して報告された中にあげてある肇論末疏の類は、「集解題辞」中の肇論末疏についての現況と一致し、実は「集解題辞」の本文を更に布衍したものであることが知られる。現在高山寺に蔵されている『令模鈔』について、かねてより閲覧したい希望を持っていたが、その機を得なかったことは残念である。高山寺本に相当の欠葉のあることは中田氏報告の如くであるが、名古屋宝生院真福寺蔵の『令模鈔』は、黒板博士等の調査によれば完本の如くであり、貴重な肇論研究の資料である。

六、夢庵和尚節釈肇論　宋　悟初道全集

夢庵疏については別項を参照。

七、肇論新疏三巻　元　文才述

洛陽白馬寺に住し、中国仏教この寺より始まるの故事によって釈源と称した贈郜国公海印開法大師長講沙門文才（一二四一―一三〇二）の撰述になり、『明高僧伝』巻二に「遍游講肆、尽得賢首之学」と評された程、華厳の教旨に達した彼が、弘教のかたわら雲庵達禅師疏や唐光瑶禅師・宋浄源法師二家の註記を得て、しかも従来の註疏ならびに『肇論』を読んだ賢首・清凉・圭峰等聖賢の僧がそれぞれ諸家の見に堕して『肇論』の曲要を発揮せず、紛綸止るところのないのを惜み、よって先覚の説をひろい、座下に授けんがためにこの疏を作ったのである。その序に言う光瑶、浄源の註疏については古来その名を知るものであるが、雲庵達禅師疏については如何なるものかなおその詳を知ることを得ない。

八、肇論新疏游刃三巻　元　文才述

浄源の『令模鈔』にならい、『新疏』をさらに釈し、初め論の詮旨をのべ、後に疏義を釈すの二門にわかっている。

『明北蔵目録』に「肇論新疏遊刃」十巻、智旭の『閲蔵知津』巻三十九には『肇論新疏』二十巻、元大白馬寺沙門釈文才、『述科』一巻、『新疏』九巻、『游刃』十巻、『昭和法宝総目録』第三巻所収の「建仁寺両足院蔵書目録」には、『肇論新疏』三巻、『肇論新疏遊刃』三巻としている如く、古来その巻数については異同があったが、今は何れも三巻本が流伝している。龍谷大学図書館に蔵する『肇論新疏遊刃記抜粋』は（四冊之内一冊存）、已上肇論新疏並遊刃、茲年安永四（一七七五）乙未之冬十二月、於浪速善行精舎披閲之畢との跋があり、たんに寛文、延宝頃の和刻本より抜粋したものであり、『蔵逸経書標目』に記す『肇論遊刃鈔』とは全く別個のものと思わねばならぬ。

九、肇論略疏六巻　明　徳清述

憨山徳清（一五四六―一六二三）は明代四大師の一人として知られ、禅と華厳の融合、儒仏道三教融和を説き、『中庸直解』『老子解』『荘子内篇註』の如き外典の著述もある。『略疏』は主として文才の『新疏』により、かつ達意的に記述され、多くの末疏中に特異の地位を占めるものである。また光瑶本も『肇論』本文の校合に利用している。

巻末に附せられた万歴丁巳（四十五年、一六一七）孟秋崋山法姪慧浸の後跋によると、徳清が『肇論』の奥を採り、その微を識り、しかも学人が首鼠両端を持して趨くところのないのを遺憾として諸家の難をひらき、『肇論』の幽旨をあきらかにしたものであり、居士雲山が二十五金を出して之を出版したことを記している。

徳清は若い頃から『肇論』を読み、「物不遷」の義について積年疑を懐いていたが、同妙が『肇論』を重刻した時、その校読に際し、翻然大悟した。即ち梵志が「吾猶昔人非昔人」といったのを、

意為少壮自住、在昔而不来、豈可以今之老耄排去而至昔耶

と解釈し、

恍然有悟、欣躍無極、因起坐礼仏、則身無起倒、掲簾出視、忽風吹庭樹、落葉飛室、則見葉葉不動、信乎旋嵐偃岳而常静也、及登廁去溺、則不見流相、歎曰、誠哉、江河競注而不流也、於是回観昔日法華世間相常住之疑、泮然氷釈矣

と述懐している。

また『略疏』巻一「物不遷論」の跋に、雲棲袾宏、紫柏真可等の諸大老が悉くは『肇論』の説には賛成せず、ことに一友人の如きは一見の外道と詆しているほどであるが、自分は僧肇こそ深く法の実相を知るものであると信じている、と記している。これより以前、「物不遷」については続蔵経（一の二の二）におさめられている道衡述『物不遷正量証』・鎮澄著『物不遷正量論』・真界解『物不遷論弁解』等の論がしきりにおこって僧肇を論難したのであるが、徳清はこれらの論に対して自己の所信を明らかにして、「書此以前学者、則物不遷義、当自信於言外矣」と断じている。

雲棲袾宏（一五三五―一六一五）は『竹窓随筆』に「物不遷論駁」、『竹窓三筆』に「肇論」、「華厳論疏」等を書

いて、空印等の僧肇に対する駁論に折衷の説をとっている。しかも『竹窓三筆』に評議先賢の条をたて、僧肇、圭峰宗密等に対する今人の批評は許さることとし、「嗟乎古人往矣、今人猶存、吾何苦為過去者争閑気、而取見存者之不悦乎、顧理有当言、不容終黙者、余非所恤也」としている。

紫柏真可（一五四三―一六〇三）は『紫柏尊者全集』（続蔵本）巻十五に、「物不遷論跋」、「書肇論後」、「書般若無知論後」等に於て、『肇論』に対する意見を洩している。

十、肇論聞書　　日本

名古屋宝生院に所蔵されている鎌倉期写本で、

嘉暦二年（一三二七）六月七日、於遍照心院精談了、読師貞海

本記云、於専戒上人机下殿稟訓説畢、

九牛一毛記之、　　　　三論宗学者信（聴）

私云、暦応三年十一月廿四日亥刻於般若坊之学窓書写而已、于時松嵐窓間瀕驚寝夜之眠、急雨軒降弥添露点之便、逢此物感悦無極、仍競寸陰馳筆記了、末学頼済

とあるもので、肇論講義の筆記に属するものである。

佚

一、肇論抄　三巻　　唐　慧証撰

二、肇論文句図　一巻　　慧証撰

慈覚大師円仁の『日本国承和五年（八三八）入唐求法目録』に、

肇論抄　三巻　　牛頭山幽西寺　　慧証撰

肇論文句図　一巻　　　　　　　　慧証撰

とあるもので、『肇論抄』三巻には、『肇論中呉集解題辞』に「幽棲慧燈に疏鈔あり」とするものであろう。『慈覚大師在唐進送録』（入唐新求聖教目録には恵澄撰）には何れもが慧澄撰となっており、おそらくは證（証）、澄、燈等は書写の際の誤伝のしからしめたものであろう。其の何れについても事蹟は不明である。『東域伝灯目録』は「肇論疏一巻」と録している。

三、肇論略疏　一巻　　唐　東山矩撰

円仁の『日本国承和五年入唐求法目録』に始めて其の名を見るもので、『入唐新求聖教目録』には一本東山雄作とあり、『慈覚大師在唐進送録』にも「肇論疏一巻東山矩作」として録されている。

四、肇論略出要義兼注附焉並序　一巻　　唐　霊興撰

『日本国承和五年入唐求法目録』に見え、『在唐進送録』には『肇論略出要義』の名を伝えている。

五、肇論科文　一巻　　亡名撰

智証大師円珍の『福州温州台州求得経律論疏記外書等目録』に『肇論』一巻とならんで、

肇論科文　一巻　已上於温州永嘉郡求得

と記すもので、おそらく当時行われていた『肇論』又は『肇論疏』の科段のみを単行したものであろう。

六、肇論私記　一巻　亡名撰

延暦寺玄日の『天台宗章疏』に「肇論私記一巻」と見え、『東域伝灯目録』もこれを承けている。

七、肇論註　一巻　亡名撰

『義天録』に、

肇論註　一巻　亡名或云叡法師註待勘

と記すものである。

八、肇論註　三巻　光瑶註

九、肇論註　三巻　瑶等三註

何れも『義天録』に記すところであるが、おそらくは一本の『肇論註』をあやまったものではなかろうか。『宋高僧伝』巻十に唐沂州宝真院光瑶伝があり、

捨講肆入禅林、凡嚮宗師悉従求益、末遭（神）会禅師。

と伝されているが、これが『肇論註』を書いた光瑶なりや否やもとより明らかでない。『通志』巻六十七にも、『光瑶註』は記されており、文才も、光瑶本を獲たことを『新疏』の自序に述べ、徳清の『肇論略疏』にも、光瑶本によって『肇論』の本文を校訂しているから、中国においては相当永く流伝したことが知られる。

十、肇論註　三巻　好直撰

浄源の『集解題辞』に杭烏好直・永嘉脩広・玉峰雲靄三高僧の『肇論疏』のあることを記しているにあたるもの

であろうか。浄源に師の礼を執った義天の録には、「肇論註三巻好直註」と記している。『宋高僧伝』巻三十に唐上都大安国寺好直の伝がある。大安国寺はさきに元康の住した寺であり、その伝に、杭塢山蔵禅師に投じて落髪したことを記しているが、杭烏好直（七八四—八三九）とはこの人を指すのであろう。その師蔵禅師とは、『宋高僧伝』巻六に記されている、インド人を先祖にもつ唐越州曁陽杭烏山智蔵（七四一—八一九）がそれであり、貞元中に大寂禅師により篤く心要を明らかにし、後に杭烏に留って『華厳経妙理』を著したとあるから、好直もその師のもとに華厳を学び、洪州に参禅し、心要に洞達したのであろう。唐中期以後の『肇論』解釈の一方向を示すものともなっている。

十一、肇論註（仮題）　唐　　修広撰

浄源の『集解題辞』に見える。浙江永嘉の人と伝う。

十二、肇論註（仮題）　唐　　雲靄撰

浄源の『集解題辞』に見える。玉峰（江蘇崑山）の人。なお十一、十二ともに『中呉集解』、同『令模鈔』に引用されている。

十三、肇論述義　日本　　安澄撰

恵達疏上巻（続蔵本）の跋に、

仙光院『肇論述義』中多引恵達言、其文悉合此疏、恵達撰無疑者哉

とある。此の仙光院とは、珍海（?—一一五二）の『三論玄疏文義要』巻二（大正七〇、二三七頁下）に、

仙光中論疏記亦有釈之、具如下四悉中論之
と註記するものであろうか。しからば、『中論疏記』八巻の著述者たる大安寺安澄（七六三―八一四）を指すもの
であることは誤りないであろう。元興寺の支院に仙光院あり、安澄はあるいはかつてこれに住していたため、仙光
院と呼ばれていたのではないかの臆測も生ずるのである。
また『中論疏記』巻一之本（大正六五、六五頁下）に「就用涅槃亦有二種、即万徳中無累之義、具明如肇論述義
第四巻」と出ていることから、すくなくとも四巻乃至それ以上の巻数を持っていたものであろうことが察せられる
のである。『中論疏記』にはしきりに引用されているため、ある程度これを復原することも可能であり、きわめて
すくない日本人撰述の肇論末疏として注目されるものである。

夢庵和尚節釈肇論について

一　本疏の沿革

『肇論』の末疏については既述の通り二十数種を数え得るのであるが、従来全く注意せられなかったものに、此
の前田尊経閣文庫所蔵の『夢庵和尚節釈肇論』がある。
『尊経閣所蔵和漢書類調書』の釈家類に、明治三十九年白石邦調査として、次の如き記載がある。

夢庵和尚節釈肇論　悟初道全集　二冊上下
㈠上　巻

一、紙数　　四十八葉
一、脱葉　最初ノ部一二葉逸脱ス其他完備ス
一、巻末記載左ノ如ク記セリ
永仁七年二月二十一日相扶風疾自終露点耳　立心
一、粘葉装ナリ
一、製本ヲ要ス

㈡下　巻

一、紙数　五拾葉
一、脱葉　無シ
一、巻末記載左ノ如シ
永仁七年卯月五日手自終上下二帖移点訖　立心
一、粘葉装ナリ
一、製本ヲ要ス

㈢検了前ノ状況

一、上下両巻トモ尽ク糊離レ合シテ一冊トナリ、然カモ紛然トシテ交互錯綜シ、何レカ何レニ属スヘキ者ナルヤ、殆ト茫然タラサルヲ得ス、然ルニ幸ナル哉、其ノ中ニ丁数ヲ記セル者アルヲ発見セルニヨリ、丁数ノアル者ト、之ナキ者ト両者ニ分チ、前者ヲ丁数ノ順序ニ従ツテ排列セルニ、内容ノ接続極メテ確実ニシテ、本書ノ下巻ハ是ニヨリテ完備セリ、因テ丁数ノ記号ナキ者ハ、上巻ニ相違ナキ者ナルコトヲ確メ得タルカ故ニ、記載事項並ニ文章の接続等ヲ考察シテ、更ニ順序次第ヲ附ケタル結果トシテ、前項第一ニ記載セル如

ク、序文ノ処一二葉欠逸セル外、全文完備セルコトヲ発見スルニ至レルナリ。

㈣本書ニ就テノ雑感

一、本書ハ前ニモ記セル如ク、永仁七年ノ古写本ニシテ、最モ貴重スヘキ者ナリ、永仁七年ハ乃チ正安元年ニシテ、後伏見天皇即位ノ歳ニ当リ、今日ヲ距ルコト五百〇七年前ナリ、

一、夢庵ハ何人ナルヤ明ナラス、但シ序文ニ煕寧甲寅仲春十有三日トアレハ、宋神宗皇帝時代ノ人ナルコトハ明カナリ、古本諸目録ニモ本書ノ名義見エサル処ヲ以テ見レハ、本書ハ他ニ伝ハラサル珍書ナルヘキカ、

一、裱紙右下方ニ称名寺常住トアルヲ以テ見レバ、称名寺蔵本ナリシコト明ナリ　以上

『夢庵疏』が何時頃金沢文庫称名寺から離れて尊経閣に入庫したかについてはこの調書にも記録されていない。然し今日尊経閣文庫に、金沢文庫旧蔵の貴書珍籍が数多く襲蔵されていることは周知の処であり、これらが尊経閣蒐書の中心をなした前田松雲の頃、延宝七年（一六七九）から元禄三年（一六九〇）の頃に購入されたものとされる（「金沢文庫の研究」三九五頁以下）。

『夢庵疏』もおそらくはこの頃、尊経閣に入庫したものかと推察される。前記調書の通り、明治三十九年整理され、今日の形に成されたものであって、脱葉は慈雲遵式の『註肇論疏』（続蔵一ノ二ノ一）の巻首にある熙寧甲寅（七年、一〇七四）仲春十有三日の序文の前半であって、これは刊本としても流布しているから閲読に支障はない（本序文では南峰西庵の四字を欠いている）。ことに続蔵本（同一〇〇頁右の下）に、「遵式幼従師授、虚己求宗」とあるのは、『夢庵疏』の如く、「杲幼師授、虚己求宗」と改むべきである（『夢庵疏』に遵式疏の序が附せられていることについては後に述べる）。白石氏の苦心により復原されたことは上に記すごとくであるが、なお二三の錯簡あるを免れず、『肇論研究』の出版にあたって、影印し、これを是正した。従来見ることを得なかった『夢庵疏』を公けにして研究を進めることを許された尊経閣文庫並びに撮影の労を執られた東京大学史料編纂所太田晶二郎教授に深

定である。
甚なる謝意を捧げるものである。なおこの『夢庵疏』については機を見て、その全文を鉛印して読者の便を計る予

二

『夢庵疏』は、永仁七年（元の成宗大徳三年、一二九九）二月頃から卯月五日に及んで称名寺、もしくは其の関係寺院の住僧立心によって移点されたのであって、筆蹟よりみて本文の筆写も同時代であったろうことが予想される。終始謹厳なる楷書体で書写されていることは、立心が極めて熱心な三論宗の学僧であったことを裏書しているかの如くである。金沢文庫現蔵の『大乗起信論疏筆削記』巻一の跋に、

永仁五年二月二十一日、以病暇致移点已訖、此論疏記等、去年二月属蓬屋之炎上、滅内外之典籍、在其中同以化、仍重跋繕写且所励書点也、抑以上乗一実之損益、被下根吾等之漸機、以十二部経之広旨摂一十余紙之当論、誠為奇、誰不求之、　立　心

とあることによっても、この推定が誤りでないことを示していると思われる。また『金沢文庫古文書』第三（一九二頁）には『註華厳同教問答』表紙紙背に認められた称名寺領の減租（？）についての書状があり、また、

下河辺寺領御公事免除事

称名寺知事　御返事　立心

と認められた書類袋も文庫に保存されている。舟越康寿氏の「金沢称名寺領の研究」（『横浜市立大学紀要』、昭和二十七年三月刊）には、上総国下川辺庄下方称名寺領についての研究が記されている。

大屋徳城氏の『寧楽仏教史論』（六六九頁）や、関靖氏の示された如く、『関東往還記』弘長二年（一二六二）二月二十七日の条に、称名寺が年来不断念仏衆を置いていたが、今は停止されたとし、当寺がもと念仏宗であった

が、南都西大寺の興正菩薩叡尊の教化を受けたことを記している。さらに立心の頃には、真言律宗の称名寺としての開山審海（一二三一―一三〇四）の晩年で、南都仏教復興の波を受けて、この地に大に唯識・華厳の教学が振ったことは周知の如くである。大坂西町奉行新見正路の『賜蘆文庫古筆目録』にも天保年間に『肇論』残葉を入手したことを記し、現に金沢文庫には西大寺版『夾註肇論』や『夾註肇論』（何れも零本）が襲蔵されており、後に称名寺第二代となった劒阿の如き学僧が居り、殊に入宋僧円種が当時学僧の中心的活動をしていたことが華厳の経疏を主として、『高僧伝』・『続高僧伝』・『弘明集』さらに『尚書正義』等の外典にいたるまで、書写あるいは加点していることによって知られる。

円種の事蹟については、正安辛丑（三年、一三〇一）仲秋九日の日附のある「大日本国武州六浦称名寺鐘銘、改鋳鐘銘並序」があり、それに入宋沙弥円種、宋小比丘慈洪の名がみえている（「金沢文庫の研究」参照）。

この頃、元寇のあとを承けて海上交通も必ずしも平易ではなかったが、彼此の僧侶の往来の絶えることはなく、一山一寧の如き、後に重要な影響をもたらした僧侶の帰化するものさえあった。

南都において開版された永仁版『法華義疏』巻十二の刊記には都幹緑沙門素慶とならんで、「再入宋桑門慧棄謹書」とあり、素慶が金沢文庫に蔵されている、嘉元四年（一三〇六）の『夾科・夾註肇論』の開版に当っていることども思いあわせれば、恐らくは円種か慧棄かによって、この『夢庵疏』の原本が彼の地からもたらされたのではなかろうか。また尊経閣本『夢庵疏』を一見すれば諒解されることであるが、返り点、送仮名等は極めて懇切に施されており、鎌倉期日本人が六朝文学の遺品としての『肇論』を如何に読了したかについての最も価値ある文献として、国語学史上にも記憶されるべきものと言わねばならない。

三

本疏はその内題に、『夢庵和尚節釈肇論　参学比丘悟初道全集』とあり、悟初道全が其の師夢庵和尚の肇論講義を筆録したもので慈雲遵式の『注肇論疏』にもとづきつつも然も新な見解を附している。悟初道全については、その事蹟を詳かにすることができない。現行本は、前述の通り、慈雲遵式（九六四―一〇三二）の死後三十二年に当る熙寧七年に作られた『遵式疏』に対する序文の前半を逸脱しているが、この『遵式疏』の序を附したことは、おそらくは『夢庵疏』が『尊式疏』を祖述したものであることを端的に物語っているものであろう。南峰西庵の序のあとに、

下判釈宗義教乗一段、亦式疏所出、並達序乃首唱発明、並当載此

とする。「達序」というもの、はたして陳の慧遠の序なるや、はたまた後にいう雲庵達禅師の達序なるや疑問の存するところである。また『遵式疏』が肇論解釈にあたって教起因縁、蔵教所摂、宗趣総別、随文釈義の四門を啓くを述べた後に、

已上推宗定教、乃見一論宗旨大意顕然、此論若非式禅教両通、莫能深窮斯旨、下節釈文義、並依此判釈、既而節略直釈故、不用科目、毎見古今大宗匠、無不用此文〔肇論〕、石頭因悟作参同契、乃云、火熱風動揺、此不遷意耳、余釈之意、末後跋尾具述其詳

とし、また『物不遷論』の、「仲尼曰、回也見新交臂非故」を解釈して、

仲尼、孔子字也、回乃顔子名也、仲尼因歎顔子少亡曰、吾終身与汝一臂而失之者、可不哀歟、式疏引康註云、如交臂之頃刻、生於其人

としていることなどによって、『節釈肇論』の名の縁由、『遵式疏』との関係を知り得るものがあるのである。

しかも夢庵和尚といい、悟初道全といい、的確にこれらに該当し得ると思われる僧侶を見出すことは難い。これについては後に述べることとして、先ず『夢庵疏』が『遵式疏』を始めとする従来の肇論末疏に比して異色とする点の二三について例証を挙げたい。

一、「般若無知論」に於ける聖智之無、惑智之無についての論難の答の「夫無雖同所以無者異」の釈の中に、

真妄雖同無生滅、其奈知無無知有異、不無所以也、如僧問仰山、今時人還仮悟去否、仰云、悟即不無、争奈落第二頭可、此意大同小異、非具参学限目、莫能知之、一向説妄説真、未免葛藤在、更未知有、向下又随文解義去也

として、潙山霊祐の門下、仰山慧寂（八一四―八九〇）の言を引用している。此は『祖堂集』巻十八、『宋高僧伝』巻十二、『景徳伝灯録』巻十一等に見えるものである。

二、「涅槃無名論」妙存第七の「浄名曰、不離煩悩而得涅槃、天女曰、不出魔界而入仏界」を釈する中に、「無明実性即仏性」という永嘉玄覚（六六五―七一三）の『証道歌』の綱目の一句を引いて、不離煩悩即涅槃を説明している。

三、「涅槃無名論」通古第十七の「無名曰、夫至人空洞無象、而万物無非我造、会万物以成己者、其唯聖人乎、」の釈に、「石頭於是悟入、乃云、聖人無已、靡所不已、即知、空洞不我之理、復能千変万化、応用無窮」と記している。これは、前述の二例とともに、かく禅家の語を引証とすることは『遵式疏』にも見ないところである。「宗本義」を釈する中に、真俗不二理智混融して、本無・実相・法性・性空・縁会の五名、物不遷・不真空・涅槃無名・般若無知の四論が一義となることを説いて、この教相判釈が賢首大師の五教の教判、遵式和尚の疏に従ってい

ることを明すのは、明らかに夢庵和尚が華厳の学を承けた人であることを示しており、いわゆる遵式の教禅両通を推進したものであろう。

また石頭希遷（七〇〇―七九〇）が『肇論』を読んで大悟したというのは、おそらくは『祖堂集』巻四の希遷伝の文によったものであろうか。

開元十六年（七二八）具戒於羅浮山、略探律部、見得失紛然、乃曰、自性清浄、謂之戒体、諸仏無作、何有性也、自爾不拘小節、不尚文字、因読肇公涅槃無名論云、覧万像以成己者其唯聖人乎、乃歎曰、聖人無己、靡所不己、法身無量、誰云自他、円鏡虚鑒於其間、万像体現而自現云々

とある。このことは『宋高僧伝』巻九、『景徳伝灯録』十四等にも記さないものであって、『祖堂集』流伝の一端を知る明証ともなっている。これが、後に五言四十四句二百二十字の小篇ながら、曹洞禅の肝要と称されている『参同契』をうむにいたったとは、『五灯会元』巻五石頭章に記す通りである。

四

『夢庵疏』に『遵式疏』の序をすら録しているのであるから、その製疏の年時は、熙寧七年以後であることは論をまたない。然もこの前後の撰述になる晋水沙門浄源撰の『肇論中呉集解』や、元の白馬寺文才の『肇論新疏』、『同遊刃』、明の憨山徳清の『肇論略疏』等にも、その名を見出し得ないのである。

文才の『肇論新疏』撰述に参考とした『肇論』の末疏には、雲庵達禅師の疏、唐の光瑶禅師の疏、宋の浄源法師の疏の三があったことをその序に記している。雲庵達禅師については、その事跡は未詳である。

いまこの『文才疏』に『雲庵達禅師の疏』として引用するもの二三について、『夢庵疏』と比較すると、興味あ

る若干の臆説が生ずるのである。

一、〔涅槃無名論〕今演論之作旨、曲弁涅槃無名之体、寂彼廓然、排方外之談

遵式疏	夢庵疏	文才疏
秦王判釈已明、今乃委曲更弁、曲弁之意者、下云、寂滅也、助秦王滅諸家廓然断見、又荘子云、六合之外聖人存而不論、則涅槃等義皆方外之教、今明即事即真、故非方外之談、乃推排之也、作論雅意、其在此矣、	演論之下九折十演也、委曲明涅槃体也、寂乃滅也、排推也斥也、助秦王滅諸家廓然之見、荘子云、六合之外聖人存而不論、乃方外之談也、今論、明即事即真、故非方外之説、造論之意、其在茲焉、	作意有三、一演無名、二寂異説、三按梁伝、亦由什公長往、翹思弥厲感而作也、雲庵云、寂者息也、息諸家廓然断見也、排斥逐也、前文別無敍方外之説、今兼排斥、意謂、当時学流計空廓無聖、方為物外、或排権小界内生死界外涅槃等、今体用不二、誰内誰外邪、故下標其方域、不亦邈哉、

二、乗五衍之安車

遵式疏	夢庵疏	文才疏
乗運也、衍者梵音、此云浄、即五乗為五衍也、三乗外加人天乗、安車者、安処車乗也、以六通神驥、運五乗安車、即皆令出離三途及三界故、	乗運也、衍乗也、三乗更加人天為五、安車乃安載車也、担平正道、使辺見同帰、騄駬神威、令衆車離宅、	梵云衍那、此云乗、即五乗之法、謂戒善諦縁六度等、安車者、雲庵云、三乗出三界、人天出三途、故云安也、化儀大況、啓正摧邪、運通説

法、

三、窮化母之始物、極玄枢之妙用

遵式疏

此明後得智達俗、化母者因縁也、一切事法、皆由因縁、従無而有、故因与縁為物之始、玄枢者俗智也、爾雅曰、制扇以附門傍者曰枢、有動運義以喩智有照用、簡異邪智、故曰枢枢妙用、極智用以窮事也、

夢庵疏

窮極也、化母造物也、窮極尽化母、一切事相、色心諸法也、極縦也、玄枢後得智也、

文才疏

道書以気為化母、雲庵云、因縁能生諸法如化母也、玄枢喩智、門枢運転、喩後智応動、然此上句挙化境、下句明化智、謂窮尽因縁生物之理、極其致用、説因縁生滅之教、知可度有度之、不可度者存之、又知宜大宜小等、由斯而知所以極智妙神用而化矣、

四、〔涅槃無名論動寂第十五〕而以南北為喩、殊非領会之唱

遵式疏

南北之方定異、寂動二行常一、将定異而喩常一、豈能領解也

夢庵疏

結引前難者、以北况之語、盖不造動而常寂、寂而常動、体用相即、都以南北喩、為之奈何、今説不二之旨、反責難者、非領解之所唱也、

文才疏

領謂領納、会謂契会、雲庵云、南北之方定異、寂動二行常一、将定異喩常一、豈能領会也、

五、〔涅槃無名論通古第十七〕会万物以成己者、其唯聖人乎

遵式疏	夢庵疏	文才疏
会契也、凡夫不能即事契真、故輪廻不息、三乗滅妄求真、故積行不息、今即諸法而契不変真常者、故曰一乗、聖凡一源、唯独聖人能即事契理、不歴僧祇而成道、以顕全人即法、法雖本有、不廃解行、契会之相、既非新得、故異三乗也、	石頭於是悟入、乃云、聖人無己、靡所不己、即知、空洞不我之理、復能千変万化、応用無窮、誰不承恩、但迷之者甚衆、凡夫不能、即事明心、小乗但知断妄証理、今不廃解行、乃回光返照、契会同帰、不歴僧祇、而同妙覚、不可高推、在聖自負己霊、彼既丈夫、我何不爾、	会証会也、聖人了法即心、前則依性起相、此則会相帰心、所以成聖、楞厳経云、一切衆生従無始来、迷己為物、失於本心、為物所転、若能転物、即同如来、雲庵云、昔石頭和尚読至於此、遂豁然大悟曰、聖人無己、靡所不己、法身無相、誰云自他、円鑑虚照於其間、万象体玄而自現、

一、『遵式疏』と『夢庵疏』との関係は概ね妥当であって、『夢庵疏』が『遵式疏』によったものであることは理解される。

二、『文才疏』に「雲庵云」として引用するものについては、前後矛盾するものが認められる。

㈠『文才疏』に「雲庵云、寂者息也、息諸家廓然断見也」とするものは、『遵式疏』には「寂滅也」としている。

㈡㈢に『文才疏』に「雲庵云」として引用するところは、『遵式疏』の意をとったものであろう。

㈣『文才疏』に「雲庵云」として引用するところは、全く『遵式疏』にひとしい。

㈤『文才疏』に「雲庵云、昔石頭和尚読至於此、遂豁然大悟曰、……」とするところは『遵式疏』に全くなく、かえってあきらかに『夢庵疏』に「石頭於是悟入、乃云、……」とするのを承けたものであろう。

三、してみると、文才が『新疏』の序にいう雲庵達禅師の疏というものは雲・庵・達三禅師というのか、これをかりに慈雲・夢庵・達とする仮定もなりたつのであるが、もとより仮定の説であって、この『夢庵和尚節釈肇論』については若干の資料を提供するにとどめて他は識者の示教にまつものである。

日本における肇論の流伝

『肇論』が何時頃わが国に流伝してきたかについては、確実な資料として認められるものは今は求むべくもない。日本仏教最初の僧綱として知られる百済の観勒は、三論宗に精通した人で、はやくも推古天皇十年（六〇二、隋の文帝仁寿二年）十月、暦本天文書地理書遁甲方術の書をもたらして来朝し元興寺に住した。同三十三年（六二五、唐の高祖武徳八年）正月には、三論宗の大成者嘉祥大師吉蔵について、その奥旨を得た高麗の慧灌が来朝して同じく元興寺に住した。其の夏天下大旱に際して、『三論』を講じて雨を祈り、忽ち応験あり仍て僧正に任ぜられたと伝えられている。凝然大徳の『三国仏法伝通縁起』巻二によれば、孝徳天皇大化二年（六四六、唐の太宗貞観二十年）宮中で慧灌が初めて三論を講じ、わが国に三論宗の行われたことを記している。第二伝智蔵、第三伝道慈と次第し、主として元興寺、法隆寺、大安寺、西大寺等に三論宗が弘められたのである。ことに大安寺道慈（?―七四四）は三論・法相の学に通じ、のち遣唐使粟田道磨に随って入唐し、大に三論の学匠をたずね、さらに善無畏三蔵によって密教の奥旨を得、在唐十八年、元正天皇養老二年（七一八、唐の玄宗開元六年）帰朝したのである（南山律の祖道宣所住の寺、長安西明寺の規模をまねて大安寺の改修につとめたのは天平元年である）。この頃、三論宗の章疏が多く伝わってきたのは容易に想像されるところである。

陳の恵達撰といわれる続蔵本の『肇論疏』の跋文には、

写本記云　神亀三年（七二六）正月七日写竟

宝亀二年（七七一）年次辛亥四月二十七日沙弥慈晋（巻上）

東南院写本奥記云

神亀三年（おそらくは、二年の誤り）歳次乙丑十一月

宝亀二年年次辛亥四月三十日沙弥慈晋云云（巻下）

と見え、また『大日本古文書』に収載された正倉院文書によれば、

一、天平十二年（七四〇）七月八日（巻七）

肇論疏　二巻　一巻疏欠　角寺本

二、天平十六年（七四四）八月二十三日（巻八）

肇論　一巻　右本主蔵令史書　受人成

三、天平二十年（七四八）六月十日（巻三）

涅槃無名論　一巻　請留

四、天平十九年（七四七）六月七日（巻九）

肇論疏　三巻　元康撰

肇論　一巻

等の記事が見られる（石田茂作者『写経よりみたる奈良朝仏教の研究』）のであって、『肇論』及びその末疏の流伝の

時期について、大体の目算がつくのである。

奈良朝、ことに天平期の造寺所公文に見られる「知識優婆塞貢進文」には、僧侶たるにふさわしい行業をつんだ者を推薦する中にまま興味ある記載が見られる。

㈠秦大蔵連喜達年二十七右京四条坊戸主従六位下秦大蔵連弥智庶子
梵本陀羅尼　仏頂陀羅尼　千手陀羅尼
般若陀羅尼　如意陀羅尼
読経　涅槃経一部　法華経一部
最勝王経一部　梵網経一部　疏二巻
理趣経一部暗誦　瑜伽菩薩地　中論一部
肇論一巻已上破文文選上帙音　修行十二年
　天平十四年十一月十五日　大安寺僧菩提

㈡謹解　申貢出家人事
辛国連猪甘年三十九河内国日根郡可美郷戸主日根造夜麻戸口
読経法華経一部　最勝王経一部
註維摩経一部　註法華経一部
涅槃経一部　維摩玄一部
法華玄一部　肇論一巻
法華遊意一巻　三論
以前経論文方可読如件　謹解

依師主礼明僧　恵任僧

天平十五年正月七日貢下人外従五位下勲十二等日根造大田

『註維摩経』、『肇論』等の読誦が、知識優婆塞の僧侶となることの許可を得るための必要な経典であったことが察せられるのである。

中国に於ては『肇論』に関する研究、末疏の著作等は近世に至るまでしばしば行われてきたが、我国に於いては、右の如き古く奈良朝に始まる『肇論』の研究も、三論宗勢の萎微とともに、甚だしくは行われなかったようであり、わが学僧達による肇論末疏の製作等も多く行われたとは思えない。

奈良朝に於ては淡海三船撰の「大安寺碑文」(大日本仏教全書一一八)冒頭にも記す如く「六合之外、老荘存而不談、三才之中、周孔論而未尽、……文繋窮乎視聴、心行滞於名言、莫識三性之間、誰弁四諦之理、偉哉、妙覚超玆大夢、物我双泯、空有兼謝、……仏法伝来蓋有縁也」とし、あるいは吉備真備の『私教類従』の目録に、「仙道不用事」の条があり、あるいは『養老令』の学令にあえて老子をとらなかったことなどを併せ考え、仏教の儒道優先等の、当時の知識人の傾向から、しばしば老荘孔家の言を引用して仏教の奥旨を説明せんとする『肇論』の構成や、般若哲学の難解な論理が日本人の浅い思惟経験には受け容れられないものであったのであろうか。『岡山大学法文学部学術紀要』第一号におさめられた河野通博氏の「奈良時代の儒仏一致論について」は、上代日本人の仏儒道観に対する興味深い示唆を与えるものがある。

いましばらく我々にのこされた若干の肇論疏を中心として、日本に於ける肇論研究のあしあとをたどることとする。

㈠　肇論恵達疏(読蔵本)

『肇論』が三論宗に於てのみ特にとり上げられるのは当然であって、最も古く我国に流伝したと思われる。巻末には、次の如く跋文が見られる。

康永三年（一三四四）二月五日写之　同十七日点之畢

　此疏恵達法師撰云々、未詳之、

文永三年（一二六六）七月二十日於光明山東谷往生院敬奉写了、願以此写功自他開恵眼、三論宗智舜春秋六十八

　東南院写本奥書云

神亀三年（七二五）歳次乙丑十一月（三年ハ二年ノ誤リ）

宝亀二年（七七一）年年次辛亥四月三十日沙弥慈晋云云

文永三年八月廿七日校合之次加謬点了、写本文字不法之間、極難見解、後来之士尋正本可正之耳、

貞和四年（一三四八）五月談肇論了、而述義中引恵達釈、皆符此書□□□□□

（不真空論末）

此疏恵達師撰云云、未詳之、

康永三年閏二月二十九日　以尊良上人之本重校点之、

件本云、文永三年五月四日於光明山東谷往生院以東南院御本写了、本字極草之間老眼難見解、定多其謬歟、後学正之、三論宗智舜春秋六十八

　写本記云

神亀三年正月七日写竟

宝亀二年年次辛亥四月二十七日沙弥慈晋

貞和四年談肇論了

　仙光院肇論述義中多引恵達言、其文悉合此疏、恵達撰無疑者哉、

右によればすでに、南都三論宗の本所たる東南院蔵本の『恵達疏』に神亀二年の書入れがあり、屢次転写された

ことが知られる。此の中に見える『仙光院肇論述義』は大安寺安澄の作と思われ、安澄は道慈の法孫にあたり、学は密教を兼ね、議論絶倫、西大寺の泰演と大に論争して之を破したといわれる。その著『中論疏記』はもとより嘉祥大師の『中論疏』にもとづくものであるが、漸く三論宗の宗風萎微せんとする頃の著作であるため、蘭菊の論は彼以前に概ねその美を発し、安澄によってまとめられた『中論疏記』は、わが日本三論の精華とも言い得るものであり、その引証の中心をなしている『肇論述義』も亦見るべきものがあったと思われるのである。『中論疏記』には『元康疏』もしばしば引用せられているのであって、上述の通り、天平十二年すでに写経生によって『元康疏』が書写せられている。

(二) 鎌倉時代書写の永観堂本『元康疏』には次の跋が見られる。

大唐開元廿三年（七三五、わが天平七年）歳在乙亥閏十一月卅日、揚州大都督府江都県白塔寺僧玄湜、勘校流伝日本国大乗大徳法師、使人発促無暇写、聊附草本、多不如法、幸恕之、後叡師源師還更附好本耳、写本云

東南院大経蔵御本点本云、文永二年（一二六五）七月十三日於光明山東谷往生院敬奉書写了、乃願以書写力自他開恵眼矣

同移点了三論宗智舜　春秋六十七

于時弘安十一年（一二八八）三月四日於南都海竜王寺書写了　執筆証忍房　静照

願主三論宗沙門　蔵海

正安四年（一三〇二）十一月二日於泉州神崎院上坊北寮写功終而已　金陵末資乗金也

下巻

写本云　建長三年（一二五一）十月二十五日丑尅於戒壇院僧房一交了

三論末資汙道沙門聖守在判

写点本云　文永三年（一二六六）三月五日於光明山東谷往生院以東大寺東南院御本書写了　願以此功徳自開恵

眼
三論宗智舜六十八
同年四月十日於同室移点了、本点之上聊加愚考了
写本奥記云　大唐開元廿三年歳閏十一月十四日、揚州大都督府白塔寺沙門玄湜、写略存記本不足観嘱勘校、聊定永欲流伝於日本国大徳視聴、然康公製信詞兼行、其中意義或未尽処、幸諸賢者詳而覧焉云々

即ち開元二十三年に、僧玄湜が日本国大乗大徳法師に『元康疏』を授けたものであることを示している。現行の『元康疏』中に玄湜意、玄湜謂等の文が混入しているのは、おそらく「大乗大徳法師」の持ち帰った『元康疏』の玄湜の書入れがそのまま伝えられたものであろう。

(三)　続蔵本『元康疏』の跋文も、概ね同系統のものである。

巻上
大唐開元二十三年歳在乙亥閏十一月三十日、揚州大都督府江都県白塔寺僧玄湜、勘校流伝日本国大乗大徳法師使人発促無暇写、聊附草本、多不如法、幸恕之、後叡師源師還更附好本耳、
天平勝宝六年（七五四）七月十九日写竟　信定篁
文永二年（一二六五）七月十三日於光明山東谷往生院、敬奉書写了、願以書写力、自他開慧眼矣同移点了
三論宗　智舜春秋六十七
永仁二年（一二九四）甲午十月十五日於東大寺新禅院以古本校合之次、任愚推加点畢、魯魚之至、越度有多歟、頗雖有其恐、粗鑿荒途、後哲必加修治而已、抑今古本文字多不定也、就中日本国大乗大徳法師者指道慈律師耳
三論円宗沙門　聖然

正安二年（一三〇〇）庚子二月一日、於八幡宮法園寺、以先師上人第二伝点本、重加校点了

沙門　然悟習叉

巻中

東南院本記云

保安元年（一一二〇）十一月十一日、於太宰府点了、疏本草書仍有不定、後者正之云云

令同法写点之、□移点數々、重以正本可交合而已。如本記云、覚樹僧都御点也、尤可沈思耳

沙門　聖然花押

巻下

建長三年（一二五一）十月二十五日丑刻、於戒壇院僧房一交了、

三論末資汗道沙門聖守

沙門　聖守花押

この中、大乗大徳法師を、聖然は道慈律師を指すとしているが、道慈の帰国は『続日本紀』巻十五等によれば、元正天皇養老二年（七一八、唐の玄宗開元六年）であり、事蹟と合致しない。開元二十三年（わが天平七年）四月には、玄昉が帰朝しており、僧侶の海外交通も頻りであって道慈以外のその他の留学僧を指すものである。また望月博士『仏教大辞典』に道慈が元康の門に入って三論を授けられたとすることも、その間数十年の差があり、貞観中（六二七—六四九）長安に名声のあった元康が、開元（七一三—七四一）の頃までその生命を保ち得たかについては、大に疑問を持つものである。

以上の例においても推察されることは、奈良時代、日本に流伝した『肇論疏』の転写の年月が同一疏に於ても数百年のへだたりを持っていることであって、たとえば『恵達疏』では、神亀二年（七二五）—宝亀二年（七七一）—文永二年（一二六六）—康永三年（一三四四）—貞和四年（一三四八）と、甚しきは五百年の隔りがあることは

奈良朝の三論宗全盛の時を経て衰微の一路をたどり、鎌倉時代南都古宗復興の勢に乗じて、一時再び三論宗の宗勢振い、ここに『肇論』も注目をひくこととなったのであろう。

東大寺第三十五代の別当道義（佐伯氏）が佐伯院を東大寺南大門の東脇に移建し、仍て名を東南院と改め、のち醍醐の聖宝僧正が貞観十七年（八七五）此処を修理して僧房となし、まもなく東南院の貫主となり、これより醍醐の座主と東南院の貫主とを兼帯することとなり、東南院が三論宗の本所であるところから、茲に三論と真言の兼学（道慈律師自身三論と密教を兼ね学んできたのである）が起り、平安より鎌倉に至る三論真言の宗風に清新の気を吹きこんだのである。これとともに『肇論』の研究は中国においては宋初より慈雲遵式・晋水浄源・夢庵・文才等の末疏が続出するが如き趨勢にあって、『肇論中呉集解』・『節釈肇論』等も、彼の地より彼我の僧によってもたらされ、一時的に華々しいものがあった。

金沢称名寺常住の『夢庵和尚節釈肇論』も、立心によって永仁七年書写移点せられた。

現在は浄土宗西山派に属するが、その創立の当初、真言密乗の中心として宗叡・深覚・永観・静遍等の諸大徳の住した禅林寺には、貴重な典籍を多く蔵しているが、その一、二を見ると次の如きものがある。

一、十二門論疏（吉蔵撰）に、

承元元年（一二〇七）十二月十一日、於峰寺外庵一遍引見、以此功徳滅罪生善廻向、往生極楽世界

法務　成宝生年四九

の奥書あり。

二、鳩摩羅什法師大義（大乗大義章）、下巻末に、

永仁元年（一二九三）八月二十七日、書写校合畢

の跋あり、さきの『元康疏』とともに、三論宗風の趨勢を知ることができる。

永仁前後は三論宗復興の最も顕著な時代であり、南都大安寺とならんで、金沢称名寺は関東仏教教学研究の中心となったのは前述の如くである。金沢文庫に遺されている『肇論』関係の版本が二種ある。

㈣　夾科肇論　三巻　折本（零本）覆宋刊本

鎌倉時代南都仏教復興期に於ける三論宗典の開版につとめた「学三論宗業沙門素慶」の功績は、すでに大屋徳城博士が『寧楽刊経史』に詳述している。彼の開版にかかるこの『夾科肇論』は、おそらくわが国における版本肇論としては、次の肇論とともに極めて貴重な資料と称すべきものであろう。素慶には正応五年（一二九二）版「三論偈頌」をはじめ、嘉祥大師吉蔵の永仁（一二九三―一二九九）版『法華義疏』十二巻その他の出版があり、殊にこの『夾科肇論』は左の如き刊記が大屋博士によって記録されている（日本仏教史の研究二、一七五頁以下）。博士亡き今日、この版本は奈辺にあるや詳かではない。

夫今論者、仏法之大綱、方等之心髄、文約而義顕、弁巧而致深、故調心之要方、亦道場之玄軌、是以捨財、以終刊板伝世、以遂興法願、是則別奉餝一品法親王之仏果焉、惣為渡六道常流転之群生矣、
嘉元丙午（四年）（一三〇六、元の成宗大徳十年）八月十日沙門釈素慶（墨書）至徳二栴蒙赤奮若三月於集慶庵而点之畢

（大屋博士は身延山文庫に本書の下巻のあることを註記している）

金沢文庫本の『夾科肇論』は、その本文も残欠で、この刊記も僅に第一行をのこすのみにて、他は無残にもその影を没している。大屋博士も『金沢遺文』にこの本について述べている。熊原館長の配慮によって撮影することを許されたのは感謝にたえない。『夾科肇論』の文は明らかに暁月のそれに合致するのである。

㈤　肇論一巻　折本（零本）覆宋刊本

金沢文庫はこれも零本であって、刊記は認められないが素慶開版で、『夾科肇論』と同様のものであることは疑を容れる余地がない。立心による『夢庵和尚節釈肇論』の書写と殆ど時を同じうするものであり、大屋博士をして

「奈良系統の摺本にしてかくの如き粗本を見ず」と概歎せしめた程のものであるが、猶宋本の余韻を存しており、その原本はおそらくは再入宋沙門慧棄等の入宋僧が、奈良にもたらしたものであろうか。

名古屋宝生院（真福寺）も亦真言密教の寺院として特異の存在であるが、黒板博士の『真福寺善本書目続輯』によれば左のごとき若干の『肇論疏』を見出し得るのである。

(六)　肇論抄一帖（奥書）

本云

于時正応六年（一二九三）癸巳四月十九日於芝運修中以三論碩学覚樹僧都之本如此写留之、（中略）于時元亨二年（一三二二）上秋候於奥州東光寺写之畢、正本多不審故写本有其誤歟、後賢刊得之、来哲修練之、

右肇　東寺門流金剛仏子　道我

(七)　肇論聞書　一冊

（内題の下）嘉暦二年（一三二七）六月七日於遍照心院精談了　読師　貞海

（奥書）

本記云専戒上人机下殿稟訓説畢

九牛一毛記之　三論宗学者　信聴

私云

暦応三年（一三四〇）十一月二十四日亥刻於般若坊之学窓書写而已、于時松嵐窓間頻驚寝夜之眠、急雨軒降弥添露点之便、逢此物感悦無極、仍競寸陰馳筆記于　末学　頼済

(八)　肇論集解　三帖

上巻　以高山寺唐本写之畢　以同本校之

中巻　以高山寺写之　以同本一校于
下巻　康永二年（一三四三）三月十九日於伏見以高山寺唐本写之
一校了　一部三帖終功畢
㈨　肇論集解令模鈔　二帖
上巻（旧刊記及び奥書）
蘇州長洲県鳳池郷苑橋西街北居住弟子張仁杲男弐則新婦呉十二娘並家眷等施財開勒用薦先考十一郎先妣蔣氏四娘沈氏四娘亡妻潘氏十一娘同乗勝因超生浄方者　銭塘賢首教院門人　曇真勾当
康永二年（一三四三）三月二十九日以高山寺唐本……写之了　以同本校合了
下巻（旧刊記前に同じ）
鳳水開元寺比丘道超校本　雪苑景徳寺比丘慧賛重校
康永二年四月十日誂人令写之高山寺唐本也　以同本校合了

真福寺本浄源疏は奥書によって知られる通り、すべて高山寺蔵本宋刊本によって書写しているのであって、写本に若干魯魚の誤りは予想せられても、これを松本博士旧蔵本、羅振玉景印本等と比較校合することによって浄源の『中呉集解』の根底にふれることができるであろう。高山寺本『中呉集解』は今日これを見出し得ず、またことに『肇論中呉集解令模鈔』は常盤博士の調査報告にあるごとく甚だしい逸葉があるのであるが、真福寺本は、高山寺宋刊本によった鈔本であるにかかわらず、幸にも上巻五十八紙、下巻五十七紙完備していることはまことに当代の幸というべきであって、さらにまた肇論末疏の研究に、宋代仏教史究明の上に、貴重な一頁をますことになるのである。

以上、きわめてせまい範囲内で管見に属した若干の肇論疏書写研究について述べたのであるが、鎌倉時代における一時的な三論宗の盛行が泡沫の如く消えさるとともに、『肇論』研究の風も概ね終了したものの如くである。徳川時代に及んで『宝蔵論』文才の『肇論新疏』『同新疏遊刃』が数回上梓された。

宝蔵論　一冊　龍谷大学蔵

宝蔵論一巻　抽写肥陽嘉府蓮生之蔵中新命梓流世　冀閲者悉以為自家之宝蔵也巳矣

延宝丙辰（五年、一六七七）之歳六月六日

長安僑居弟子雲衲敬誌　中村五郎右衛門梓

肇論新疏　三冊　龍谷大学蔵

径山伝衣庵比丘明得施銀壱拾捌両華亭徐琰施銀壱拾両万妻白氏共刻

寛文六（一六六六）丙午年九月吉旦　中村五郎右衛門開板

延宝二年（一六七四）甲寅孟冬吉旦にも書林村上勘兵衛より刊行されたものがある。同じ板を使ったものと思われる。

また明末に大問題をおこした「物不遷論」の問題について、『物不遷論弁解』が承応四年（一六五五）乙未暦孟春良内中野太郎左衛門により新刊された。

これ等は何れも明版大蔵経の影響をうけたものであろう。これ等が如何に読まれたかについての証左となるものは未だ見当らない。

以上、『肇論』がわが国で奈良時代・鎌倉時代に相当読まれておりながら、しかも遂に空しく宝蔵の中に消えたのは、一に三論宗勢そのものの不振に由来するのであろう。『肇論』が三論宗においての第一義的な宗典でなく、かつ甚しく難解な論理型態を持っており容易には領解し得ないものであったことなど、而も終極においては祖師仏教になった日本の仏教々団において、その宗派性・消極性が、中国において『肇論』が教禅二家からも大に読まれるの趨勢をなしたのとは正反対に、遂に『肇論』を遠い高い壇の彼方に追いやることになったのではなかろうか。

附記

本稿脱稿後に、東大寺図書館に『肇論疏』（元康）の蔵せられていることを知り、平岡定海・堀池春峰両氏の厚意により、数日貸出を許可せられた。永観堂本よりも由緒も正しいために『肇論』の本文校合にも参照した。その奥書は左の通りで、現存元康疏（続蔵本・永観堂本）等と同系統に属する写本であることが知られる。このことはわが国における肇論研究の範囲の限界を示すものでもある。

（巻上）校本云（朱書）　大唐開元廿三年歳在乙亥閏十一月卅日」揚州大都督府白塔寺玄湜勘」校流伝日本国大乗大徳法師元康（朱書）」使人発促无暇写聊附草本多不知」法幸恕之後叡師源師還更附好本」耳

天平勝宝六年七月十九日写竟　信定篁

点本云　文永二年七月十三日於光明

山東谷往生院敬奉書写了願以書写」力自他開恵眼矣　自移点了　三論宗智舜春秋六十七

東南院大蔵経御本奥記云」大唐開元

廿三年歳次乙亥閏十一月卅日揚州大都督府江都県」白塔寺僧玄湜勘校流伝日本国大乗大徳法師」使人発促无暇写聊附草本多不知法幸恕之後」叡師源師還更附好本耳云々」弘安十年六月廿二日於東大事真言院」加朱点畢

（巻中）東南院本記云」保安元年十一月十一日於太宰府点了疏本草書仍有不定後者正之云々」命同法写点之処

移点数々重以正本可交合而已」如本記云覚樹僧都御点也、尤可沈思耳

沙門　聖　然　花押

（巻下）建長三年十月二十五日丑刻於戒壇院僧房一交了

三論末資汙道沙門　聖　守　花押

慧遠とその時代

まえがき

本稿は京都大学人文科学研究所欧文紀要 *Zinbun* No. 6（1962）に Hüi-Yüan, his life and times（慧遠—その生涯と時代）として発表したものの日本文の原稿である。同研究所における中世思想史の共同研究班の報告として『慧遠研究』遺文篇の公刊や、東方文化学院京都研究所・東方文化研究所・京都大学人文科学研究所と、一貫して中国仏教史の研究に生涯を捧げてきた塚本善隆博士の退官などを記念して、この一文を草した。わたしたちの共同研究の成果をふまえて、欧米人に、この廬山慧遠の業績や、そのおかれた時代背景を理解してもらう意図をもって達意的に書かれた小論は、この個人の論集の中に収めるにはやや不適当のそしりを招くかも知れないが、私として、慧遠をこのように理解しているとの立場にたって記したものであり、忘れがたい作品の一つでもあるので、扱った時代の順序としてここにおくこととしたことを許されたい。また、本文中に引用した訳文は、おおむね『慧遠研究』遺文篇によったが、まま私見に従って書きなおしたところもある。

はじめに

一九四九年、共産主義中国が成立してからの中国は、その後わずか十数年を経た今日、長い地球の歴史からみればきわめて短い一瞬の間にも及ばない期間ではあるが、それがもたらした政治的社会的思想的な変化は、それ以前の数千年の中国にもおいても考えられないほど大きな変化を遂げている。仏教のみについて考えても歴史的正確さではないが仏教が初めて中国に公式に伝えられたという後漢の明帝永平十年（六七）から始まって、中国伝統思想の強い排外的な雰囲気を排除し、また仏教徒自ら積極的に、中国思想の用語をもって仏教の教義を説明するといった初期の仏教の中国人への受容の時期から、隋唐時代の中国人による新仏教教派の成立——三論宗・天台宗・華厳宗・浄土宗・真言宗——から、ついには中国人自身の宗教として外来の仏教を全く自らのものとした明・清時代の民衆仏教——思想的にも延命増益といった現世的な幸福を中心とする仏教、儀式的にも施餓鬼会、水陸法会を通じて、その結果に自らの幸福をのみ期待するという、専門的な教義解説者である僧侶の仏教学説とは関係なく、民衆自身の解釈した心や身の救済としての仏教（厳密な意味ではそれは仏教とは称することは許されないが）に変化しつくした千数百年にわたる仏教も、今日もはや中国本土において殆んど全くその社会的存在としての意義を失ってしまったようである。唯物的共産主義社会の実現に、唯心的仏教が何等かの寄与をなし得るとするならば、宗教信仰の自由を規定する憲法によって、「仏教」はその存在が許される。しかし、いやしくも共産主義社会の実現のために、少しでも障害となるならば、当然「仏教」は中国本土から抹殺される運命を義務づけられるのである。もはや今日の大陸中国では、仏教は往年のような専門的な教義学者僧侶の間にも、まして全中国八億の民衆の中にあっても、政治体制への順応がまず要求せられるのであって、それ自身の活動は見られず、わずかに宗教信仰の自由を公告することによって、近代国家の体裁を世界の人々に見せようとする一つのよそおいのごとくであると考えられる。このことは、一九五七年秋に約二ケ月中国を旅行した私の皮相な見解ではなく、真実に主義に忠実な共産党員であるならば、何人も既成宗教の信仰者が国民の中に多くあることに賛成するものはないと信ずるからである。青年の中の多くの人々や、老人の中の一部の人達にとって、新たな時代にふさわしい国民の宗教——共産主義——が、孔子や老子や仏陀や基督に代って、その権力を一手におさめつつあることは忘れてはならない。現代の中国にとって仏教に発展はなく、単に渋滞と後退と消滅のみがその前途に待ちかまえているのである。

一千数百年の長い間、外来の仏教がある時には伝統的な中国の思想や宗教よりも、より深く民衆の生活に、知識階級の思惟活動の上に大きな影響を及ぼしてきたことは何人もが認めるところである。しかし、すでにそれは全然過去の幻影となってしまった。中国仏教について最も深い恩恵を受けた日本人、そして現になおその日常生活や精神生活の要素において最も大きな比率を占める仏教の影響下にある日本人として、中国の仏教、ことにその歴史的変遷について、より深い認識と考察を加えて正しく理解しこれを記述しておくことは、まさになさなければならない責任義務であろう。

一九五〇年以来のわれわれの研究所における個人的な中国仏教史研究は右のような見解のもとに、いくつかの成果を挙げてきた。われわれの研究所を定年で退職した塚本善隆博士が一九六一年に出版した『魏書釈老志の研究』は博士生涯の研究成果の一つであって、その研究が開始されてからすでに三十年を経過しているが、ようやくその完成を見た。また塚本博士が『東方学報』や『仏教文化研究』に発表した中国近世の仏教に関する論文も、この意味で頗る有益であった。また塚本博士の退官を記念して捧げられた『仏教史学論集』はB５版一一〇〇頁の大型の本に内外七十九人の専門学者の研究論文が掲載されて、少くとも中国仏教史研究については他に類を見ない成果といえよう。また私が一九四二年上海の東亜同文書院大学に就職して後、ことに一九五〇年以降京都大学人文科学研究所で行ってきた中国近世仏教史に関する多くの研究も、このような意図のもとに行われてきた。

このような個人的な研究とならんでわれわれの研究所の宗教研究室では、一九四九年春から今日にいたるまで、同様の意図から、中国の仏教・哲学・歴史などの各方面の専門研究者を網羅して、六朝時代を中心とする儒教・道教などの伝統的な中国思想と、外来の宗教である仏教との三教交渉の共同研究を継続している。従来の日本における中国仏教研究は、仏教側の立場からのみ論ずることが多く、また、中国思想史の研究者は、仏教側の資料を厳密に批判して、採るべきものは採るという公正な態度にかけるところが多かったことは何人もが認めなければならない欠点の一つであった。このような未熟な態度に反省を加えて、それぞれの専門研究者達による共同研究によって、六朝時代における儒仏道三教交渉の問題を究明しようとして、とりあげたのが、梁の僧祐（四四五―五一八）が編纂した『弘明集』十四巻である。漢訳仏典の大蔵経では護法部に収められているこの本は、異民族の宗教であった仏教が中国に移入されてのち、従来あった中国の伝統的な思想宗教としての儒教、道家思想・道教との間に、仏教の中国化をめぐってかわされた論争をあつめたものとして、貴重な資料集であることはよく知られている。この本は西紀五一八年以前に纂修されたと思われる（福井康順博士はこのことに異議があるが）。漢、両晋、南北朝時代にわたって、中国の伝統思想を奉ずる人々は、僧侶が両親を棄てて出家し、両親から得た頭髪を剃るなどのことは、儒家の思想に反することの最大のものであり、また因果応報、精神不滅の説は、周公・孔子の説かざるところであるとした。また老子を祖とする道家の人々は、外国から来た仏教は邪悪のものであるとして、大いに仏教の教義やそれを信奉する僧侶信者を攻撃した。このような議論や、これに反対した仏教者の言論は僧祐の時代に、相当多く存在した。それらの関係した論文、書翰を編輯したものがこの本である。道は人によって弘まり、教は文によって明らかになるとして、『弘明集』の名が生じたのである。その中の一二の論文、たとえば「牟子理惑論」についての P. Pelliot 教授の論文 Meou-tseu ou les doutes levés. Traduit et annoté. (*T'oung Pao*, 1920. No. 5 pp. 255–

433）や、早稲田大学の福井康順博士の、「牟子理惑論」の製作者、製作年代などについての詳細な研究（『道教の基礎的研究』附録、一九五二年出版）によっても知られるように、早くから学者の注目するところとなったものもある。しかし、まだその全部にわたっての、われわれが企画したような研究方法による研究は行われなかった。法政大学教授太田悌蔵氏による日本文へののべがきと若干の注釈も、すでに一九三六年に『国訳一切経』の中におさめられているが、多大の苦心の作ではあるが、なお読み方、注釈などで、一人の力で成ったという限界からは脱しきっていない。われわれが共同研究の中心の問題として『弘明集』をとりあげたのは、最初に述べたように、中国仏教研究についての最も完全なものを後に残すために、最も必要な最も目的にかなったものとしてであった。最初の研究会が京都大学人文科学研究所（もとの東方文化研究所）で始められてからすでに十三年を経過した。多くの研究者がこれに参加した。今日にいたるまで引きつづいて研究に参加してきたのは、京都大学――塚本善隆、平岡武夫、長尾雅人、梶山雄一、服部正明、藤吉慈海、島田虔次、福永光司、川勝義雄、竺沙雅章、牧田諦亮、大阪大学――木村英一、森三樹三郎、木全徳雄、滋賀短期大学――村上嘉実、大谷大学――横超慧日、安藤俊雄、野上俊静らで、このほか大学院学生らもこのセミナーに参加して、各自がその専門研究の立場から、遠慮のない意見を発表して、友好と親愛と真摯のなかにこの研究会は運営されてきた。

中国仏教研究のため研究所に留学した Leon Hurvitz, Galen E. Sargent らも活発な意見をのべた。『弘明集』に関連して、鳩摩羅什の弟子僧肇の著した『肇論』も、われわれの研究の上に逸することのできないものであるため、これも併せて会読した。この十数年間にわたる共同研究の成果の一部は、①塚本善隆編『肇論研究』②木村英一編『慧遠研究』遺文篇・研究篇として公刊された。いずれも十分に原著者の意を伝えていると自負する日本語訳と、各研究者の専門分野からする研究論文とを収めている。なおわれわれの『弘明集』会読は続けられており、その全部を読み終え、その研究成果を公表するにはなお数年を要するであろうが、その完成を期している（昭和五十年三月に、『弘明集研究』全三巻の出版を完了した)。これらの研究報告について、われわれは多くの中国仏教、思想史の研究者が批評と助言とを与えられることを期待している。以下述べる中国初期仏教と中国伝統思想との交渉についての廬山慧遠を中心とするみじかい論文も、この共同研究の成果にもとづくものであることを明らかにしておく。

慧遠の生涯(上)

中国仏教初期における仏教と中国の伝統思想との交渉について、仏教界においてまずその名を示されるのは廬山慧遠(三三四—四一六)である。勿論、彼以前に、彼の師、道安(三一四—三八五)を始め、仏教の中国化や伝統思想との対決に参与した人達の例は、『梁高僧伝』において容易に見出される。しかし中国仏教界最大の翻訳家鳩摩羅什が北の長安にあって、帝王たちの庇護のもとに在俗の生活をしながらも、大々的な訳経事業をして、外国の宗教である仏教を漢訳経典にくみかえることによって中国化しようとしたはなやかな努力にたいして、遠い南の名山廬山に世俗の権勢から孤立した簡素な僧伽の生活に終始して、遂に三十年間、山から下りなかったという慧遠が、大乗仏教の根本義についての中国人としての疑問を直接に鳩摩羅什に提出したことによって——その問答は『大乗大義章』とよばれる——彼(慧遠)の名は初期中国仏教における最も有名な護教者の一人として、永く伝えられることになったのである。

慧遠の伝記については、『出三蔵記集』巻十五や『梁高僧伝』の巻六に詳しい。E. Zürcher が *The Buddhist Conquest of China* で幾多の困難を克服して『高僧伝』の慧遠伝を英文に訳注されたことは賞讃されねばならない。また湯用彤氏の慧遠伝や、『慧遠研究』第二に発表されている塚本善隆氏の論文「中国初期仏教史上における慧遠」

を参照されるよう希望する。西紀三五四年、二十一歳の慧遠が弟の慧持とともに、四十二歳の恩師道安につかえて出家するまでに、儒教や老荘について学んだことは伝記の最初に記されている。それだからといって、彼が儒学や老荘の学に興味を失ったほどに、それらの学問に精通したとは考えられない。おそらく、彼が山西省北部の片田舎から洛陽に出てくるまでの間、家柄の良くない、祖先に有名な官吏学者を全く持たなかった彼としては、その好学心を継続するには大変な困難に遭遇したと思われる。長安から南下しようとする異民族政権の圧力と、これを防ごうとする漢民族政権下の劣弱な軍隊との間におこった混乱は、おそらくは慧遠や、慧遠と同様な境遇にあった学徒たちを、南方の漢民族の王朝の治下に向うことを希望させるようになった。しかも、この入りみだれた戦乱は、そのことすらも不可能にしたため、止むを得ず、漢民族知識分子が戦乱から避難する場所として知られていた、山西省と河北省のさかいにある太行恒山に向い、そこで弟子たちとともに清浄な沙門の生活をしていた道安にあい、その感化を受けるとともに、おそらくは生活の安定を得るためにも、道安のもとにおちつかざるを得なかったのであろう。慧遠は道安の弟子として、二十五年の長い間仕えている。道安の代表的な業績としての教理は般若教学を中心として、実践行としての悟りに近づくための禅観の重視、僧侶集団として教団生活の厳重な規律などは、当然、慧遠らにもその厳守、遵行がきびしく要求された。

インド仏教の発展が小乗から大乗へと時代を追っているに対して、中国の仏教は、ともに「仏説」と題した大小乗の経典を同時に一釈迦の教説として受容せざるを得ない立場にたたされたことは、周知の通りである。道安や慧遠も初めはその立場に身をおかざるを得なかった。しかし、長安に大乗仏教のすぐれた伝道者鳩摩羅什が来たことは、おのずから従来の中国の小乗学派の衰退をうながした。慧遠も『般若経』を中心とした大乗仏教の影響下におかれることとなった。

もともと、道安自身もいっているように、道安時代の中国知識階級の中では老荘がよく行われており、仏教―特に般若部で説く「空」の考えが老荘に説く「兼忘」と相似ているところから、般若中心の仏教が知識人の間によく同感を得たことは事実であろう（大正蔵巻二二四、道安撰、鼻奈那の序）。『放光般若経』もすでに翻訳されていた。その翻訳者の一人である竺叔蘭（～三〇三～）が、竹林の七賢にも似た日常生活の超倫理的な態度、たとえば僧侶であるにもかかわらず酒に酔うて道に寝て獄舎に入れられたなどということが、かえって河南地方の知識人に喜ばれたというユーモラスなエピソードさえ今日に伝えられていることは、一面、従来の儒教の規則の外にたった、仏教者の超世間的な生活が老荘思想を信奉する人たちの間に、共感を得ていたことを物語っている。

また、これらの経典に説く、万物はすべて因縁の離合の結果として生ずる現象であるという仏教の世界観は、当時の代表的な荘子の注釈家として知られる郭象（～三〇三～）の『荘子』斉物論篇の注に見られる様な、造物者という最高神を否定し、従来の儒教の拘束から個人を解放する考え方とも相通ずるものである。また「無為」についての郭象の解釈も、「山林の中でただ手をつかねてぼんやりとだまっているのが無為というのならば、このような老荘の考え方は当然道にすてられてしまうであろう」（逍遥篇注）という。

これは、その当時の中国知識人の間によく読まれ歓迎された『維摩経』の中に、山林の静なところでひとり坐禅してその境地を喜んでいる舎利弗を、真の仏教者の執るべき態度ではないと叱りつける維摩居士の立場――般若系大乗仏教徒の生活態度――と類似するものである。また涅槃の境地を説明するために用いた中国語として『易経』に見える「無為」をあてたのは誰であるかはわからないが、僧肇が、『涅槃無明論』で、この「無為」を、視聴を超越した、すべてのもの帰一するところで、道家にいう「希夷の境」こそこれにあたると説明しているのも、道家思想の語彙を借り、仏教語彙を説明しようとする好見本であり、この時代の仏教と道家（玄学）の思惟形式の類似を示すものといえるであろう。

このような環境の中で、その頃『般若経』の講義においても最も名を知られていた道安の門下に入った慧遠は、儒家・道家の諸学説は『般若経』の義から言えば糠粃（しぼりかす）のようなものに過ぎないとして、専ら般若学に傾注したのであるが、しかも全く中国の伝統思想の研究を放擲したのではなく、講義の時にはかえって『荘子』を引用して論敵を破ったことも伝えられている。戒律を守ることにきびしく、仏典を正しく理解するためには無益であるとして、仏典以外の書物を読むことは、禁じた道安ではあるが、慧遠にのみ特に中国の古典についても研究することを許している。

道安の門下に二十五年もとどまって、師の教を受けた慧遠の仏教学は、当然、師の説を継承し、これを拡大したものであったことは当然である。インドの仏教学を理解するために中国の古典をその媒介として使用することは、道安以前によく行われており、道安自身もこの「格義」と称される仏教理解の一つの安易な方法をかって執ったこともあった。しかし、その方法は正しく仏教を理解する方法でなく、一度、従来よく用いられた中国の古典の語彙を新しく翻訳された仏教の用語としてかりに用いることは、結局は今までの中国の古典の持つ概念にわざわいされて、仏教特有の思想を理解する上のさまたげとなることを道安は知った。彼の、仏典の中国語訳についての慎重な方法論は、彼が編纂した『綜理衆経目録』として、彼の時代までに中国語に翻訳された仏典の確実な目録を作ることによって、多くの同類の異訳経典を比較研究することによって、より正しく仏典を理解し得るという考え方によっても理解される。そこには当然、中国古典用語の持つ概念からはなれて、中国仏教独特の思想概念を作りだし、中国の古典――儒教や老・荘などの伝統的思惟――からの拘束からはなれた中国仏教を作り出そうとする努力がみなぎっていたのである。このような道安の動きは、慧遠もまたこれを継紹し、道安よりもさらに積極的なものがみられるのである。慧遠がながく、中国伝統思想の研究をすてなかったことも、実は、それによって、より仏教の優越性を立証せんがためのものであったに過ぎないのである。このような立場は、彼等自身の日常生活についても、よりきびしい戒律の厳守が要求される。道安が僧尼の日常生活に守るべき規則を作って、日に六時のおつとめなど、身近な行儀作法から、講義の方法、懺悔の儀式にいたるまで、こまかい規則を定めたのは、インドから伝来した仏陀の戒律のほか、さらに中国人として、中国伝統思想が作りだした日常生活の諸規則とは別に、独自の中国仏教徒のための生活規律を制定したものとして注目されなければならない。慧遠はこの道安の規則をさらに強め僧侶の風紀の粛正につとめていることは、陸澄（四二五—九四）の『法論』の第七帙の目録にも見られるとおりである。

慧遠の生涯（下）

西紀三七八年から以後の数年間の中国北部の戦乱は道安を盟主とする数百人の僧侶の共同生活を維持することを許さなかった。慧遠は道安との二十五年の生活に終止符を打って、弟の慧持らとともに道安教団の僅かなグループの僧侶とともに、襄陽からさらに南方に安全の地を求め、揚子江を渡った。おそらく三八一年に潯陽にいたり、ついで廬山に入り、三八四年には東林寺を建てて、ここについに永住するにいたったのであろう。その後三十数年間に及ぶ廬山における慧遠の生活は、まったく師の道安の宗教生活の連続であり、さらにそれをつよめたものであった。慧遠の三十年にわたる廬山生活で、特に重要な事は、中国伝統思想の教養に満ちた多くの知識人との信仰を中心とする交遊であった。ことに、それは四〇二年に廬山の般若台の阿弥陀仏像前で、宗炳・謝霊運・劉遺民・雷次宗ら一二三人の僧俗の弟子たちとともに、西方往生を願ったことである。それは後世に「白蓮社」と称される信仰の集会であって、このために、後世において慧遠は、中国仏教史上に浄土宗を創始した祖師であったという決断が下されたほどである。もちろん、この決定は、正しい評価であるか否かについては疑問がある。「白蓮社」という名も、もとより後世の史料――たとえば宋の賛寧(九一九―一〇〇一)の『僧史略』――に見えるものである。

慧遠の結社の思想的根拠となっているものは、もとより因果応報の思想であった。中国の伝統思想の中にも、善行を積む家には必ず慶(しあわせ)があり、不善の行をなす家には必ず殃(わざわい)ありという中国の聖人の言葉もある。

戴逵(三三五―三九六?)は三九三年頃に慧遠に手紙や『釈疑論』を送って、自分の因果応報に対する疑問を提出している。「どの経典にも禍福のおとずれるのは人が悪行や善行をつんだ結果であると説いている。私はこの教を信じて、若い時から行いをつつしみ白髪をいただくこの老年まで、行いは学んだ道にそむかないようにし言葉は他人を傷つけないように努めてきました。にもかかわらず、一生、苦しい目にあって、苦しみという苦しみはみな経験し、いたずらに年おいたわが身の影をかえりみて、充分に納得できないままで一生を終ってしまいそうです。禍福がその身に行ってきた悪行や善行に相応しないのを恨みます。この道理は推しきわめることが困難で、しかも自分の煩悩―妄情は抑えがたく、夜中に目さめてこのことを思うと、悲しみといきどおりで心は一杯になります。」

この戴逵の因果応報に対する概念は、人間の行為と禍福の応報を現実の世界(今生)においてのみその基盤を持っているため、仏教の説く三世―過去・現在・未来―に通じての因果応報を理解していない。慧遠の『三報論』は戴逵の疑問や周続之(三七七―四二三)の彼への反論などの後に、三九四年頃記されたものである。業の報いは三種あり、①現世に業をなして現生に報を受けるのを現報、②来生において報を受けるのを生報、③多くの生を経た後に報を受けるのを後報という。これは新訳の『阿毘曇心』の解釈によったものであろう。慧遠は、現実の世界で経験する善悪の行いと、その行いとは相反する慶や殃という矛盾を、次のように説明する。

世間には善行を積みながら、たびたび殃にあうものがあるかと思うと、一面に凶悪《わるいこと》をしながら慶《しあわせ》になるものもある。これらはみな現世での行いはまだ結果がでず、かえって前世の行いの報いがようやくあらわれ始めているのである。だから正しくよい人間が禍にあい、よこしまでねじけた人間が福にあうこともあるのであって、因果応報ということへの疑問が、ここから生じるのである。……目に見えない因果応報の道理は、遠い昔にきまっており、宿命はひそかにめぐりめぐって続いている。中国の古典世俗の経典では禍福の問題を現生の間にだけに限って、その外の前世とか来世とかを明らかにしていない。その前世、来世の問題が明らかにされていないから、禍福の問題を、自分の目で見、自分の耳で聴く観念的な世界―現生―がすべてであるとするにすぎない。……仏教に説く三報の道理を明らかにして、何故ある者はよいことをしていながら窮し、ある者は悪いことをしていながらしかも通ずるのかという道理を知らねばならぬ。……深妙な仏教を身につけ、心を幽玄な仏門に洗い清めて、一挙に仏の道理を感得すれば、遂に高き悟りの境地に登り、ここに登れば宿世の殃《つみ》がどんなに積み重なっても、既に業の報いを超えた世界に居るから、その殃《つみ》をなくそうと努力しなくても、自然に消滅して、三報を受けることはないのである。仏経に説く教は、この点からも中国の伝統思想の説くところよりも高く超えている。これは仏教が神《こころ》を洗い清めて道の根本をさとり、人間の心を陶冶して変化の根源を見きわめ、一切の象《かたち》あるものを象をこえた真実在の世界に鏡《うつ》しだす深遠な教であるからにほかならない。

このことは、人間の存在が一生につきるのではなく、次々に肉体を取って続いてゆく即ち輪廻ということを当然前提としているのである。慧遠はアビダルマの十二縁起の説を簡略にして、生存発展の過程を説明したのである。戴逵やその他の知識人が好んで求めた隠逸な生活態度をこえて、慧遠らは、出家僧侶という、さらによりきびしい戒律を厳守することを要求される生活をとった。慧遠を中心とする廬山教団は、不安定な、不道徳な、悲運にみちた現実の世界に対してはもとより否定的ではあったが、このような現実の生活は、自己やすべての個人がそれぞれの責任において行為した結果として生じ自ら招いたものであるにほかならない。このように反省し、あきらかにさとって、自己や他の人々すべての現在の行為は、自己と社会の明日からの生活を改善し、特に死の後に継続する来世の生活を浄化し得ると確信して、さらにこのような前生からの業の支配を脱して、因果応報といったものから離脱し得るさとり—般若智—を体得することも可能であるとして、道徳生活をつづけ、浄《きよ》らかな来世への希望、不滅の仏への希望を持ち続けて、今日の不安をのりこえようとはげむ。

慧遠の創始した念仏の集団「白蓮社」は、このような因果応報観を基盤として、これを超越したところに成立するのである。しかしこの結社が要求した念仏は、『般舟三昧経』に説く念仏三昧であって、後の中国の浄土宗に説く、心から専ら口に南無阿弥陀仏と唱える念仏ではない。平凡な庶民には到底実行もできない精神を澄みこらし、一に集中して分散せずに修行することは、おのずから、慧遠の結社に加入する人々を限定してしまった。『老子』、『荘子』に暁通していた慧遠としては、やはり老荘の思想に親みぶかかった隠逸の知識人とともに、幽邃な廬山の風光のなかにあって、中国伝統思想のわくから仏教を離れさそうと努力しながら、結局、そのわくから全くは離れることができなかった。廬山慧遠の念仏結社が、結局は隠逸的・方外的な仏教々団となって、一般の宗教の救済を求める人々との間に深い溝を造ってしまったのである。

慧遠の後、約六十六年して華北に出た曇鸞（四七六—五四二？）によって中国の浄土宗は盛んとなるが、慧遠の影響は全く認められない。それにもかかわらず、後世に浄土宗の祖師としての地位が慧遠におくられたのは、彼自身の厳粛な日常生活から生まれでた宗教的人格と、廬山という幽邃な自然の環境、その場所にふさわしい念仏結社による実践が、後世の人たちの宗教生活に大きな希望を抱かせたからであろう。

慧遠の報応論

慧遠の数多い著作は『廬山慧遠文集』十巻五十余篇として、すでに『梁高僧伝』にも記録されている。多くの新訳経論の序文とか、僧尼の共同生活についての規則とか、『沙門不敬王者論』、その他慧遠をめぐる人々に与えた書翰など数多くのものが残されている。勿論、今日では僅に二句のみを『梁高僧伝』に留めている『法性論』のように散佚してしまったものも多い。集め得る彼の遺文は、京都大学人文科学研究所での研究報告『慧遠研究』第一部に収録している。これらの遺文のどれもが、彼の宗教生活の卓越した指針となるものである。『沙門不敬王者論』も、その意味で早くから研究者の注目したものであった。

東晋王朝では三九六年九月に、孝武帝は彼の愛人の手によって殺された。その長子司馬徳宗（三八二―四一六）は白痴に近い人間で、ものも言うことが出来ず、暑さ寒さを区別することも出来ないほどであった。十五歳で帝位につき、安帝と称した。そして政治上の実権は会稽王道子やその随従者に握られていたが、地方では荊州刺史殷仲堪（?―三九九）、広州刺史桓玄（三六九―四〇四）らが軍事上の権力を握っていて、ようやく暗雲が東晋の王室をおおうにいたった。ことに桓玄は、殷仲堪らと結んで盟主となり、さらに殷仲堪を三九九年十二月荊州に討ち、ことごとくその一族を滅ぼした。この月よりさきに、桓玄は廬山に入って、慧遠に会見している。桓玄三十一歳、慧遠は六十六歳であった。

武将である桓玄が戦乱の中をわざわざ廬山に登ったのも、必ずしも慧遠を尊敬しており、彼から仏法を聞くためではなかった。しかも、桓玄は、中国伝統思想の立場から、親から受けた身体髪膚を毀傷しないことがそもそも孝の始めであるのに、何故そのいましめを破って剃髪したのかと慧遠にたずねた。慧遠は剃髪し出家することは儒教の古典にいう通り「身を立てて道を行う」ものであって、最高の孝道であると返事している。この後に、桓玄は慧遠に「今の世の沙門は外見だけは僧侶の姿をしているが、心の中で名利にとらわれていることは俗人以上である。しかもこの一生を、生きてみることをせずに、いたずらに剃髪などで形を苦しめ、神《こころ》を苦しめて、はっきりしない来世の幸福を求めようとするのは狭い考えである。……」として、慧遠が出家の身分をやめて還俗することを勧めている。

これはおそらく廬山グループの盟主慧遠を還俗させて、自らの政治顧問となしたい希望が桓玄にあったこともその理由の一つであろう。これに対して、慧遠は仏の教化を受けていない多くの人々のために、彼の勧告に応ずることのできないことを答えている。

しかも桓玄が報応について幾つかの質問を発したのに対して、慧遠は、次のようにこたえている。

生命の中にある霊魂と肉体は、一見異質のもののように見え、また霊魂は内に潜むもの、肉体は外形的なものという区別はあるが、しかしこれは渾然一体のもので、きりはなして区別しようとしてもできない。各自が自分に愛着の心を持つとそこに滞（まどい）が生ずる、この滞を断ち切らなければ、生命を維持しようとする執着はいよいよ強いものとなる。この滞の根本をたちきらなければ生命を維持しようとする執着もさらに深く、強くなる。生きている人間であれば、たった一つのことが思い通りにならなくても、そこに心のみだれが生ずるから、まして全体（生命）が失われる場合はなおひどくみだれる。たとえば敵味方にわかれて、仲違いが生じた時、相手に危害を加えようとする心が消滅しなければ、次から次へとお互に怨が生じておわるときがない。そのように、たとい悦《よろこび》がつきて悩《くるしみ》を受け、情《こころ》に後悔を感じないときでも、形や声があらわれると、影や響がそれに応ずるように、善悪があらわれると、罪や福がそれに応じて、あきらかとなって来る。それは決してあらかじめ定められているのではなくて、業とその報との理数《さだめ》が一致しておのずからそうなるのだ。しかもそれを逃れようと思っても、到底逃れられるものではない。これが情（こころ）によって報を招き、感ずるという心のはたらきで、結果（応）を生ずるということなのだ。また現象のおこるのは必ず心にもとづいているし、報応は必ずこの心にもとづいて起った事象に対して与えられるものである。つまり、仏は滞があるという事実にもとづいて、報応の存在を明らかにするのである。人間の正智にめざめがたく、悟りに達するのは非常に困難なことは今に始まったことでなく、その由って来る所には非常に久しいものがある。だから仏教では、その由来する根本にもとづいて、人々を教え導くために漸進的な方法をとる。仏は、「幾代も幾代もの」久しい時日にわたって身についた衆生（人々）の習癖は今にわかにはすてさせることはできないので、いきなり深高な道理を説かずに、まず人々に罪や福の報応を示し、また罪福を全く忘れてしまうことは生きている凡夫にとっては不可能だから、その軽い重いを権《はか》らせるのだ。罪福の軽い重いをはかると、それによって善と悪とをはっきりとわけくらべて、善の方に心をおき、善悪が自分の執着のもとづくものであると知れば、その我執を棄てて、自分の考えを他人にまで推し及ぼしてゆき、人々を導き救う。この二つのこと——心の善悪をたしかめ、自己を他人にまで推し及ぼすこと——を立派にお互いがやってゆけば、情はものに拘束されて執着を生ずることがなくなり、賢者を尊び、衆生をうけいれ、已れの心におもいやりの心が生じ、それによって人々を安楽にし、生死流転する迷の世界から脱することができる。かくて、すでに迷の情《こころ》が消滅すると、仏の言葉も明らかに理解することができるし、したがって、生命を維持するためにおこる執着のもたらす煩悩をも絶ちきることができる。

このような慧遠の、桓玄に対する報応についての説明も、もともと立論の根本の異っている桓玄にとっては、この答えを満足としたのではなかったようである。そして、覇者として軍事力を掌握した桓玄は、三九九年江陵に殷中堪を破り、ついで抵抗する東晋王朝の軍隊を随所に撃ち破り、安帝は遂に軍政上の重要な地位を桓玄に与えざるを得ない窮状にいたった。四〇三年正月には桓玄は大将軍となり、ついで九月、相国の地位について、朝政の全権を握るにいたった。

桓玄の横暴はついにその頂点に達し、東晋王朝を廃して、自ら帝位につくことを企てるにいたった。その年十二月自ら皇帝の位につき、年号を永始と改めた。ついで安帝を潯陽に遷した。桓玄が帝位にあったのはきわめて短い期間であった。後に宋の武帝となった劉裕（三五六―四二二）のために連敗し、数ケ月もたたないうちに首都建康から逃げださねばならなかった。彼はこの時に道士に頼んで、戦勝を祈らせたが効果はなかった。しかもついに四〇四年五月に益州の長官馮遷のために殺された。まことに、昨日の勝者は今日の敗者という、はかない権力者の興亡の夢にすぎなかった。

沙門不敬王者について

この桓玄が慧遠との間に論争した、「沙門（僧侶）は王者に礼を尽すべし」、「いな、礼をつくす必要はない」という議論は、ずっと以前から、中国でも日本でも研究の対象としてとりあげられた問題であった。野望に燃えた壮年血気にはやる桓玄が特に廬山に登って、慧遠と面談したのは、単に慧遠の教化に接するというだけの目的だけではなく、おそらく、彼のかつての庇護者であり、今は仇敵となった殷仲堪も慧遠を三九二年に廬山に訪ねたことがあり、おそらく、桓玄も、南方の知識人の出入するこの廬山の文化人の勢力を重視して、これを自分の味方にしようとの心づもりがあったのであろう。それ以後の慧遠と桓玄との書翰の往復は、因果報応についての問答、沙門は王者に敬礼をつくすべきであるとか否とか、ふらちな沙門を粛正するとかの問題でみたされている。

桓玄が僧侶たちを粛正しようと試みたのは、おそらく四〇二年四月以後のことであろう。桓玄が東晋王朝の権力を一手に収めた以後のことである。新しい覇者が天下の政治権力を握った時に先ず行うことは、ともすれば彼等の反対勢力をそだてやすい温床となりがちな宗教教団、特に山林に広大な居を占める仏教寺院に対する取締りである。桓玄もおそらくその例にならったのであろう。

ことに、この頃、代々五斗米道を信仰していた孫恩（?―四〇二）が宗教匪として各地方を攻め、遂には首都にせまる勢を示した。桓玄は、この孫恩の叛乱平定をあしがかりとして、ついに東晋の全権を握るような態勢にあった。当然、仏教教団に対しても監視をおこたらなかったと解すべきである。桓玄が属僚に与えた仏教教団粛正の命令には、次のごとく記されていた。

仏教で重んずることは無為であり、しばしばくりかえし説明するものは欲望を絶つということである。しかし今の仏教は、教の根本である無為絶欲は全く忘れられてしまった。首都（建康、今の南京地方）の寺々は、その建築物の豪華を競っているし、そのため国家の財政も危うくなっている。中国の伝統的な礼儀は、仏教のために汚されている。のみならず、国家の賦役（税金や義務労働）から脱出するために寺に入るものがみちあふれて、一県（一つの地方の主要都市）で数千人にも及び、国法を無視する無頼の徒があつまっている。国家の政治をさまたげ、仏教を瀆《けが》す彼らの行為は久しい以前から国家や仏教自身を疲弊させ、中国の古典による道徳・規範をけがしている。各地の沙門の中で、仏教経典を明らかに正しく理解し、講義できる者、戒律をかたく守ってつねに清浄な地（寺）に住んでいる者、山林に住んで世間的な名誉や利益に惑わされない者、これらの沙門は仏教を天下の人々に訓え始めるものである。これらの条項に該当しない沙門があれば、ことごとくこれを追放し、寺から出させる。それぞれの地域の役人は還俗した僧尼の戸籍を管理し、厳重に取締らなければならない。この命令は直に地方に伝え、かつその命令にもとづいて行った処置を箇条書にして報告させよ。ただ廬山だけは有徳の沙門（即ち慧遠とその一団）がいる場所であるから除外せよ。

この桓玄の命令を読むことによって、桓玄が沙門に粛正を加えようとした意図がどこにあったかを明白に知ることができる。これは中国の歴代の為政者が、仏教教団に対して粛正を加えるごとに、必ずくりかえし用いられる手段である。この趣旨に対して、正面から反対し得る理由は、誰にも見つからないことは当然である。しかし、従来そのような政策の実施にあたって、その命令の表面的な文字が示すように、正邪を区別して沙門の粛正が行われた例は、きわめて少いことも事実である。

これに対する慧遠の返答も、今日の仏教教団の腐敗堕落を慨くとともに、その処置の実行によって、正邪の区別が行われることを喜び、その結果、仏教再興の大事業が実現できることを喜んでいるのも、おそらく慧遠の真意を表現したものであろう。しかし桓玄の政権下に自分も生れたというのは、前世から因縁によるものと言っているのは、皮肉な表現である。桓玄が覇者的な武力策謀によって正統の王朝を奪う計画のもとに動いていることは、慧遠が十分知っていることであって、彼（桓玄）の行動が自然の理にかなっていないことを熟知していたからである。

『沙門不敬王者論』（沙門は王者に礼敬を加えないという議論）は、このような慧遠と桓玄との立場を理解することによって、中国仏教が漢民族の社会に受容されて、もはや国家的権力による統制が必要となってきたという、中世の思想・政治史上の問題であるとともに、また、中国歴史全般に通ずる問題として、この議論を見なければならないのである。

沙門が天地の恩恵をうけてこの世に生きておられるのは結局は王者の恩恵を蒙っているからに外ならないのに、なぜ、王者の恩恵は受けながら、王者への礼敬は棄て去ってしまうなどという自分勝手な議論があってよいものかという桓玄の考え方は、一面の真理でもある。

それに対する慧遠の回答は五章からなっている。

①沙門とならずに、そのままの（髪も剃らず、法衣を着ない）形で家にいて仏教を信仰する者は、当然王の恩恵

を受け従って王者に尊敬の念を精神的にも肉体（外形的）にも現わさねばならない。これは仏教が現実生活を重んじ、帝王の教化を実際政治の上で助けていくということを意味する。

②親から得た髪を剃ることによって、自己に誓をたてて世俗の服とは異るインド形式の法衣を着ることによって、自己の不退転の決意をあらわす。もし一人でも完全な僧侶としての徳を完成すれば、彼の得たさとりによって一族の者にも感化を与えることになるし、またその恩恵はひろく世界全体に及ぶことになる。それは、身はたとい一介の沙門であって王者のような尊貴な地位はなくとも、王者が天下をおさめる根本の道（理想）と一致して、一切衆生を道の世界に解放することになる。だから沙門は肉身の恩愛に背いて出家しても親不孝とはならないし、君主に対する礼敬を欠いても不敬とはならないのである。

③究極の道（仏教）を求めるものは、現象世界における生滅の変化とか、その変化を成りたたせている天地、造化のはたらきとか、この天地のはたらきにしたがって行われる帝王の教化などいうことにはしたがわず、自己の精神をこれらのものによって苦しめず、わず（煩）らわされない。このような超越した境地を泥洹というのである。人間の世俗的な生活は前述のような化（はたらき）によって成立するのであるから、真の沙門はこのようなはたらきに従わないのである。

④究極の道を体得した真の仏教者は、内面的なる宗教的聖人の道と、外面的なる帝王の道とを、あわせ兼ねるものではあるが、この二つが同列のものではない。堯帝や孔子の道も、帝王の徳も、世俗の世界を超越した、あらゆる変化（はたらき）の相（すがた）を超えた仏陀の究極の道にくらべると、もはやその優劣を論ずるまでもないことは明白である。

⑤火が薪《まき》に伝わるのは、ちょうど精神（霊魂）が肉体に伝わるのと同じであり、火が別の薪に伝わってゆくのは、精神（霊魂）が別の肉体に伝わっていくのと同じである。道理にくらい者は、人間の肉体が一生で滅《ほろ》びてしま

うのを見ると、精神（霊魂）も識も肉体とともに滅びてしまうと考えるが、それは丁度一本の薪が燃えきったのを見て、火そのものが永久に尽きはてて無くなってしまったと思うのと同じであって、これは、『荘子』にいう、生を喜ばず死をかなしまず、自然にまかせてその志のゆくところに身を委ね、かくすることによって、薪の火が消えることがないように、精神と肉体が死によって変化消滅するものではないという議論を正しく理解したものではない。

以上の五つの段階を通して、沙門というものは、このような生滅変化を超えた泥洹への奥ぶかい道を啓き、かの天下を治めて、しかも治めることを忘れるといった高い立場にあって、悟りを希む者には仏の遺教をうやまわせ、仏法の水の真の味を知ろうとする者のためにはその水を彼の口に滴《したた》らそうとする者である。だから沙門は、情は一切を超越して、俗世の人や事に依存するものは何もない。帝王の恩恵を受けて、衣・食・住・薬の供養を受けていても、蚊がその前を通るほどにも感じないのである。王者の恩恵などと、いうに足るほどのものではないと慧遠は断言している。

一見、如何にも従来の儒教による王者の観念を仏教者流に解釈しているようであり、この議論は非常に理論の筋が通っている。しかし、その最後に、東晋の元興三年（四〇四）この時、天子安帝が首都から出奔して、天下の人々は憂を百倍にして、我々も東晋王朝の危難を歎く気持を抱いて、この論を書いたと記していることは、上述の桓玄と慧遠との関係によって知られるように、おそらくは東晋の天子をふみにじる覇者桓玄とか、その他の軍事支配者を目標としてこの論が書かれており、中国の正統の君主東晋朝廷に対しては、おそらくもっと異った議論が提起されたのではなかろうかと推測されるのである。安帝に与えた慧遠の書翰にも、そのことは窺えるのである。そして事実、盧山教団は桓玄らの軍事支配者からの外護も受けていたし、またそうした外護者からはなれて、教団が自立するためにも多くの僧侶の共同生活の規則が、必要となって、それらが制定された。それにもかかわらず、当時の仏教寺院が貴族勢力の上にのっかってその豪華な建造物や多くの僧侶の共同生活の費用が保証されていたし、不便な高山の中で、寺院経済を維持し得た慧遠の廬山教団も、また多くの生活に心配のない士大夫たちの清遊の場の一つであったことを考えなければならない。

思う存分に老・荘の言葉を用いて説明した慧遠のこの高遠な議論にもかかわらず、世俗のことに超越する沙門を論じながら、直接生活の苦難にみちた民衆の救済については何も述べていないことは、従来彼に与えられた、評価のかげにかくれた真実であろう。この意味から言えば、世俗を超えた世界を沙門の生活の場所とした慧遠も、また清談を好む隠逸方外の彼をとりまいた知識階級の人達の生活と、どれほどのへだたりがあるかを発見するのは困難なようである。桓玄が発した沙門粛正令は、彼が東晋の王朝をうばって即位し、永始と改元した日、即ち四〇三年十二月三日に取消されていることも忘れてはならない。

慧遠と長安仏教

鳩摩羅什（三五〇―四〇九）は三八四年に亀茲を征服した呂光の保護下に十八年もの歳月を、中国語に習熟はしたが、訳経事業などは許されないで、むなしく姑臧にその日を送り、ようやく四〇一年十二月、五十三歳の時に、かねてより希望していた長安に到着した。この時、南方の廬山にいた慧遠は、すでに六十八歳であった。かねてから新訳経典を求め、真の大乗仏教の指導者としての羅什の名声をも聞いていた慧遠は、姚嵩からの「羅什長安にいたる」の報を得て、早速に手紙を出し、老衰の身であって遠く長安に行くことのできぬのを歎くとともに、すぐれた人物である羅什と今後の修交を願っている。これはおそらく四〇三～四〇五年までの間のできごとであろう。

慧遠が道安から伝えられ、自ら学んだものは『般若経』であった。新たに長安に到着した羅什が、小乗阿毘曇の学から大乗の信仰に転向した立場にたって、胡族国家の積極的な援助を得て、大訳経事業を開始し、着々と新訳の経典――『般若経』・『法華経』・『維摩経』など――が世に出されたことは、遠く南方の廬山に孤立していた当時最高の仏教学者慧遠にとっては、たしかに一日も早くその新訳経典を見ることによって、従来の不完全な翻訳にたよっていた彼自身の、『般若経』への疑問を氷解したいという願望にかられるのは当然であった。慧遠自身、すでに廬山で三九一年以降に『阿毘曇心論』・『三法度経』・『修行方便禅経』などを訳出させているし、現行の経典の訳文にも不満のあったことは事実であろう。慧遠の弟子の道生・慧観らは師の命をうけて長安に赴いて羅什に教わっているし、羅什の弟子僧肇は自著『般若無知論』を四〇七年に南に帰る道生に托して、慧遠に批評を乞うている。新しい長安仏教の動きを直接に廬山の教団は知った。

ことに、『般若経』の注釈書としての『大智度論』一〇〇巻が四〇五年に訳出された。これは数年の後に廬山に送られた。慧遠が百巻では大部すぎるので抄出して二〇巻とし、それに序をつけたことはよく知られている。こうした新来の経典を読むにつけて、慧遠にとっては未知のこと、疑問のことなどが続出した。これを、現に仏教の母国インドにも永く留学して大乗小乗の学に通じた亀茲出身の、その上現在翻訳をつづけている羅什に直接質問書を呈出する機会を得た慧遠が、おそらく『大智論抄』を作製する必要から、大乗仏教中の要義十八条にわたって書きつらねた質問書並に羅什の回答が『大乗大義章』と呼ばれるものである。この書は中国では早く散佚して、日本に数種の古写本があるに過ぎなかった。『大乗大義章』についての解説や、それのもたらした後の中国仏教への影響などについては今は全くその余裕を持たない。横超慧日博士を中心とする研究班は『慧遠研究』第一部にこれを収めて、原文校訂と日本語訳と注釈を施した。用いたテキストは、京都永観堂禅林寺に伝わる一二九三年の古写本である。この慧遠と羅什との間にかわされたと同様な試みが、王謐（三六〇―四〇七）と羅什との間にも行われたことは、陸澄の『法論』の目録にも記している。

おわりに

長安の新しい仏教の躍動を見聞しながらも、時すでに七十歳を超えた慧遠としては、桓玄滅亡の後、東晋の安帝がようやく首都に帰るにあたって、歓迎のため山を下りて潯陽まで出迎えるように何無忌に要請されたが、それも辞退した。四〇六年、鎮南将軍となった何無忌は慧遠に、沙門は何故インド式の右はだをぬぐ袈裟を着るのか、これは伝統的な中国の礼制に背くものであるとして批難している。仏陀のきめた服装を正しく守ることによって、沙門という名称とその外形とを一致させることによって、仏教の道に進む人をして、迷の道に入ることを防ぐものであるとの慧遠の説明は、一つの廬山教団の僧風を維持してゆくための苦衷を物語っていると理解してよい。

彼の晩年は、社会も、天子がようやく首都に帰ったとはいえ、きわめて不安定な末期的様相を示していた。劉裕はますますその勢力を強固なものにしていった。慧遠とはその昔同学の人の息子であり、慧遠とも交渉のあった盧循は、四〇九年には宗教匪である天師道教の部将となって何無忌を殺している。

仏教界では、長安の羅什教団ではこの年に羅什は死んでいる。従来、羅什は三四四―四一三年とされるが、『肇論研究』に塚本善隆博士が三五〇―四〇九年と推定した説を採る。羅什の死後、直に門下の間に論争がおこり、戒律を厳守してきた、仏陀跋陀羅はその講義が保守派の僧侶に理解されず、教団の異端者として追放された。この仏陀跋陀羅は南下して廬山に入り、慧遠の保護を受けた。長安の華やかな羅什教団は、厳粛な僧侶生活を第一とする廬山教団とは実践修行の面で自ら一致しないものがあった。

このような内外ともに多事多難の中に、慧遠は四一二年七十九歳の時に仏影窟を建てて禅定実践の場とした。これはおそらく、仏陀跋陀羅の指導によるものであろう。法顕がインドの旅行から帰ってきて、慧遠に、見てきた仏影窟の話をしたことも、慧遠自身が記述している。

四一六年八月六日、八十三歳をもって彼は厳粛な戒律生活の生涯を閉じた。臨終の時にさえ、弟子のさし出した蜜と水とのまぜあわせた飲物について、飲んでよいものか否かを律の文句に直接あたって調べさせたという程徹底した戒律生活であった。後世、彼には幾多の栄誉が――たとえば彼が中国浄土宗の創始者であったというのもその一つであるが――加えられた。当時の仏教の二大中心地である長安と廬山の、一方の代表者として、また直接羅什に質問状をだしその回答を得たこと、また覇者に対する敬礼をしない問題、長安教団から追放された外国沙門を受け容れて、新しく清い仏教学を江南に弘めたことなど、彼の中国初期仏教史上における貢献については、まだまだ書き足らない。ただ最後に、慧遠が幽邃な山林に俗世の苦難の衆生を忘れて、随従の弟子や高踏的な士大夫らとの共同生活に生涯を送ったことについては、なお仏陀の真の慈悲の姿を中国的に発展せしめず、インドの沙門と同様な、沙門独り尊しといった狭い見地にあったことについて、真摯な修行者として、また庶民の精神の救済者としての活動こそ、真の宗教者の姿であるとする立場にたつ私として、やはり遺憾な気がする。その意味では、まだインド仏教の中国的展開という重大な変化はおこるには時期が早すぎたようである。しかし、この廬山慧遠の、中国古典思想を媒介とする仏教学や、羅什らの新仏教の受容についての彼の努力が、実は彼の死後間もなく、新しい中国仏教成立への胎動をおこさせる原動力となったのである。

慧遠著作の流伝

はじめに

蔣山の霊曜寺にあった余姚の道慧（四五一―四八二）が十四歳で『廬山慧遠集』を読んで、生れることの余りに遅く慧遠法師に会い得なかったことを長歎息し、遂に江をさかのぼって遠く廬山に登り止住三年に及んだというのも、慧遠没後五十年頃に、江南に『慧遠文集』の行われていたことを示す貴重な資料ともいえよう。①それがどのようなかたちであったかは知りがたいが、廬山慧遠の著作については、梁の僧祐の『出三蔵記集』巻十五の慧遠伝に、

所著論序銘讃詩書、集為十巻五十余篇、並見重於世。

と記されている。また『大智論抄』二十巻・『沙門不敬王者論』などの名を出し、『法性論』については、羅什をして、

辺国人未見経、便闇与理合、豈不妙哉。

と歎ぜしめている。その著作の主要なものは『弘明集』に収載され、唐の道宣の『広弘明集』には、それ以外のものも収録している。また、厳密にはもとより慧遠の著作ではなく、かえって鳩摩羅什の著作としての方により大き

い意義のある、いわゆる『大乗大義章』も、いまは慧遠著作の系列に入れて、中国・日本における慧遠著作の流伝について小論をなし、与えられた課題に対する責務を果したい。なお、本稿において、『大乗大義章』のよび名は、本来中国では『鳩摩羅什法師大義』または『問什師大乗深義十八科』などと称されているのであるが、今はしばらく、主として『大乗大義章』の名を用いる。

『法論』に見える慧遠の著作

劉宋明帝の時代（四六五―四七二）には、北魏における仏教の全盛はもとよりのことながら、音韻学者としても知られる汝南の周顒は僧肇の『不真空論』にもとづいて、明帝を諫めるために、『法句経』・『賢愚経』を習読して、経中の因縁罪福のことを説いたという『三宗論』を著わした。不空仮名・空仮名・仮名空の三宗のおのおのの異りを通釈して、二諦義を明らかにして、三論の学を究めた智林（四〇八―四八七）をして、

天下之理、唯此（三宗論）為得焉。不如此、非理也。

と嘆ぜしめたほど、居士でありながら、その仏教に対する理解は、専門の義学の僧をすら瞠若たらしめるものがあった。②

またほとんど時を同じくして、廬山白蓮社の同志の一人雷次宗に従って玄儒の学を諮尋したという道士顧歓（四二〇―八三）は消極的な破悪の法である仏教と、積極的に興善の術である道教との優劣を論じて、道仏二教の合一説を立てながら、しかも両者の極致は均しいのであるから、ことさらに夷狄の風俗にならう必要のないことを明確に主張した『夷夏論』を著わしている。かくして、すでに仏教の本質にさかのぼっての論議が可能なまでに、士大

夫の間の仏教知識も向上していたことが知られるのである。③

しかも、明帝（四三九―四七二）自身は、性は残忍で先帝の子孫も多く誅殺していて、必ずしも明君と称せられる人ではなかったが、なお読書を好み文義を愛した。僧瑾は孝武帝の命によって弟湘東王（のちの明帝）の師となり、王は従って五戒を受け優礼を加えたという。④帝は在藩の時には『江左文章志』を撰し、即位後も文籍に親しんだが、その晩年には迷信にふけって、鬼神を好み忌諱多く、言語文章などの中で当然避けねばならない文字を誤って避けなかったために、帝の意をそこねて、戮せられた人が多かったと伝えられる。⑤

その明帝は、『出三蔵記集』巻十二雑録の項におさめられた編者僧祐の雑録序には、

宋明皇帝、投心浄境、載飡玄味、迺勅中書侍郎陸澄、撰録法集

と記されている。湘宮寺の創建や『成実論』などの開講によって知られるその仏教信仰の実情についてはしばらく措き、文籍に親み、自ら衞瓘所注の論語の続篇二巻を出だしたという明帝だけに、当時世に行われていた仏教の奥義についての諸家の議論、往返の書簡、経序などの「法論」についての目録を撰集せしめたことは、帝にとっては似合しからぬことではない。

命を承けた中書侍郎陸澄（四二五―四九四）は、博覧強記を以て知られ、そのころ世人から「碩学」の異名を得たほどである。彼は、「江左風流宰相唯謝安」と称して自らの風流を誇った王倹からは「書厨《ほんばこ》」とけなされたが、なお、劉向の『七略』によった王倹の『七志』・『元徽四部書目』などの、当時の書目整理の風潮をうけて、漢より以来歴世の緇服（僧）素飾（俗）の講疏の類を、群籍の中から撰集して十六帙一百三巻に編成したものが『法論』である。聖典の羽儀、法門の警衛として、前代の業績を明らかにし後学の良指針としたものである。もとより経録としては、これよりさきに道安（三一四―三八五）の『綜理衆経目録』の編纂があって、中国仏教伝入以来の訳経の大概を知り得たし、その原型は『出三蔵記集』を通じても窺い得られるが、中国人自身の中国仏教受容の過程を

示す法論類については、実にこの陸澄ののこした『法論』の目録が、梁の僧祐（四四五—五一八）が南斉の建武年間（四九四—四九八）に撰集し、梁の天監九年（五一〇）頃にも補訂した『出三蔵記集』に収録されていて、我々はようやく南北朝時代の中国における、特に知識階級における仏教受容の実態を推察し得るよすがを与えられたのである。鳩摩羅什と慧遠との問答も、慧遠著作の諸論序も、この中に多く見出すことができる。この『法論』は、その撰集年代の確証として拠るべき年時は見出しがたいが、明帝在位中のことであるから、おそらくは泰予元年（四七二）夏四月以前のことである。慧遠没後約五十年内のことであるから、他の資料に比して最も信をおき得るであろう。いまこの中から、慧遠関係の法論著作を別出すれば次のようなものが得られる。

法論第一帙（法性集十五巻の中）

1　法性論上下　釈慧遠　（梁高僧伝巻六、慧遠伝参照）

2　問如法性真際　釈慧遠、什法師答　科1　章13　科は法論にいう十八科、章は現行大乗大義章、数字はその配列を示す

3　問実法有　釈慧遠、鳩摩羅什答　科2　章14

4　問分破空　釈慧遠、鳩摩羅什答　科3　章15

法論第二帙（覚性集七巻の中）

法論第三帙（般若集六巻の中）

5　般若経問論序　釈慧遠

6　与釈慧遠書論真人至極　釈慧遠答

法論第四帙（法身集四巻の中）

7　問法身　釈慧遠、什答　科4　章1　（王謐も同じ問を出している）

8　重問法身　釈慧遠、什答　科5　章2
9　問真法身像類　釈慧遠、什答　科6　章3
10　問真法身寿　釈慧遠、什答　科7　章4
11　問法身感応　釈慧遠、什答　科8　章7
12　問法身非色　釈慧遠、什答　科9
13　問修三十二相　釈慧遠、什答　科10　章5
法論第五帙（解脱集一巻の中）
14　問法身仏尽本修　釈慧遠、什答　科11　章8
法論第六帙（教門集十二巻の中）
15　妙法蓮華経序　釈慧遠
16　問三乗一乗　釈慧遠、什答
17　三法度経序　釈慧遠
法論第七帙（戒蔵集八巻の中）
18　法社節度序　釈慧遠
19　外寺僧節度序　釈慧遠
20　節度序　釈慧遠
21　比丘尼節度序　釈慧遠
22　桓敬道与釈慧遠書往返三首
23　釈慧遠答桓敬道書論料簡沙門事

24　沙門不敬王者論　　　　　　　　　　　釈慧遠
25　沙門袒服論　　　　　　　　　　　　　釈慧遠、何無忌難、遠答
法論第八帙（定蔵集四巻の中）
26　禅経序　　　釈慧遠
27　釈神足　　　釈慧遠
28　問念仏三昧　釈慧遠、什答　　　　　　科12　章11
法論第九帙（慧蔵集七巻の中）
29　阿毘曇心序
法論第十帙（雑行集十巻の中）
30　問遍学　　　釈慧遠、什答　　　　　　科13　章17
31　重問遍学　釈慧遠、什答　　　　　　　科14
32　問羅漢受　釈慧遠、什答　　　　　　　科15　章10
33　問住寿　　釈慧遠、什答　　　　　　　科16　章18
法論第十一帙（業報集六巻の中）
34　釈三報論　釈慧遠
35　明報応論　釈慧遠
法論第十二帙（色心集九巻の中）
36　弁心意識　　　釈慧遠　　　　　　　　（王謐に問釈神心意識がある）
37　釈神名　　　　釈慧遠

38　験奇名　釈慧遠
39　問論神　釈慧遠　（王謐に問神識がある）
40　問後識追憶前識　釈慧遠、什答　科17　章16
法論第十三帙（物理集三巻の中）
41　問四相　釈慧遠　科18　章12
法論第十四帙（縁序集二巻の中）
法論第十五帙（雑論集六巻の中）
法論第十六帙（邪論集三巻の中）
　以上の三帙と第二帙とには、慧遠著作として該当するものはない。

附記一　現行の「大乗大義章」には、「法論」にはあったという12法身非色（科9）、31重問遍学（科14）を欠き、「法論」にはない受決（章6）と造色法（章9）の二項が増している。（このことについては境野黄洋博士の『支那仏教精史』四七一頁以降参照）

附記二　「法論」第六帙に、無三乗統略釈慧遠があるが、これが果して慧遠の著述として取るべきか否かについては若干の疑問が存する。問三乗一乗について、鳩摩羅什への他の問答に示されているような、釈慧遠、什答の文字が見出されず、単に什答とのみ記されていることは、あるいは無三乗統略の下の釈慧遠の三字がとんだものとの推察もなりたつであろう。

附記三　法論目録には、鳩摩羅什慧遠間にとりかわされたと同じような大乗深義についての、羅什と王稚遠（謐）との問答が二十五項もあったことが知られる。長安仏教と南方仏教との接触を知る上にも、さらに研究を要するものである。隋の吉蔵（五四九―六二三）の『中観論疏』巻二本には「故什師答王稚遠問、明波若方便更無両体、但以浅深勝劣故分為二」という。また『法華玄論』巻四には「又如什公答王稚遠問、方便与智同慧性、但智浅而方便深……」という。おそらく「法論」第三帙に見える王稚遠と羅什との「般若是実相智非」などの問答を指すもので、吉蔵の頃にその問答が何らかのかたちで伝えられていたことが想像される。また安澄（七六三―八一四）の『中観論疏記』巻二（日本大蔵経本）に、「此引二大義章一証二成同体義一」の句があるが、この大義章は浄影慧遠の大乗義章を指している。

歴代三宝紀に見る慧遠の著作

陸澄の『法論』目録には、いまだ一部のまとまった法論集としては著録されていない鳩摩羅什と慧遠との大乗の深義についての問答が、一部三巻の現行の体裁にまとめられて、現存の経録類にその名が収録されるのは、隋の大興善寺翻経学士費長房によって開皇十七年（五九七）に撰集された一切経目録、すなわち『歴代三宝紀』巻七の、編年史的訳者別の訳経目録である「代録」と称されるものの、『訳経東晋録』の慧遠述製の項に見えるのが最初のようである。

同書に慧遠の著作として録するものは次の如くである。

1　大智論要略　二十巻　亦云釈論要抄
2　問大乗中深義十八科　合三巻　幷羅什答
3　阿毘曇心序　一巻
4　妙法蓮華経序　一巻
5　修行方便禅経序　一巻
6　三法度序　一巻
7　法性論　一巻
8　明報応論　一巻

9　釈三報論　一巻
10　弁心識論　一巻
11　不敬王者論　一巻
12　沙門袒服論　一巻
13　大智論序　一巻　秦王姚興遥請述
14　仏影讃　一巻

右十四部合三十五巻……所著論序仏影銘讃并詩書等、集為十巻五十余篇。

という。この「十四部三十五巻論讃」という慧遠の著作は、『歴代三宝紀』巻十五に記すように、費長房自身が一々の書について存否をただしたのではなく、従来行われていた諸経録、たとえば『出三蔵記集』（僧祐撰）・『魏世衆経目録』（李廓撰）・『斉世衆経目録』（法上撰）・『梁世衆経目録』（宝唱撰）・『大隋衆経目録』（法経撰）などにもとづいて編録したものであるから、なお費長房以前にすでに、「問大乗中深義十八科合三巻」として、慧遠・羅什の問答がまとめられて行われていたことも推定される。しかし、それすらも、上述のように、梁の僧祐の『出三蔵記集』編纂ならびに補訂の最下限と思われる天監九年（五一〇）頃から算定しても、『歴代三宝紀』の上表まで約八八年間の間に、おそらくは、南朝における仏教教学の興隆、成実・般若・三論宗の隆盛につれて、『法論』の目録には法性、法身、戒、定、慧、業報などの問題別に編まれて行われてきた大乗の深義についての十八科を三巻に合して、単行して世に行われるにいたったと解すべきではなかろうか。

『歴代三宝紀』の編纂から六十八年後の麟徳元年（六六四）に撰集された西明寺道宣の『大唐内典録』巻十には、法論目録をかかげた後に、別に、

晋孝武世、九江廬山沙門釈慧遠撰論三十余巻

として、次のごとく慧遠の著述を録している。

1　大智論要略　二十巻
2　問什師大乗深義　三巻
3　法性論
4　明報応論　為晋太尉桓玄作
5　釈三報論
6　弁心識論
7　沙門不敬王者論
8　問祖服論
9　諸経論序

これを、さきの『歴代三宝紀』の慧遠著述の記事と比較すれば、費長房によって「十四部三十五巻、論讃集為十巻、五十余篇」と称されたものは、「三十余巻別集十巻」と整理され、「大乗大義章」も、「問大乗中深義十八科合三巻幷羅什答」は「問什師大乗深義三巻」と簡略化されている。しかもなお、以後の翻訳経律論の類を中心とした『開元釈教録』『貞元釈教録』には、『問什師大乗深義』など慧遠関係の著作纂集の名を見出さないのである。また唐代に数多く中国に入り、多くの仏書を日本に齎した入唐諸家の求法目録にも『大乗大義章』を始めとする廬山慧遠の遺文集の名は見出し得ないのである。

管見によれば、羅什・慧遠の大乗深義についての、十八科の問答が『大乗義章』又は『大乗大義章』の名で呼ばれるのは、おそらくは奈良朝以降、何人かによってわが国に将来されて以後のことであろう。

唐宋時代の慧遠文集

白居易（七七二―八四六）が江州司馬に貶せられて潯陽に至ったのは、元和十年（八一五）彼が四十四歳の年の冬十月であった。十三年十二月、李景倹に代って四川の忠州刺史にうつるまでの三年間は、白居易にとって、うつうつとして悞まない時代であった。風光にすぐれた幽邃境廬山をしばしば訪れ、ことに四十六歳の春には廬山に草堂を築いて、詩作を伴としたことは顕著な事実である。この頃を懐旧した詩も『白氏文集』の随処に散見するのであるが、ことに彼が太和九年（八三五）六十四歳の時に廬山東林寺経蔵に『白氏文集』六十巻を納めたことは『東林寺白氏文集記』によって、その事情をよく窺い得られる。

昔、余為江州司馬時、常与廬山長老、於東林寺経蔵中、披閲遠大師与諸文士唱和集巻、時諸長老請余文集亦置経蔵、唯然心許、他日致之、迨兹余二十年矣、今余前後所著文大小合二千九百六十四首、勒成六十巻、編次既畢、納于蔵中、且欲与二林結他生之縁、復曩歳之志也、故自忘其鄙拙焉、仍請本寺長老及主蔵僧、依遠公文集例、不借外客、不出寺門、幸甚、太和九年夏、太子賓客晋陽県開国男太原白居易楽天記（文学古籍刊行社本白氏文集巻七十）

白居易の江州司馬在任当時、廬山東林寺経蔵に慧遠やその同侶らとの文集がおさめられてあり、外客に借さずまた門外に出さないことを鉄則としていたことも知られる。

陳舜俞の『廬山記』巻一、叙山北篇には、この『白氏文集』の記載を承けて、白居易が東林寺に遊んで経蔵中に、慧遠や諸文人との倡和の詩集が納められているのをみたが、寺の長老達が白居易に請うてその文集を経蔵中におさめんとした。白居易も太和九年に太子賓客となった時に、はじめて自分の文集六十巻を寺にいれ、さらに会昌中に致仕した時に後集十巻と香山居士像とを寺に送ったことを記している。またその後の東林寺における『白氏文集』や『慧遠文集』の変遷についても次のように記録している。

すなわち広明（八八〇―八八一）年間に黄巣の叛乱に朝命を奉じないで兵を用いず、みすみす長安洛陽を敵手におちいらしめた高駢（?―八八七）のために、これらの文集が略取されてしまった。呉の大和六年（九三四）に江州刺史徳化王楊澈が謄抄してその闕を補い、これがまた佚亡して、現に東林寺に蔵する『白氏文集』は景徳四年（一〇〇七）に史館に詔して書校せしめたものを賜ったものであり、慧遠の文集である『匡山集』二十巻も景福二年（八九三）に重写したものであるという。

この『廬山記』の記事によれば、熙寧五年（一〇七二）本書編纂の時に、廬山東林寺には慧遠文集としての『匡山集』二十巻が存在していたことが確認される。仏影台の記事についても、

遠公匡山集云、御影在西方那訶阿羅国南、古仙人石室中、晋義熙十八年歳在壬子五月一日、因罽賓禅師南国律学道士共立此台、擬像本山因跡以奇誠、雖成由人匠而功無所加、至於歳在星紀赤奮若、貞於太陰之墟九月三日、乃詳験別記、銘之於石

と記している。もとより右の記事は節略であろうが、『広弘明集』に録せられて今日に伝わっている「仏影銘」と比較しても、ほぼその軌を一にしていることが察せられる。

また、同書巻三、十八賢伝の首に「社主遠法師」の伝を記しているが、その末尾に、

唐会昌五年（八四五）乙丑、寺廃、大中二年（八四八）戊辰復、寺之復也、僧正言乞賜旌褒、諡曰弁覚大師、昇元三年（九三九）改諡正覚、興国三年（九七八）諡円悟大師、仍名其墳凝寂之塔、有匡山集二十巻、伝于世

と記していることも、唐末宋初における慧遠に対する、朝廷の賜諡の実際を示すものである。

陳舜俞の『廬山記』より約一三〇年後の、南宋の慶元五年（一一九九）に編輯された四明の宗暁（一一五一―一

二一四）の『楽邦文類』巻三所収の「蓮社祖師慧遠法師伝」には、

師有雑文二十巻、号廬山集、霊芝元照律師（一〇四八―一一一六）作序、板刊紹興府庫、識者敬之

とあれば、なお北宋末期に『慧遠文集』が新たに刊行されたことが知られる。

元代の慧遠説話

さらに元代に出た『蓮宗宝鑑』には「廬山東林禅寺白蓮宗善法祖堂勧修浄業臣僧普度謹自輯」と自記している優曇普度（?―一三三〇）は、蓮宗に仮托した邪教がはびこり、風俗をそこない、官憲の圧迫をさえ招かんとする情勢にかんがみて、宗の正風を宣揚せんがために『廬山蓮宗宝鑑』十巻を著述したのである。しかも遂に武宗の至大元年（一三〇八）五月には蓮宗は禁断されたので、この『蓮宗宝鑑』を上進して、真実の蓮宗と、邪法としての白蓮宗との相違を明らかにし、のちようやく勅許を得て蓮宗の中興を見ることとなったのである。この書の第四巻に、『念仏正派説』・『遠祖師事実』・『遠祖師歴朝諡号』・『明教大師（契嵩）題遠祖師影堂記』・『廬山十八大賢名氏』・『貫休禅師題十八賢影堂詩』・『弁遠祖成道事』の各項目を設けている。

「遠祖師事実」は慧遠伝であって、その中に、

『有匡山集』十巻、行于世、

と記しているから、当時は十巻本の『慧遠遺文集』が行われていたのであろう。

しかし、この後、永く『慧遠文集』は公刊されて世に伝わることなく、ようやく清朝末期にいたって、厳可均の「全晋文」の編輯によって、近世にその姿をあらわす端緒となったのである。

なお、直後に『慧遠文集』についてではないが、普度の時代までに通俗の説として普遍的に知られていた、慧遠とその師道安についての浮誕の説がまことしやかに行われていて、普度をして、『礼記』祭統の言をひいて、「先祖無美而称之者是誣也、有善而不知者是不明也、知而不伝者是不仁也、此三者君子之所恥也」と慨嘆せしめた。すなわち『廬山成道記』なるものが偽撰されて、慧遠についての七誣の説が流布されていたのである。

一、慧遠は太行山の道安法師に就いて出家したのにかかわらず、みだりに旃檀尊者について出家したという。

二、道安を慧遠の法孫なりと妄伝している。

三、慧遠は三十年山を下らず、俗に交らずというのに、白荘のために、捕われの身となったという。

四、晋帝は三度慧遠を召したが、ついに疾と称して朝に赴かなかったのに、奴隷として売られて崔相公の奴となったという。

五、道安はその腕に肉釧があったことは僧伝に記すところであるのに、根拠もなく慧遠に、それがあったという。

六、臨終に遺骸を松下にあらわにするよう遺命し、現に凝寂塔に全身を葬っているにもかかわらず、彩船に乗じて兜率天に生じたという。

七、竺道生が虎丘山で講経したところ、岩もために点頭したということを、慧遠の事蹟なりと妄伝している。

以上のような七カ条を挙げて、このような妄説こそは、笑を四方に取り祖師を冒瀆するものであることをあきらかにしている（廬山蓮宗宝鑑巻四、弁遠祖成道事）。

しかも、ここに普度が指摘した七誣は、実はすでに北宋の初期、開宝五年（九七二）に書写された『廬山遠公話』（敦煌文書S・二〇七三）なる俗文学にみえていることである。これは、王重民編の『敦煌変文集』や、拙著『中国近世仏教史研究』附録にも収めるものであって、入矢義高教授の『仏教説話集』（平凡社版中国古典文学大系本）には翻訳が収められてある。普度のさき、約三百年前にすでに、それがおそらくは中原の地に行われていたものであろう。中国における民間の慧遠説話に関する貴重な資料としても、これを逸することはできない。

沙門慧遠集

『隋書経籍志』集部には、晋沙門支曇諦集六巻、晋姚萇沙門釈僧肇集一巻とならんで、

　晋沙門釈恵遠集　十二巻

を挙げ、なお現に存していることを示している。これは隋代の『歴代三宝紀』に集十巻、唐初の『大唐内典録』に別集十巻と称するものであろう。『国史経籍志』もこれをうけ、『崇文総目』には『廬山集』十巻と記録している。『遂初堂書目』には巻数なく、ただ『廬山集』と記し、『菉竹堂書目』にはただ『廬山集』二冊とのみ記すように、慧遠の遺文は『匡山集』又は『廬山集』として歴代の書目にも著録されてきた。

烏程の厳可均が校輯した『全晋文』巻一六一、一六二には慧遠に集十二巻ありとし、さらに各方面から渉猟して得た多くの慧遠遺文を集録している。これらの遺文は、『広弘明集』巻三十によれば瑯琊の王斉之作と伝えていて慧遠撰として適当でないと思われる『曇無竭菩薩讃』（初学記巻二十三収）や『澡灌銘序』（北堂書鈔巻一三五収）を除いては、ことごとく京都大学人文科学研究所宗教研究室の共同研究報告として、木村英一編『慧遠研究』遺文篇に収載している。

廬山慧遠法師文鈔について

慧遠の遺文集については、上述したような、『隋書経籍志』に記す十二巻本とか、『崇文総目』に記す十巻本とか、或は『匡山集』二十巻又は十巻などが知られているが、いずれも散佚して、今日では全く見出し得ない。民国九年（一九二〇）に江蘇海門の周紫垣居士が、慧遠遺文を各方面から捜集して二十六篇をもって一冊と成し、武昌仏学院で『廬山慧遠法師文』として出版したのが、近代における単行の慧遠遺文集刊行のさきがけであった。江蘇如皐の沙元炳（一八六六―一九二六）は清朝の翰林の出であり、後に江蘇省議会長ともなり、『志頤堂詩文集』十七巻の撰述もある文人であり、かつ浄土宗の信者であったのである。彼がこの慧遠遺文集を手にして、その捜集のなお十分でないことを指摘し、家蔵の『全晋文』や『廬山記』などからさらに八篇をあつめて三十四篇とし、『慧遠文鈔』と名づけてまさに出版に着手しようとするやさきに病をおこし、遂にその志を果すことはできなかった。その遺志を継承したのが門下の項智源であり、戦乱の中に一時は紛失を伝えられた稿本も幸いにして無事発見されて、さらに『民国廬山志』の編輯者でさきには中国革命の初期に活躍し、袁世凱の帝制問題に反対して雲南独立に響応するなど、顕著な政治活動に挺身した呉宗慈（一八七九―?）の刊定を経てさらに若干篇を増して、三十八篇の慧遠の遺文を正編とし、沙元炳が纂輯した慧遠の伝記詩文集を附編として、民国二十三年（一九三四）十月に編輯を終え、さらに中国蓮宗十三祖と称された印光（一八六一―一九四〇）の校訂を得て、民国二十四年八年に『廬山慧遠法師文鈔』として、蘇州護龍街報国寺内の弘化社から初版二万冊が刊行された。わが『慧遠研究』遺文篇に収録した慧遠遺文の選定にあたって参考としたところも多い。いま左にその目録を記して参考としたい。

廬山慧遠法師文鈔総目

巻首　序目

遠公法像并讃　排印流通序（印光）　重編序（項智源）

総目

正編

論

一、沙門不敬王者論（弘明集巻五、又略見高僧伝巻六）　二、沙門袒服論（弘明集巻五）

三、三報論（弘明集巻五）　四、明報応論　附桓玄問（弘明集巻五）

五、法性論（二句、高僧伝巻六、蓮社高賢伝云乃著法性論十四篇）

序

六、廬山出修行方便禅統経序（出三蔵記集巻九）　七、大智論抄序（出三蔵記集巻十）

八、阿毘曇心序（出三蔵記集巻十、又略見世説文学篇注）　九、三法度論序（出三蔵記集巻十）

一〇、念仏三昧詩集序（広弘明集三十）

記

一一、廬山記　附二則（陳舜俞廬山記、又見全晋文、附遊山記、太平御覧四一）

銘頌讃

一二、万仏影銘（広弘明集巻十五、高僧伝巻六有銘無序）　一三、澡鑵銘序（北堂書鈔百三十五、銘佚）

一四、襄陽丈六金像頌（広弘明集巻十五）　一五、曇無竭菩薩讃（初学記巻二三）

詩偈

一六、五言遊廬山詩　一七、廬山諸道人遊石門詩（方輿紀要ニヨル）

一八、五言奉和劉隠士遺民　一九、五言奉和王臨賀喬之

二〇、五言和張常侍野（一八、一九、二〇ハ重修廬山志ニヨリ、守山閣本ニヨリテ刊正）

二一、報羅什法師偈（高僧伝巻六、詩紀巻三七）

書

二二、与隠士劉遺民書　附劉発願文（願文高僧伝巻六、楽邦文類巻二、遠公書広弘明集巻三十）

二三、答戴処士安公書二篇　原書三篇附（広弘明集巻十八）

二四、遺書通好流支法師書（高僧伝巻二）　二五、遺書通好羅什法師書二篇　答書附（高僧伝巻六）

二六、答王謐書　原書附（高僧伝巻六）　二七、答盧循書（芸文類聚八七、太平御覧九七二）

二八、答秦主姚興書　原書附（高僧伝巻六）　二九、答桓玄書　勧罷道原書附（弘明集巻十一）

三〇、与桓玄料簡沙門書　原文附（弘明集巻十二、節録高僧伝巻六）

三一、答桓玄書（弘明集巻十二、節録高僧伝巻六）

三二、答何鎮南書（弘明集巻五）　三三、答晋安帝書（高僧伝巻六）

三三、遺誡（蓮宗宝鑑巻四）

附編

伝

一、晋廬山東林寺慧遠法師伝（高僧伝巻六）　二、慧遠法師伝（蓮社高賢伝、仏祖統紀巻二六）

三、慧遠法師伝（浄土聖賢録巻二）

碑記

四、慧遠法師碑（謝霊運）　五、遠公影堂碑（李演）

六、遠法師銘（張野、世説新語注）　七、遠公影堂記一（元皓）
八、遠公影堂記二（明教大師、鐔津文集）　九、遠祖師事実（蓮宗宝鑑巻四）
一〇、遠祖師諡号（同上）　一一、十八大賢氏名（同上）
一二、東林寺碑（李邕）

雑文

一三、与遠法師書（法遠、全晋文一六三）　一四、慧遠法師誄（謝霊運、広弘明集巻二三）
一五、遠公讃（陳謙、廬山志）　一六、弁祖師成道事（蓮宗宝鑑巻四）
一七、智者大師奉晋王述匡山書　寺附晋王二書（国清百録巻一）

詩

一八、遠公龕詩（劉長卿、廬山志）　一九、遠公墓誌（霊澈、廬山志）
二〇、遠公影堂詩（李中）　二一、十八賢影堂詩（貫休、蓮宗宝鑑巻四）
二二、遠公北閣詩（羅鄴）　二三、遠公講経台詩（祖詠、廬山志一三所引）
二四、遠公講経台詩（王守仁、同）　二五、講経台詩（閻爾梅、同）

雑事

二六、世説新語二則（世説新語巻上之下、巻中之下）　二七、杜詩註　二八、嵩仲霊鈔書記
二九、竺法汰伝語　三十、周景式廬山記二則
三一、廬阜雑記　三二、陳舜俞廬山記
三三、黎崱紀遊集　三四、桑喬廬山紀事二則
三五、廬山志四則　三六、遠公年譜七則

なお、従来の各種の廬山志を参照すべきであり、ことに上述の呉宗慈の「民国廬山志」の出版によって、廬山乃至慧遠に関する資料は集大成されたかの観を呈するにいたった。今はこれらについてはその叙述は省略する。

中国本土においては早くそのあとを絶ったかに思われる『鳩摩羅什法師大義―大乗大義章』は、今日までのところ、いまだ隋唐の中国人の論疏類に利用されたのを知らない。おそらく殆んど講究されないうちに姿を消したのであろう。然し日本続蔵経『大乗大義章』の出版によって千数百年の後、再び中国に光を放つこととなった。民国十九年秋、中国仏教歴史博物館の丘檗によって、『遠什大乗要義問答』として三巻二十七科に分って、出版されたのである。もとより編者の意をもって字句の校刊を試みており、中にはやや改むるに過ぎるところもあるように察せられる箇所もあるが、またもってその努力は多とすべきである。昭和三十一年七月その頃はまだ存続していた北京仏経流通処からようやく一本を得て、我々の会読においても利用し得ることとなった。その重要な校刊の箇処については、『慧遠研究』遺文篇において指摘しておいた。

従来日本においては『慧遠遺文集』の整理はかえりみられず、中国においては『大乗大義章』がわずか四十数年前にようやく公刊の機を得たことも、奇とすべきである。

日本における大乗大義章の流伝

日本における『大乗大義章』の流伝については、従来これについてとくに考察されたことはないようである。『大智論抄序』に見える「接九百之運」も吉蔵の『中観論疏』巻一の末に引用され、また同書巻五の末、三相品之余には、匡山遠法師が使を遣して三相聚散等の義を羅什に問い、羅什がこれに答えて、「仏直説内身生老病死念々不住、外物萎黄彫落、亦非恒有、令人不起常見、厭世修道耳……」と記している。このような『大乗大義章』を予想させる文面も全くないわけではないが、きわめて少い例のようであり、『大乗大義章』が中国において特に講究されたと思われない。さきに、私は『肇論』の流伝について若干記したことがある。『大乗大義章』の流伝についても、この『肇論』の流伝と同様に、したがってわが国仏教教学上に特異な様相を示した鎌倉期の南都旧仏教の復興、特に三論宗の復興を無視しては講ずることはできない。今はただ『大乗大義章』の現存する鈔本などについて論述して、わが国における『大乗大義章』流伝のあとをたどることとする。

もと中国において『問大乗中深義十八科』あるいは『問什師大乗深義』と称されてきたものが、特に『大乗大義章』と称されるようになったのは、おそらく日本においてであろう。

重要な経典章疏類のほとんどが奈良朝の写経司によって書写されたことはいうまでもない。現存する『大乗大義章』の重要な写本が東大寺東南院本と密接な関係のあることが知られるにかかわらず、石田茂作博士の『写経より見たる奈良朝仏教の研究』附篇の「奈良朝現在一切経疏目録」によっても、あきらかにこれが『大乗大義章』であると指さし得るものは見出しがたい。『肇論』（僧肇）・『肇論疏』（元康）・『涅槃無名』（僧肇）のごときも、それぞれ政府の写経司で書写されているからには、当然『大乗大義章』のごときも書写されていなければならないものである。

『大日本古文書』第十七巻〔六四四頁〕に記す『大智度論抄』十巻というものが、あるいは慧遠の『大智度論略疏』を指すにあらずやとの推定もたてられ、また天平十九年に書写した『大乗章』のごときも『大乗大義章』を指すのではなかろうか。⑥

おそらく奈良朝時代にはすでに伝来していたと思われる『大乗大義章』については、なおその実情を究め得ないが、延喜十四年（九一四）に上進した延暦寺玄日の『天台宗章疏』には「大乗入道観一巻羅什述」にならんで、

「羅什大義三巻」が著録されているし、同じく同年に上表した元興寺安遠の『三論宗章疏』にも「大乗義章　三巻羅什述」という。寛治八年（一〇九四）に八十一歳の高齢の身をいとわず興福寺の永超（一〇一四―一〇九五）が纂集した『東域伝灯目録』にも、

大乗義章三巻羅什造、又云大乗大義章

とあって、中国では鳩摩羅什を主体として『問什師大乗深義』のように呼称されてきたものが、ここに初めて我々の知り得た文献の中で『大乗大義章』の名が見られるのである。浄影慧遠（五二三―五九二）の『大乗義章』二十巻もこれにならんで著録されていて、『華厳宗章疏幷因明録』に、廬山慧遠と浄影慧遠とを混同していることを指摘している。ここに『大乗義章』二十巻というのは、仏教の要目を類聚評釈して、「近きより始めて遠きに終り、則ち仏法の綱要此に尽く」と評された浄影慧遠の『大乗義章』に対して、巻数こそ僅か三巻であるが、中国仏教最大の訳経者鳩摩羅什と廬山慧遠の、同じく大乗の深義についての問答書を、甄別するためにかく別称したものであろう。しかもなお日本で、これは通称とはならず、『鳩摩羅什法師大義』として流伝され、続蔵経本にいたってはじめて『大乗大義章』の名が表面に出され、大正大蔵経本もこれを承けて今日に及んでいるのである。

現存最古の鈔本と思われる『大乗大義章』は『慧遠研究』上巻遺文篇所収のように、京都東山禅林寺（永観堂）所蔵の『鳩摩羅什法師大義』三巻である。

禅林寺は今日は浄土宗西山禅林寺派の総本山であるが、もともとは斉衡元年（八五四）弘法大師の高足真紹が河内の観心寺に国家護持のために五仏像を造立し、後代の修理の便宜を慮んぱかって、この地に堂宇を建立し、貞観五年（八六三）に禅林寺の名を賜うて定額寺としたことに始まる当寺の沿革が示すように、真言密乗の寺として知られていた。ことに当寺第二世宗叡（八〇九―八八四）から第五世深覚にいたる間は、南都東大寺東南院の輪番所であったことからも、後の名古屋宝生院と南都との交流が示すような、三論宗と真言密宗との密接な学問の接触が

あったことが知られる。事実、第七世永観律師（一〇三三―一一一一）が長坐念仏をこととして念仏の道場となり、高倉天皇の頃浄土宗の元祖法然上人に帰依した静遍が、法然を第十一世に仰ぎ、自ら第十二世となって真言宗をはなれて浄土宗に移ってからもなお今日にまで、持ち続けられてきた貴重な古鈔本古刊本の中には、さきに本書第二章や『肇論研究』にも紹介した元康の『肇論疏』、承元元年（一二〇七）十二月書写の『十二門論疏』や『中観論疏』などの三論宗関係のものも多くふくまれている。

永観堂本『大乗大義章』三巻は粘葉綴の三冊本で外表紙には『羅什大義』と略称されている。内題は『鳩摩羅什法師大義』で、上巻奥題は『什師大義』と記している。一紙七行十七字詰で、唐朝の写経本を保っている。下巻末尾に、

永仁元年八月廿七日書写校合畢

とあって、本書の書写が鎌倉時代伏見天皇永仁元年（一二九三）に行われたことが知られる。その筆者についてはもとより知るすべを持たないが、永仁元年はこの八月五日に改元されており、それを正しく記していることは、この書写が京都か奈良の地で相当な学人によってなされたものであることを示していよう。

この奥書の傍らに、「人王九十一代伏見帝年号、至文政八年（一八二五）凡経五百三十三年」と朱書するものは、上巻の内表紙に、「原為一巻、文政八年乙酉修治之日、開三巻。恬澄」とあるのを相応ずるもので、今日も禅林寺図書館に襲蔵する、元和四年に集録した、当時の禅林寺の図書目録である『文庫書籍之帳』の巻末にも、文政七年にこれを修治した事蹟の見える衆頭恬澄が、補修したことを示すものである。

永観堂には、その第十八巻に、「永仁四年（一二九六）三月十三日一部十八巻書写畢校合了」と奥書した『釈論開解鈔』があり、これには弘安六年（一二八三）高野山中性院の金剛仏子頼瑜（一二二六―一三〇四）の再治本（第九第十七巻）も入っている。この頼瑜はわが国密教史上にはあまりにも著名な学僧であって、いまここにその事蹟

を述べるまでもないが、彼が三論華厳唯識瑜伽を学び真言密乗の堂奥にいたり中性院流の祖となり、根来伝法大会の権輿をなすなどその業績は大きい。真福寺古鈔本中に頼瑜の筆になるものは頗る多く、ことに、その著述である『十住心論愚草』第十帖の下の奥書には、

文永八年五月晦日、以伝法会談義之次、一部十巻抄記畢、
永仁三年五月十日、又以伝法会談義次、以先年草本重記畢、逐日馳筆之間、文章狼藉義理疎簡者歟、是則呈初心之披覧、請後学之刊定而已、
願以三十八巻抄記之行、言必生四十八願荘厳之浄刹而已、
金剛仏子頼瑜　春秋七十歳

と記していて、当時権律師であった真言の学僧にして、なおかつ阿弥陀仏の四十八願もて荘厳された極楽浄土にまさに必ず生ぜんと願う衷情をうかがい得るのも注目すべきである。⑦

永観堂本『大乗大義章』の書写は、永観堂の浄土宗帰属後のことであって、本来永観堂の住僧によって書写されたものかいなかは未詳であり、また上述の頼瑜の鈔本なども、ともに永観堂に蔵せられてあり、名古屋真福寺本には頼瑜書写、または頼瑜書写本からの転写本が多くあり、ことに東大寺東南院本を写したという真福寺蔵『大乗大義章』は永観堂本よりは約五十年後の書写であるが、永観堂本もおそらくは南都三論宗の本所としての東南院の蔵本を転写したものであろう。永観堂本『大乗大義章』の文献的な価値は、『慧遠研究』上巻遺文篇の校勘にみても諒承されるように、まずは現存諸本中最も依拠すべきものであることによっても立証されるであろう。なお永観堂本『大乗大義章』と、東大寺蔵本を転写した龍谷大学附属図書館蔵前田慧雲博士書写の『大乗大義章』に校勘上類似の点の多いことは、両者がともに同一本またはその同系統の『大乗大義章』を転写したのではないかとの疑問を抱かせるに十分な根拠となるものであることは注意すべきである。

真福寺本鳩摩羅什法師大義

名古屋中区の北野山真福寺宝生院は真言宗智山派に属する名刹で、古来、大須観音として世人の信仰を集めているが、ことにその寺に古くから伝わっている『漢書食貨志』第四・『古事記』三帖・『琱玉集』巻十二、十四の二巻などの新国宝の重要典籍をはじめ、数百点にのぼる墨書古書籍の襲蔵をもって知られている。その古鈔本蒐集の中心をなすものは、建武中興前後、創建間もなく、密教復興と鎌倉仏教興隆の流にのって、多くの三論・真言関係の典籍が書写されたものである。即ち後醍醐天皇の元亨四年（一三二四）、勅命によってこの地に北野天満宮が造営された。奇しくもこの年は、文保元年（一三一七）入宋した澄円（一二八三—一三七二）が秀峰盧山に登り、慧遠の遺蹟を拝し、『盧山蓮宗宝鑑』の著者である優曇普度について、蓮宗の極奥を得て帰朝したのち、後醍醐天皇の勅によって、和泉国堺に甘露山大阿弥陀経寺を建立した年でもある。もともと澄円は東大寺円雅に従って出家したのであるが、慧遠の芳躅を慕って浄土教に帰入したのであって、今日も大阿弥陀経寺は、澄円が盧山慧遠を中心とする念仏結社白蓮社の名を慕って、自ら旭蓮社と号したことから、俗に旭蓮社の名で知られている。浄土宗の僧侶が法名に蓮社号を用いる源をなしたものである。後村上天皇も「扶桑盧山」の勅額を同寺に下したと伝えられている（浄土宗全書巻一九所収鎮流祖伝第四参照）。

この真福寺には、拙稿「肇論の流伝」にも記したように、『肇論』の末疏も数点蔵せられ、真言密乗の聖典のみにとどまらず、法相・唯識・三論関係の古鈔本が多く、南北朝時代における当寺教学の隆盛をものがたっている。ここに永観堂本『大乗大義章』につづ古鈔本の『鳩摩羅什法師大義』が一部三冊襲蔵されている。

鳩摩羅什法師大義　三帖　縦八寸 横五寸

（何れも粘葉装、紙数上冊四十三枚中冊三十九枚下冊四十二枚）

㊤ 写本伝
康永三年七月廿四日馳筆了　同廿五日校合了沙門御刊
長夜眠未覚、遺帝消南　頃留法灯、
貞和四年十二月　日　於東大寺三面僧房実相院申出東南院御本　誂人令書
写了　同十　一　校了　三論宗憲朝

㊥ 貞和五年五月十日　於東大寺三面僧房実相院申出東南院御本　誂人令書写了
同十　一校了　三論宗憲朝

㊦ 貞和五年正月十六日　於東大寺三面僧房実相院申出東南院御本　誂人令書写了
同十七日以御本令校合了　三論宗憲朝

後村上天皇正平三年（一三四八）すなわち北朝の光明天皇貞和四年十二月から翌年正月中旬にかけて、三論宗の学僧憲朝が、その四年前、北朝光明天皇康永四年（一三四四）七月に沙門某の書写した『鳩摩羅什法師大義』を、南都三論宗の本所であった東大寺東南院の蔵書中から借り出して、書写せしめたものであることが知られる。この書写年代はいずれにしても、「永仁元年（一二九三）八月二十七日書写校合畢」という永観堂本よりは約五十年後である。ここに言う三論宗憲朝については、その詳伝は知り得ないが、同じ真福寺本古写『中論疏聞書』の奥書中に、

㈠ 于時文永十一年（一二七四）八月二十六日、於東大寺東室僧房、筆功終了、感得之至、随喜有余、是併為
興隆仏法利益衆生矣　三論宗修行沙門憲朝春秋廿五

と見える。しかし、また同じく『大品経義疏』第五冊の奥書には、

㈡　康安元年（一三六一）九月十七日一交了、誂同宿憲円阿闍梨雖令書写、依忘刻闍之、今日交之写本者東南院御経蔵本也、僻字落字繁多、不可思議本也、依不審尤多而已、

権大僧都憲朝　八八

と記されている。この両者の間には、当然、憲朝の年齢についての相違が注目されなければならない。㈠によれば、憲朝の出生は後深草天皇建長二年（一二五〇）であり、㈡によれば亀山天皇文永十一年（一二七四）となり、㈠の書写された年時と同じである。したがって建長二年出生説をとれば、興安元年には憲朝は百十二の俗寿を保っていたこととなり、その他に多くの仏典を書写校合することはおそらくは不可能であったであろう。これらの奥書はいずれも、黒板勝美博士編輯の『真福寺善本目録続集』に拠ったもので、諸般の事情から、直接原本を調査する機会に恵まれていないため確言はできないが、おそらく次のような推定が成りたつのではなかろうか。

㈠の奥書の末一行、すなわち三論宗修行沙門憲朝春秋廿五は前の行の于時文永十一年……とはおそらくは別筆で、写本表紙にその書の所有者をあらわす「憲朝」の二字とともに、三論修行沙門であった若年の憲朝が修学のために単にこの『中論疏聞書』を所持したことを意味するにとどまるのではなかろうか。

真福寺本中に見られる憲朝書写の諸仏典、たとえば『勝鬘宝窟光闡鈔』（嘉暦四年一三二九書写）『大乗三論師資伝』（康永三年一三四四書写）『二諦義私記』（貞和四年一三四八書写）『弥勒経遊意』（観応三年一三五二書写）などの多くの三論系典籍の書写購読につとめた憲朝の、年齢的な妥当性は、文永十一年出生説を認めることによって成立するものである。

かくみてくると、『鳩摩羅什法師大義』を書写せしめたことも、憲朝が七十五〜六歳頃のことであり、奈良東大寺実相院で東南院所蔵の本によってうつさせ、かつ自ら校合しているのである。憲朝がこの宝生院に住したとは考

えられないが、憲朝その他の東大寺住僧書写の奥書のある三論法相関係の章疏類の存在は、当時の南都仏教における三論真言密教の交流の緊密さを推察せしめるものである。この東南院蔵本は今日その所在を知らず、あるいは後述の前田慧雲博士のいう、南都東大寺蔵本を借得して写したというその東大寺本を指すものであろうか。

続蔵経本の大乗大義章

続蔵経本（卍続二の一の一、台湾版第九十一冊）の『大乗大義章』は、そのまま、大正大蔵経第四十五巻におさめられて、世に広く行われることとなった。

その稿本は京都大学附属図書館蔵で、龍谷大学附属図書館所蔵の明治初年書写と思われる『大義聞書』と表書した『鳩摩羅什法師大義』にもとづいている。龍大本には「龍谷学黌之蔵書」という蔵書印が捺されていて、この書が明治初年に新に学黌に入ったものであることが知られる。その書写年時も、おそらく入庫時とそう遠くはへだたってはいないと推察される。龍大本のもとづいた原本の所在はなお不明であるが、その奥書は原本からそのまま転写したものであろう。

> 右全部三巻箇葉七十三帋者、伝聞在東武増上寺之文庫秘書也、泉州家原常明和尚嘗勉学之暇、書写而懐之、然弟子善導者、復願上於筆功続之、勢州温恭師者書而蔵之、予頼得之、不勝一唱、時宝暦第十二壬午杪秋下旬第五日、於摂州田辺安楽寺、謄写之功畢、石州天倫

この石州天倫については、おそらくはのちに浄土宗関東十八檀林中の岩槻（埼玉）浄国寺三十三世となった均誉天倫を指すのであろう。文政二年編纂の『縁山志』巻八の、増上寺内の学寮の法系を叙べる中で、宝樹窟の項に、

天倫　情蓮社均誉、順誉潮天（石見産、幡随院主、新田大光院三十二世）資、隠岐国産、文化九年　月岩槻浄国寺（三十三主）、文化十一年（一八一四）二月十三日午刻遷化、博識宏達、自他宗景仰之

と記されている。石州天倫と称したのはおそらく師の順誉潮天の出自にならったものであろう。その俗寿は不詳であるが、相当の高齢であったことは当然予想されるし、宝暦十二年（一七六二）書写といえば、三十歳頃の壮年時代に、摂津田辺の安楽寺に寄宿していた天倫が、修学のために勢州の温恭師所持本を転写したとの推測も可能であろう。

ここに記す増上寺文庫の秘書という『鳩摩羅什法師大義』が今日大正大学図書館に蔵されている。それにあたるか否かは別として、江戸時代以降における『大乗大義章』の流伝が南都の三論唯識系の学僧においてでなく、浄土宗の学僧において行われていることは、単に蓮社遠祖としての廬山慧遠と鳩摩羅什との問答書としての崇敬の外に、関東十八檀林を中心とする浄土宗教学の視野の広さを知る一つの面をあらわしたものともいえよう。石州天倫について、宝樹窟の学頭となった禅玉（隠岐国出身）も、四教儀集注・天台玄義・五教章などを講じたと伝えられている。

龍谷大学図書館には、さらに前田慧雲博士書写の『鳩摩羅什法師大義』がある。

その跋文に、

明治二十八年（一八九五）十月、借得南都東大寺蔵本写之。吾学林亦蔵一本。下巻頗有錯簡。頃借覧獅子谷法然院蔵本。是亦雖多誤謬、比前二本稍易読。

明治二十九年二月三日　　慧雲誌

とあり、前田博士がなお三十九歳の壮年期に、東大寺蔵本によって書写したことが知られる。その東大寺蔵本は今日散佚してその所在を知らないが、真福寺本にいわゆる東南院本と称するものであろうか。『慧遠研究』遺文篇の

『大乗大義章』の校勘に見られるとおり、永観堂本と前田本との類似点の多いことは、前田本の拠った東大寺蔵本と永観堂本との関連の点からも、『大乗大義章』の本邦流伝の上に注目すべきである。なお、前田博士が書写した明治二十八九年頃に存した法然院蔵本も、はやくも今日その所在を失い、法宝の散佚悲むべきものがある。

また高野山大学附属図書館にも『鳩摩羅什法師大義』の古写本が蔵されているが、その書写年時などについては未詳である。

おわりに

以上のように、日本でも古来から近代まで、『大乗大義章』は仏教界に流伝してはきたが、とくにこれについて研究を展開した学匠は見あたらないようである。『肇論』は江戸時代とくに『物不遷論』などが真宗の学僧の間に研究されたことがあるが、なおついに結実を得るまでにはいたらなかった。『大乗大義章』も、その問答の内容が大乗仏教の真髄をつくものだけに、はなはだ高踏的であり『慧遠研究』上巻遺文篇の訳註にも見られるように、般若経典・大智度論を中心として縦横に仏教経典を駆使し、さらに中国の古典をかりて仏教術語の解明につとめるため、内外典にわたる学識が要求され、これを理解することは容易でなかった。また慧遠・羅什の問答の内容にも若干のくいちがいがあって、それが読者をして混乱させることもすくなくない。かつ、廬山慧遠は蓮社念仏の元祖として、中国浄土教史においては重視されていたが、日本の浄土教では曇鸞—道綽—善導—懐感—少康を主軸とする善導流の専修口称の念仏が中心であったため、慧遠の、三十年山を下らなかったすぐれた真摯な修行は崇敬されても、その教説にいたっては特にほりさげての研究が行われることにはならなかった。それは『大乗大義章』においてのみならず『慧遠文集』そのものについても言えることである。江戸時代以降に主として浄土家において『大乗大義章』が流伝してきたのも、単にあるいは蓮社念仏の祖師であるという親近感にその原因があるのではなかろうかとの推論さえおこりかねないのである。

① 梁高僧伝巻八、京師荘厳寺道慧伝（大正五〇・三七五b）
② 南斉書巻四一、周顒伝。また梁高僧伝巻八、智林伝（大正五〇・三七六a）、中観論疏巻二之末など参照。
③ 弘明集研究巻下、三八〇頁以下参照。
④ 梁高僧伝巻七、僧瑾伝（大正五〇・三七三c）。
⑤ 宋書巻八、明帝本紀。
⑥ 大日本古文書巻二、七〇九頁。
⑦ 根来派の真言に、教学的基礎を与えた金剛仏子頼瑜については、大山公淳著『密教史概説と教理』第三章、日本の密教、鎌倉時代、根来山と京都の教学を参照。

附記一 京都産業大学入矢義高教授から、「必ずしも晋人の句とは考えられないが参考として」と、慧遠の佚文二則を指教された。

一 宋呉処厚「青箱雑記」巻八

慧遠曰、順境如磁石遇金、不覚合而為一処、無情之物尚不疑有脱誤況我終日在情裏作活計耶。

二 無名氏「刎頸鴛鴦会」「清平山堂話本」所収

慧遠曰、順覚如磁石遇針、不覚合而為一処。無情之物尚爾、何況我終日在情裏做活計耶。

附記二 大義章と称するものについて、敦煌文書（S・六四九二）に撰者未詳の「大義章」巻五（首欠）がある。浄影慧遠の「大乗義章」と同じく、一種の仏教概論とも称すべきもので、巻五、断結、四旡量・八解脱・八勝処・禅定・四旡碍・六通・十智の中、断結の項全部と四旡量の項の前半を闕いている。奥書に、「大統十六年歳次庚午二月廿一日比丘僧宝城門寺写」という。西魏の大統十六年（五五〇）は、時に浄影慧遠二十四歳の若冠にあたり、おそらく、このような精緻な仏教概説が撰述

おわりに

されて、すでに北方の国に書写されたとは普通には考えがたい。ただ「大乗義章」と同様なもののあることを紹介して後勘をまつことのみを記しておきたい。

牧田諦亮著作集 2

付録
［2015. 1］

目次

臨川書店

牧田先生の思い出

冷泉貴実子

牧田諦亮先生が、京都大学人文科学研究所の教授として、退官されるまでの最後の三年間、私は全く気楽なお嬢様アルバイトとして先生の秘書兼、留守番兼、研究会お茶出し係に雇ってもらっていた。もう四十年近く昔のことである。

人文研の東方部は、スペインの修道院のような建物であった。中庭に西洋風の池と井筒があり、周囲を石の廊下が廻っている。その廊下に面して、窓のない重い木製の扉が並んでいた。扉を押すと、どの部屋も恐しいばかりの本が並んでいて、本棚に囲まれて大きな机があり、そこに部屋の主が、とにかく熱心に勉強をしている。一日中何の物音もしない。ただ静けさだけが支配している重厚な建物だった。

牧田先生はその住民の一人で、先生の側で過ごした私の三年間は、とても幸せで穏やかな日常だった。

先生は小太りで温厚な顔に、お坊さんである印に丸刈りにした髪の毛、その上に決まって帽子を被り、何が入っているのか信じられない位重い大きな皮の鞄を提げて、滋賀県野洲の念仏寺からバスで研究所に通っておられた。スタスタとすごい早足で歩いて、バタンと御自分の研究室に入られると、あとは無我夢中で研究に没頭されていた。わたしが常駐していた隣の宗教共同研究室から、用事で先生の部屋に出入りしても、全く無視で、声をかけるのがためらわれた。

当時私は、お気に入りの目も覚めるような朱色のセーターを持っていた。ひと冬愛用して、もう暖かいから着換えようかと思った時、先生が書籍から目を離して驚いたような声で「きれいな赤い服やなあ」と言われた。毎日毎日着ていたのに、何も見ておられなかったという事実に私が驚いた。「この分では例え私が裸でいても見てはらへんなあ」と、その集中力にあきれた。

大きな机の前には、ソファーが一脚あった。来客はここに座って話をしておられたが、先生はこの研究室で徹夜しておられることもしばしばだった。疲れたらソファーがベッドになるらしい。

私が朝顔を出すと、先生は無精ヒゲで目をしばだたせておられる。何気なく見ると、確か昨夕横に置いてあった大きな羊かんが一本まるごと無い。「あの羊かんは」と伺うと、「夕飯の代りに食べた」という返事。糖尿病を心配する私に、渋茶を一緒に飲んでいるから大丈夫という非科学的な見解。とにかく甘い物、特に餡系の和菓子には目が無かった。

お忙しい日々に、気が向くとよく昼食に誘って下さった。研究所の近くにある「あたか飯店」という中華料理店が御贔屓だった。

先生の所には、色んな研究者がやって来る。日本人はもちろんだが、ドイツ、台湾、韓国、ベルギー、タイ、バングラデッシュ等々。先生は片言の中国語を交えて、勢いよく日本語で話しておられた。色んな国の特に若い研究者が来ると、「あたか飯店」で御馳走される。その時は決まって、私もお伴した。

こんなこともあった。

東京から編集者が来るので、昼御飯にお連れしその後近くにある橋本関雪の残した白沙村荘も御案内するよう言われる。その人が来ると挨拶もそこそこに、先生は私とその人を押し出された。楽しい食事の後、遠慮されるのも構わず、白沙村荘を見物し、たっぷり二時間も経って研究所に戻ると、机の上に置き手紙があり、「急用が出来たので今日は戻らない」と書いてある。せっかく東京から約束の原稿を取りに来られた編集者は、先生とロクに口もきかず、手ぶらでスゴスゴと肩を落として帰って行かれた。

いたずらっ子のような、にくめない先生だった。

研究所では、何日かに一度所員の会議があった。何でも開所当時から勤めているという『陰の所長』と呼ばれる「小使いさん」がおられた。この人が、ガランガランと手提げの鐘を鳴らして廊下を一周すると会議が始まる。研究室の扉がバタンバタンと開く音がして、住人が出ていく。

たまに牧田先生は在室のはずなのに、隣の部屋から伺っていても、部屋から出られる様子がない。そう言えば、玄関に掲っている在室を示す札が、今朝裏返ったままだった。確信的サボリなのだ。

先生は、アワテンボだ。一旦部屋を出られたはずなのに、すぐに再び扉が開く音がして、忘れ物を取りに戻られることはしばしばだった。

ある朝、先生が到着される前に奥様から電話があり入歯を忘れて行かれたとのこと。続いて顔を合わせた先生は、口の周りがフガフガしていてとてもおかしかった。歯はこの後すぐ、養女の春代さんが持って来られて事無きを得た。

休みの日には、野洲の念仏寺までよく遊びに行った。東山三条からバスに乗り、ひと眠りすると、近江富士の三上山が見え、やがて大篠原という、一号線にある停留所に止まる。そこから先生のお寺までは歩いてすぐだった。

国道から一歩離れると、そこは竹藪の田舎道となる。まさしく大篠原。その中に念仏寺はあった。

寺に帰られると、先生は途端に、田舎の寺の住職になられる。「先生」より「オッサン」がふさわしい。オッサンが留守の間、寺を守っておられたのは奥さんだ。奥さんは、とても明瞭で、強い人だった。御主人のことを尊敬しておられる様子が端々に見られ、「先生」と呼んでおられた。

先生のみならず奥さんも、真の仏教信者で、奥さんは、浄土の世界を刺繍で表現する作品を作っておられた。大変美しく、いかにも根気の入るものだった。彼女は戦争の時、大陸の大連におられ、その時の経験を小説風にまとめられた一冊がある。終戦と同時に何もかも失い、流れついた寺で先生と知り合われたという話だった。

御夫妻の共通項は、所有欲が全くなかったことである。それが本来の仏教徒の姿のようで好ましく思えた。奥さんは、「贅沢は散々した。宝石も服も皆あきた。本当の幸せはそんな所にはない。」と、いかにも世間知らずの私に諭してくださった。

先生の書斎は、寺の裏に建てられた別棟の新居にあった。寺の中はがらんとしていたが、こちらは研究所と同じく、本がうず高く積まれ、本の中に机があった。

寺から小さな庭を通って別棟に行く。この庭は先生が自由に花を植え、草を引いておられた。我家からお持ちしたガクアジサイが、根を張り大きく育っていた。

先生御夫妻は、お酒は全く召し上がらなかったが、とにかく客には飲め飲めとうるさかった。いつも誰かよくわからない村の人がお手伝いに来ていて、一杯御馳走をいただいた。

さていよいよおいとまとなると、これが大変。まずバスが一時間に一本位しかないので、必ずそれに乗らないといけない。急いで帰る仕たくとなるが、村の人が持って来た、野菜やら米やら、おまけに先生がもらわれる、世界中からのプレゼントを持って帰れと言われる。バスが来るのに荷物は重いし、大きいしで、毎回難行苦行だった。

田舎のお寺のオッサンは、村人から慕われておられた。村の中の知的な相談事は、何でも先生の元に来たようだ。何しろYASUと書いてある横文字の手紙は、すべて念仏寺に配達されたという。

先生は、滋賀県の貧農の子沢山の家にお生まれになったと聞く。子供のうちに京都の下京の寺の小僧に出された。きっと子供のうちから光る物があり惜しんだ人により、お寺に遣られたのであろう。

昔の寺や大家には、こういう役割があった。自分の子供、家族だけという狭い考えではなく、もっと融通無碍な子育てだ。余裕のある者が、難しい制度ではなく、もっと大らかに引き受けた福祉であろうか。それが本当の仏教の精神であり、富める者の義務だった。

現在はきちっと社会の制度の中に児童養護施設があるが、

その中から大学者が出たことを聞いたことがない。それどころか、親の虐待のニュースが毎日新聞誌上を賑わしている。

牧田先生の口から直接には、その頃の事情を詳しくは聞かなかった。ただ小僧に行ったお寺から学校に通わしてもらったこと、お寺のお使いで、あちらこちら廻っているうちに、色んなことを覚えたことを折にふれ聞いた。

きっと色んな苦労があったことは想像にかたくない。良家のエリートの集まる京大生の集大成のような人文研に勤務されたのは、先生の全くの御努力の賜物だったに違いない。

それにしても先生は、その御苦労の辛さが微塵にも外に現われない方だった。近寄り難い威厳はあったが、それはあくまでも学問上のことだけで、根本的に空につき抜けるような明るい人だった。

諦亮という御名前を具現化したような人柄だった。

坊さんになるように育てられたから、結婚するつもりはなかったと言っておられた。ずい分高齢になってから、仏教信者の同志的に奥さんと結婚したということだった。

お二人の間に子供はおられなかった。それ故か、多くの弟子やその他の若い人々のメンドーをよく見ておられた。私もその一人だったような気がする。

先生御夫妻には春代さんという養女がおられる。成人してから養子縁組された親戚筋の方だ。彼女は図書館の司書で、結婚後も現在まで司書として活躍しておられる。お仕事柄、学者としての先生の生活の良き理解者だったに相違ない。春代さんにお子さんが誕生された時は、孫が出来たと手放しで喜んでおられた。可愛がっておられたと思う。そのたった一人の孫を小児がんで亡くされた時の悲しみは、いかばかりだっただろうか。

その後の先生は、いよいよ諦亮の具現者だった。

悲しみから立ち上がられた春代さんに看とられて、旅立たれた先生の九十九歳の御生涯は立派だった。学者としてはもち論だが、あんなに立派な仏教徒としての生涯は、他に見たことがない。

なつかしい、なつかしい牧田先生である。

君が元過しし日々ぞなつかしき
花の咲く春もみぢ散る秋

貴実子

＊＊＊＊＊

〈編集室より〉

◇次回は第三巻『中国仏教史研究2』をお届けいたします。

『牧田諦亮著作集』第二巻付録

発行所　株式会社　臨川書店
京都市左京区田中下柳町八

梁の武帝――その信仏と家庭の悲劇――

武帝の仏教信仰

唐の憲宗皇帝の頃、陝西鳳翔法門寺では護国真身塔に仏の指骨が祀ってあり、三十年に一度開扉して盛大な法事をすることが例となっていた。その開扉の年には農耕は必ず豊作であり、天下は太平であったと言い伝えられていた。憲宗は元和十四年（八一九）がたまたま三十年に一度の開扉の年に当っていたので、仏骨を法門寺から宮中に迎え入れ、三日間大いにこれを祀ってのち法門寺に返した。王公士庶にいたるまで仏骨奉迎のために香華を持って奔走したという。この時に刑部侍郎の要職にあった韓愈（七六八―八二四）が、有名な「論仏骨表」をたてまつって、天子が宮中に夷狄の仏骨を迎え入れることの不可を極諫したのは唐代史上にも顕著な事件であった。韓愈はこのため潮州刺史に左遷され、「一封朝に奏す九朝の天、夕潮陽に貶せられて路八千、……」の詩を詠んで嶺南に流された。この「論仏骨表」の中に次のようなことが記されている。①

仏教が中国に入らない以前の天子はいずれも長寿を保ち、黄帝は在位百年年《とし》一百十歳、以下周の文王は年九十七歳、武王は年九十三歳、穆王は在位百年（韓愈の誤認）、しかるに仏教が中国に入ってからはこれを信仰する天子は寿命短く、後漢の明帝は在位僅に十八年、梁の武帝のみは在位四十八年の久しきに及んだが、その間前後三度捨身して仏に施し、宗廟の祭りにも牲牢を用いず、終日一食しかも菜食するような、仏教に説く精進潔斎につとめたが、かえって晩年には侯景の逼るところとなって餓えて八十六歳の高齢の身で都城に死すというような不祥事を招いている。仏教に事《つか》えて福を求め、かえって禍を得ているではないか。これによって観れば、仏教の信ずべからざること、また知るべきである。

韓愈による梁の武帝に対するこのような辛辣な批評は、すでに魏収（五〇六―五七二）の『魏書』巻九十八島夷蕭衍伝に見える武帝伝や、唐の李延寿の『南史』巻七の武帝紀の論などにもとづくものであろう。また武帝晩年の四回にのぼる同泰寺での捨身も、儒者によって帝王の道に戻《もと》るものとして、はげしく非難されたこととともに、韓愈の武帝批判は宋儒にもうけつがれて、ながく中国における仏教批判の有力な根拠の一つとなった。

また梁の武帝と達磨との問答もよく世上に知られている。『伝法正宗記』や『伝灯録』などに記されている両者の問答は、「如何が聖諦第一義諦」と問い、「廓然無聖」と答え、また武帝が造寺写経度僧の功徳を誇ったのに対して、「無功徳」と一喝したことが中心となっている。然しこれらの梁武・達磨の話柄は今日では実在のこととしては信じられていない。

現代までの中国仏教の諸儀礼の中で最も広く行なわれてきた水陸法会のごときも、その起源を梁の武帝の郗后追慕の念から創められた法会とされる②。

このように、良きにつけ悪しきにつけ、中国における信仏の帝王の代表として知られる梁の武帝の仏教信仰は、何に所以するのであろうか。

梁の武帝、その名は蕭衍（四六四―五四九）、南斉王朝の禅《ゆずり》を受けて、国を梁と号し、元号を天監（五〇二―五一九）と改めて帝位に即《つ》き、実に在位四十八年の久しきに及んでいる。梁は四主五十六年の治世であるが、武帝歿後の八年は戦禍の中に終始したから、梁王朝はまったく武帝に始まり武帝に終るといっても過言ではないのである。

武帝はその青年時代に、仏教信者としてもよくその名を知られていた南斉の貴人司徒竟陵文宣王蕭子良に愛せられて、その感化を受けたことは、彼が范雲・蕭琛・任昉・沈約らとともに、その八友と称せられたことからも推察される。もちろんたとえば後に武帝につかえた沈約（四四一—五一三）は、武帝より二十数歳も年長の大先輩にあたるが、武帝は南斉王室の一族の子弟として特別に優遇されていたのである。帝王交迭のはげしい中国南北朝時代において、武帝が人材登用に特に意を用いたり、また六朝時代の代表的な王朝たるにふさわしいゆたかな学術宗教思想文化の専門的な知識、また王者の仁慈を具体化した天監十七年（五一八）の流民安挿の勅に見られるような、生業を失なって故郷を離れた多くの流民を故郷に返らすために執った治安対策など、武帝の帝王としての評価は頗る高いものがあった。

今はただ武帝の仏教に対する造詣のみを言えば、梁の僧祐（四四五—五一八）編集の『弘明集』巻九におさめられた武帝の「神明成仏義記」（八友の一人であった范縝の、肉体が滅すれば精神も滅するという神滅論に対する反論として執筆された）のような、「生滅遷変《しょうめつのうつりかわり》は往因《かこのいん》に酬いるものであり、善悪の交謝《いれかわり》は現在の境界によって生ずる、そのはたらきのもと（用本）が不断であるからこそ、成仏の理法は皎然《あきらか》であり、境に随って遷謝《うつりかわり》があるのだからこそ生死の尽きるべきことは明白である」として、神滅論に反対した。③

また『弘明集』巻十の「大梁皇帝勅答臣下神滅論」にも説いているように、神が不滅であればこそ祖先を祀ることができるのであり、神が不滅であることが儒教に説く礼教のもとであるとして、「経《けい》に違い親に背くなどということは、論ずる価値もないことで、ここにいたっては神滅の論はもはや詳にするところではない」④と断ずるなど、儒教国家の君主としての限界を保ちながら、仏教の信仰に生きようとした武帝の立場を明かにするにとどめよう。

もともと武帝が宗とした仏教が般若と涅槃であったことは、涅槃は仏教の果徳を顕らかにするものであり、般若は仏教の因行を明らかにするものであり、涅槃は般若であり、涅槃と般若についてその優劣を語ることはないという、帝自身の見解にも見られるところである。また今日にその名を伝えられる武帝の『大涅槃経講疏』百一巻、『大品注解』五十巻、『大集経講疏』十六巻、『三慧経講疏』、『浄名経義記』、『発般若経題論義並問答』十三巻などの著書をみても、その傾向を推察し得るのである。

武帝の仏教信仰の深さは、中国伝統の儒教国家の君主としては、他に類例を見ないほどのもので、帝がその生涯に同泰寺その他で行なった道俗大斎・救苦斎・平等大斎・無礙大会・盂蘭盆斎・無遮大会とか、その他の造寺造像などの儀礼的方面に限らず、涅槃経を中心とした仏教教義理解の面においても特筆さるべき内容を持っていたことは、さきの仏教関係の著書によっても窺われるのである。

このような武帝の仏教信仰は、もちろん南斉に仕えていた頃の『浄住子浄行法門』⑤によって知られるような文宣王蕭子良の、儒教精神にもとづく日常倫理の実践勧奨や、仏の戒行を重んじ、実践的な奉仏の儀礼を重視し、しかも教義の研究を尊んだ深くほり下げた仏教信仰の感化にもよるのであろうし、また草堂寺慧約（四五二―五三五）、霊味寺宝亮（四四四―五〇九）、また梁の三大師として知られる開善寺智蔵（四五八―五二二）光宅寺法雲（四六七―五二九）荘厳寺僧旻（四六七―五二七）ら数多くの名僧の指導の影響も受けたからであろう。しかしこれとともに、武帝自身の家族環境についても一考すべきものがあると思われるのである。

その創始が梁の武帝に帰される水陸法会の宋代蜀地での流行を窺わせる蘇東坡の「水陸法像讃」や、彼の父蘇洵（一〇〇九―一〇六六）が仏教を信仰して極楽院阿弥陀如来堂を作り、観音・勢至・天蔵・地蔵・解寃結・引路王の六菩薩像を祀ったことはそれほどは知られていないが、実は蘇洵が四十九歳までに両親兄弟子女など、二蘇子（蘇軾・蘇轍）を残して家族の殆どを二十余年の間に喪ったという人生最大の悲惨事を体験したという事実を通して、この偉大な知識人、代表的な宋儒の心の中に潜む仏性を知ることができるのである。⑥

武帝の場合にも、帝が溺仏ともいわれるほど仏教に心酔して、その節度も忘れたということは従来もよく説かれたことであるが、その背景、ことに晩年の捨身によって表現される崇仏の背後に、武帝自身の、悲劇ともいえる家族生活の寂寥のあることを見逃してはならないのである。

武帝一族の悲劇

梁の武帝蕭衍は蘭陵の蕭氏の一族ではあったが必ずしも世に聞えた名族でもなく、彼の父蕭順之も、南斉の高帝（蕭道成）の族弟として侍中衛尉・丹陽の尹などの重職を経たが、高帝のあとをついだ南斉武帝の容れるところとならず、悶々のうちに病を得て淋しく世を去った。梁の武帝ら十人兄弟の中の最年長者であった蕭懿も、南斉東昏侯の急をきいて崔慧景らの叛軍を撃破し（永元二年、五〇〇）、その功をもって尚書令に任ぜられながら、間もなく嬖臣茹法珍らの讒によって、従容として死についた。時に武帝の弟融も捕われて殺された。まことに戦乱の世にありがちな不祥事を、武帝はくりかえし甘受せねばならなかったのである。また武帝自身について言えば、武帝は徳皇后と諡した正妻の郗氏のほか、多くの貴嬪・脩容を有し、また昭明太子以下の八男三女の子福者であったことは『梁書』などにも記すところである。このように一見家庭的に恵まれたかに見える武帝の生涯も、仔細に観察すれば、決して幸福ではなかった。まず妻妾子弟を中心にしてその間の事情を見ることとしよう。

㈠徳皇后郗氏（四六六―四九九）の父燁は宋の太子舎人の官職にあり、母は尋陽公主であったというから、やはり名族の一人であった。武帝即位以前の、いわば辛苦をともにした糟糠の妻といえようか。南斉の高帝建元の末年（四年、四八二）に十五歳で当時十九歳の武帝と結婚したのである。三人の娘を生んだが、武帝が雍州刺史に任ぜられた翌年、永元元年（四九九）八月、齢いまだ三十二歳の若さでその生涯を閉じた。武帝にとっては生涯の中ただ一人の正妻であり、その死後数年、天下を一統して天監元年（五〇二）四月即位するやただちに追崇して徳皇后と諡し、その後も女寵はあったが、遂に再び皇后を立てることはなかった。『南史』（巻十二、后妃伝下）には郗氏は妬忌甚だしく、死後化して竜となって後宮に入り、夢に帝と通じたなどと記しているのは、おそらく後人の訛伝もさることながら、また一面の真実でもあったのであろう。また、郗氏が死んで数月、蟒となって宮中に現われ、在世中の嫉妬の苦報を受けて苦んでいる由を告げ、帝は宝誌和尚の訓によって礼仏懺悔するため、いわゆる「梁皇宝懺」を作って、その礼懺の儀式を執り行なったという説とも関連していて興味深い。⑦

(二)丁貴嬪（四八五—五二六）は世々襄陽の名族の家に生れ、十四歳の時（武帝時に三十五歳）武帝はこれを納れた。正妻の郗氏の死の前年であり、丁貴嬪は郗氏に事えては「小心祇敬」と伝えられているほどで、その性は仁恕をもって称せられ、武帝の信仏とともに自らもこれを奉行し、精進潔斎の日を送り、武帝の仏教に関した著述を読んでその旨帰を得たといわれ、とくに浄名経に精しかったという。皇長子昭明太子、第三子太宗簡文帝、第五子廬陵威王続を生んだ。普通七年（五二六）十一月四十二歳（武帝六十三歳）で病歿した。その墓地の選定にあたって、武帝と昭明太子との間に齟齬を来し、のちに昭明太子が急逝するや、その長子華陽公歓を立てるべきに猶余して決せず、遂に天下の常道に背いて昭明太子の弟（のちの簡文帝）を皇太子としたことは、朝野にそのことの不順なりとの譏りを招くにいたった。また丁貴嬪追慕のために同泰寺を建てたこともよく知られている。

昭明太子蕭統（五〇一—五三一）は『文選』・『文章英華』の編者としてその文名は余りにもよく知られている。仏教を崇信することは父武帝におとらず、宮中に新たに慧義殿を建て、専ら法集の所とし、自ら二諦法身義を立てて新見解を示し、また天監十四年（五一五）元服の後は朝政にあずかり、霖雨積雪の時は近侍を遣わして実情を視察せしめ、貧者を視てはこれを救けるなど、天下はその仁性寛和を称し、儒仏二道に通じ、将来の理想的な梁朝の君主として武帝のいたく嘱望するところであった。母丁貴妃の墓地の占定についての父帝との不和を来してからは、快々として楽まず、中大通三年（五三一）三月たまたま不測の事故から病を得て四月乙巳ついに三十一歳をもって逝去の報の市にいたるや、「朝野惋愕し京師（建康、今の南京）の男女は宮門に奔走し号泣するもの路に満ち、四方の民庶及び彊徼の民、喪を聞いて皆慟哭す」と記すことからも、その大成をいかに期待されていたかが知られる。⑧ 丁貴嬪の死後五年、武帝六十八歳の時である。同泰寺での武帝の捨身は、丁貴嬪の死の翌年、大通元年（五二七）三月に始まっているが、この昭明太子の死によって、武帝の狂信的とも言える仏教心酔はますますその傾向を強めていったのである。

丁貴嬪の墓地問題に端を発した武帝昭明太子父子の阻隔は、後に尾を引き、昭明太子死後の後継者の問題にまで発展したことは先に述べた。『資治通鑑』の著者司馬光（一〇一九―一〇八六）は、この事件を批評して、「君子は正道においてしばらくも離るべからず、跬歩《かたあし》も失なうべからず、昭明太子の仁孝、武帝の慈愛も一たび嫌疑の迹に染むれば、身もって憂死し、罪は後昆に及ぶ、吉を求めて凶を得る、湔滌すべからず、戒めざるべけんや、ここをもって奇誕の士、奇邪の術は君子之を遠ざけよ」と論じているのも、まことに理あることと言わねばならない。⑨ しかもこの年、後に記すように、武帝の第四子でその徳を称せられた南康簡王績もまた武帝に先だって死んでいる。年老いた武帝をめぐる悲劇はここに高潮してくるのである。

第三子簡文帝蕭綱（五〇三―五五一、五四九―五五一在位）は、武帝四十歳の時の子である。兄の昭明太子が死んだあと、武帝は上述の事情から昭明太子の長子を立てず、猶余すること月余、弟の綱を立てて皇太子としたのである。兄とならんで幼少からその文才を称せられ、『昭明太子伝』五巻、『礼大義』二十巻、『荘子義』二十巻などのほか、仏教に対する造詣も深く、仏教関係のものには『法宝聯璧』二百二十巻（大唐内典録巻四には法宝集二百巻また法宝聯璧という とある。）の編著も知られている。『法宝聯璧』には元帝（湘東王繹）がその序文を認めていて、関係した三十八人の官名を録しているから、今は散佚した本書の成立の概要を知ることができる。⑩ これはおそらく類をもって相従うというから『諸経要集』、『法苑珠林』に類したものであろう。北魏末期の将軍侯景（五〇三—五五二）は高歓に仕え、のち梁に通じて武帝の温情にすがったが、また梁に背き、異心のあった梁朝の一族蕭正徳と結んで遂に梁の首都建康を囲み、策をもって陥しいれ、八十六歳の武帝を憂のうちに餓死せしめるにいたったのは、太清三年（五四九）夏五月であった。四十七歳の蕭綱は侯景に擁立されて帝位には即いたが、もとよりその実権は侯景の掌握するところであり、侯景は帝の娘溧陽公主を寵愛し、景と公主は御牀によって南面並坐して文武群臣が酒宴に侍したと伝えられるほどであった。二年後、侯景は王偉らの勧めに仮りて簒奪を謀り、遂に大宝二年（五五一）十月壬寅、侯景は酔に乗じて帝を圧殺した。[11] 帝の長子哀太子が殺されたのはこれより先、八月に帝が宮中の永福宮に幽閉された直後であった。

第五子廬陵威王続は文才の誉れのあった同腹の二兄とは異なって、英果にして膂力人にすぐれ、武術に長じ、馳射遊猟に巧みであった。瑯琊大守、会稽大守を経て、中大通二年（五三〇）には平北将軍雍州刺史などを兼ね、大同五年（五三九）には、驃騎将軍開府儀同三司となり、また使持節都督荊郢司雍西北秦梁巴華九州諸軍事、荊州刺史などを歴任し、大いに軍事方面に貢献するところが多かった。しかし彼もまた、中大同二年（五四七）、武帝八十四歳の時に父に先だった。『南史』（巻五三）の伝によれば、王はもとより貪婪で彼の死後、その庫にみち溢れた金銀財宝の過多に、武帝は第五子続の、財多く徳寡きを知ったというから、続の生平も察知されるであろう。軍事方面に功ありとはいえ、武帝にとってはいわば不肖の子であったのであろう。[12]

㈢呉淑媛は、武帝が中興元年（五〇一）十一月に攻殺した南斉第六代の皇帝、悪逆淫行のかぎりをつくしたという、東昏侯（四八三—五〇一）に寵を得ていたが、武帝はこれを納れた。この時武帝は東昏侯の潘妃の容色あるのを見て、これを留めようとして、領軍将軍王茂の諫めによって、遂に獄中に縊殺したことがある。呉淑媛が武帝のもとにいたって七ケ月にして生んだのが、武帝の第二子予章王綜（五〇二—五二八）である。したがって宮中にはその東昏侯の胤なることを疑う者も多く、ことに呉淑媛が武帝の寵を失うにいたって、淑媛自らこのことを陳べるなどのことがあって、武帝もことさらに綜を諸子と区別したほどである。また予章王綜自身、東昏侯の墓をあばいて自らの血をもって骨に灑ぎ、親子のことを験するなどの事実もあって、武帝との感情は甚だしく阻隔して、遂に普通六年（五二五）六月には、梁の敵国魏に奔るにいたったのである。彼が頼りとした魏の斉王蕭宝寅（東昏侯の弟）が長安で魏に反するや、当時魏の首都洛陽に居た綜は身に危険を感じて、北して長安に遁れようとして魏人に捕われ殺された。[13] 時に大通二年（五二八）、綜が二十七歳、武帝は六十五歳。その母呉淑媛もさきに建康で鴆殺された。洛陽で殺された予章王の柩を梁人が盗んで南して建康に齎しかえるや、武帝はなお子の礼をもって陵に附葬したという。まことに戦国の世が生んだ悲惨事というべきである。

㈣董淑儀（?—五二四）は天監六年（五〇七）に武帝の第四子南康簡王績（五〇七—五三一）を生んでいる。王は幼少の時からその聡警を知られ、普通四年（五二三）に侍中雲麾将軍、翌年には江州刺史となったが、母の憂にあい、出仕しなかったというから、この年董淑儀は病死したのである。王もまた病によって中大通三年（五三一）二十五歳で死んでいる。時に武帝六十八歳、昭明太子の死と同年である。「玩好寡く嗜慾少なく、居に僕妾なく、躬ら約倹を事とし、あらゆる租秩は悉く天府に寄す」と伝えられている簡王（梁書巻二九）や、昭明太子の死は晩年の武帝にとってまことに忍びがたい家庭の悲惨事であった。

㈤丁充華は武帝の第六子邵陵携王綸（?—五五一）を生んでいる。王は少くして聡穎博学、善く文を属り、尤も尺牘に工みなりといわれた。しかも一面軽険躁虐喜怒恒ならずという性質をももっていた。皇子として天監十三年（五一四）には邵陵郡王に封ぜられ、十八年には信威将軍となり、累進して江州刺史、普通六年（五二五）十二月には生来の傲慢がわざわいして、事に坐して自殺を命ぜられ、昭明太子のとりなしでようやく免官奪爵にとどまって事なきを得た。武帝が諸子に対して寛縦であったとの批難は、この場合にもあたるのである。その後、爵を復され、鎮東将軍南徐州刺史などを歴任した。いったん梁に降った侯景が叛乱するや、征東大都督として国家の危急にあたったが、敗れて奔り還った。大宝二年（五五一）には西魏の楊忠の軍と汝南に戦い、二月、城陥って王は殺された[14]。彼の作に帰せられる『隠居貞白先生陶君碑』[15]（広弘明集巻四、陶弘景碑）をはじめとして、「遵勅捨老子受菩薩戒啓」（広弘明集巻四、弁正論巻八）、「設無礙福会教」（広弘明集巻二八）など若干の遺文があり[16]、邵陵王が「老子の邪風を捨て、法流の真教に入り」、菩薩戒を受けたのが天監三年四月十七日であることも知られる。

㈥阮脩容（四七四―五四〇）は本姓は石、浙江余姚の人で、もと南斉の宗室始安王遥光が納れたものであるが、光の敗死するや、東昏侯の宮に入り、ついで南斉の滅亡とともに、武帝が夢に托して納れて綵女としたものである。天監七年（五〇八）には武帝の第七子元帝（蕭繹）を生んでいる。大同六年（五四〇）脩容は六十七歳をもって武帝に先んじて死んだ。時に武帝は七十七歳[17]であった。江陵に鎮して近隣を圧到し、兄簡文帝を擁した叛臣侯景に対峙した元帝（五〇八―五五四、五五二―五五四在位）は、侯景の叛乱が平定したのち、承聖元年（五五二）十一月、江陵に即位して梁王朝の第三代となった。翌承聖二年には、武帝の急に救いにもこなかった弟の武陵王紀やその子円照ら三人の子を攻めて紀を殺し、円照らは捕われて獄に移され、帝は彼等に餓死を命じている。彼自身も二年を経ずして西魏に攻められて殺された。帝の性は惨忍で、父の武帝が寛縦に流れて国勢が弛緩したのを慨き、すこぶる厳格な政治を行なった。しかも独眼の身でなお『孝徳伝』三十巻、『注漢書』一百十五巻、『周易講疏』十巻、『文集』五十巻、『金楼子』十巻など数多くの著述のほか、仏教関係の編集としては『内典博要』一百巻、仏教関係の金石文を集録した『内典碑銘集林』三十巻[18]などの編著があったのは、わずか在位三年にとどまるとはいえ、梁王朝の君主たるにふさわしい業績ともいえよう。魏軍の攻撃を受けた時にもなお老子を講じ、また古今の図書十四万巻を焚かしめ、自らも火中に投ぜんとしたが宮人に衣を引かれて果さず、火尽きてのち宝剣をもって柱に斫りつけ、これを折り、「文武の道今夜窮まれり」と歎じたのは、いかにも文化王朝の末路を示すに足る一幕の悲劇と言わねばならない。

㈦葛脩容は武帝の第八子武陵王紀を天監七年（五〇八）に生んだ。武帝四十四歳の時である。王は少《わか》くして寛和、喜怒を色にあらわさず、学に勤めて文才ありと伝えられている。梁王朝の再建を担うものとして朝野から嘱望され、武帝も末子のせいもあって最も王を愛したという。久しく蜀にあること十七年に及び、「内は耕桑塩鉄の政を修め、外は商賈遠方の利を通ず」という有様で、財政も頗る豊かで武器もととのい、馬八千匹を有した。蜀地の前任者は武帝の異腹の弟潘陽王恢で、その世子範が中大通元年（五二九）に成都万仏寺におさめた釈迦像や、武陵王の在蜀中につくられた観音立像、侍者像などの現存が知られる。⑲父武帝が侯景に囲まれて苦渋を喫している時に、武陵王は救援に赴かず、帝位を称し天正と改元したのは兄元帝の承聖元年（五五二）夏四月であった。武帝の死後、はじめて侯景討伐に名を藉って東下したが、その留守中を西魏の将の尉遅廻に襲われ、自らは元帝の軍に攻められ大敗して斬られ、子円照らは捕えられて建康に送られ、円照は自らの臂を食って餓を凌いだという惨状の中に果てたのである。時に承聖二年秋七月であった。

武帝の終焉

以上の武帝の八子に皇后郗氏所生の永興公主玉姚らの三公主があった。十幾人にも及ぶ子孫を擁し、一見いかにも福徳の長者のように見える武帝も、いま述べたような実情を知れば、これはいかにも悲劇の帝王たるにすぎない。

武帝が最も将来を託した昭明太子は、武帝六十八歳の時に、これもその性行を史書にたたえられた第四子南康簡王績と年を同じうして父に先んじた。第二子予章王綜は東昏侯の胤としての宿命から、武帝や諸兄弟とあわず、遂に魏に奔り、その死後、悲運をかなしんで六十五歳の老翁はなお子の礼をもって葬っている。第三子簡文帝が昭明太子の長子歓を措いて皇太子となったことも、梁王朝にとっては一つの躓きであった。順をおわず、弟の綱（簡文帝）を皇太子としたため、他の諸王とのかねあいもあってか、おそらく早急に位を譲るのを避けざるを得なかったのであろう。そして遂に荏苒空しく日を送り、譲位の機を得ることなくして、侯景に包囲され、自ら悲運の渦中に没入してしまったのである。

武帝がその軍事的才能を期待しつつもその貪婪さに驚いたという、不肖の第五子廬陵威王続も、武帝八十四歳の時に、侯景の叛乱のさなかに死んだ。第六子邵陵攜王綸も壮年の頃から、傲慢の性をもって武帝の期待するところとならず、侯景と戦って大敗し、遂に魏の楊忠との交戦に戦死した。第七子の元帝蕭繹も性慘忍で、弟の武陵王紀を攻殺するなど、以上、武帝が後事を託するに足る逸材はなかったにひとしい。

このような武帝をめぐる悲劇的な様相は、従来も指摘されているような、武帝が六朝文人の王たるにふさわしい性甚だ恭倹で政に勤め民を恤み、また諸王に対しても寛容でありすぎたなどの諸点から、遂に武帝在世の後半に、早くも憂患は現実の問題として現われてきたのである。

武帝の仏教への傾倒

武帝が梁朝を創めた天監元年（五〇二）はなお三十九歳の壮年期であり、文宣王蕭子良の感化による仏教への帰依も、すこぶる倫理的なものであった。僧尼の犯科を制するにも仏教の戒律によることを明らかにし、天監三年四月八日には菩提心を発して道教を棄てて仏教に帰し、邪を捨てて正に帰すことを勅した。これも武帝の純粋な仏教帰依を表現したものであった。また光宅寺法雲が、『涅槃経』に説く、肉を食せば大慈悲の種子を断つとの文を、宮中の華林殿に講じたのを契機として、永く酒肉を断ぜんことを誓うなど、武帝の仏教信仰はきわめて厳粛なものであった。

また武帝による仏教教学の整備も着々と実行に移された。荘厳寺僧旻らが勅をうけて『衆経要抄』八十八巻を撰したのは天監八年（五〇九）四月といわれ、庶民の仏典披読のための要略とでもいうべきものである。『出三蔵記集』[20]によった『華林仏殿衆経目録』四巻も、天監十四年に安楽寺僧紹が勅命によって編集した。翌十五年には『経律異相』五十五巻、『名僧伝』三十一巻、ついで『高僧伝』十四巻が撰集された。この経典整理の傾向はひきつづき承けつがれて、簡文帝蕭繹による『法宝聯璧』、大通（五二七―五二九）年間における開善寺智蔵らによる『義林』八十巻、虞孝敬らによる『内典博要』三十巻となり、仏教入門書、類従仏教概説というようなかたちをとって、庶民への仏教開放を実行したのである。武帝による上述のような多くの経典講釈書の中に、『摩訶般若波羅蜜子注経』五十巻（或一百巻）は、『歴代三宝紀』巻十一に著録されている。費長房はこれに解説して、武帝は「庭蔭早傾をもって常に哀感」を抱き、つねに四海の尊（帝位）ありと雖も、もって罔極（仏への恩）を申しのぶるを得ることとなし、故に心を釈典に留め、八部般若は十方三世諸仏の母にしてよく災障を消除し煩労を蕩滌《なくす》し得るから、みずから注解を述べると言ったという。[21]家庭の不幸の続出と、よく災障を消除するという点に、武帝の仏教観の一班を注目せなければならない。森三樹三郎博士の説かれるように、無明の心の根底に仏性を見出そうとする武帝の仏教理解は、実はこのようなきわめて卑近な身近の悲哀をもととして、具体的な実践となってくるにすぎないものである。

このような災障を消除するとして、武帝が従来の倫理的な宗教観から、実践的な或いは現世利益的な報応を求める宗教儀礼の方に移向していったことは、天監十五年（五一六・武帝五十三歳）以降に、『衆経飯供聖僧法』五巻、『衆経護国鬼神名録』三巻、『衆経諸仏名経』三巻、『衆経擁護国土諸龍王名録』三巻、『衆経懺悔滅罪方』三巻などが、勅を受けた荘厳寺沙門宝唱らによって撰集された。武帝の、国土に災障なきようにとの念願に出づるものであって、このような儀礼によって、福業をおこして災を禳い、礼懺して障を除き、神鬼を饗し、竜王を祭るなどのことによって、その加護を得んとするものであった。これはすでに仏教の本質をあやまったものである。武帝が千僧大会をはじめて設けたのも、菩提の心をあらわさんがためには、嚫施のものを悉く捨してこそ可能であるとの光宅寺法雲の勧奨によるものであった。ただ『続高僧伝』に、普通六年（五二五）同泰寺に千僧会を設くとするのは、寺名を誤ったものであろう。[22]同泰寺は丁貴嬪の没後、大通元年（五二七）三月に成っているからである。

建国直後の潑溂たる武帝の政治・宗教に対する意欲は、この頃すでに峠を越していた。帝はすでに六十余歳の老齢となって、梁建国の功臣であり、武帝の先輩であった南斉の遺臣たちは多く死んでしまっていたし、帝自身の周辺からも愛妾や杖とも頼む諸子もことさらに力とはならず、ことに昭明太子らのごとき将来を託した英才が帝を残して逝った。

かくなれば、すでに災障をなくするために仏力に頼らんとした武帝の意志が、ますます強められて行くのは当然の勢いといわねばならない。はしなくも儒教国家における仏教信仰の限界を示したものともいえよう。同泰寺での最初の捨身は、大通元年に行なわれた。それ以後頻繁に行なわれた無遮大会、捨身などは、もちろんその裏面に、朝臣らの財力をも弱めんとする意図の有無は別として、甚だしく国家の財政を紊乱せしめた。浙江鄮県阿育王寺の改造、建康の諸寺の造営、長干寺阿育王塔の修理などへ無制限なまでの国帑の投入など、これもまた悲劇の帝王――武帝の身辺の哀愁をまぎらわすためのアヘンであったのであろう。

武帝に早くから客として重用された郭祖深が、武帝が内教（仏法）に溺れて朝政が縦弛したことを慨いて直諫した中に、「家家斎戒し、人々懺礼して農桑に勤めず、空しく彼岸（仏法）を談じ」ている世相を誡めている。[23]政治に倦んで国家を忘れ、身辺の悲運に、ひたすら一身の安養のみを願った武帝に対するきびしい直言であった。晩年の武帝の仏教信仰は、実は正信の域を逸脱して、あたかも一時の激痛をまぎらわすための麻酔剤の役割を果したにすぎなかった。その最大の要因は如上のような索漠たる家庭環境そのものにあり、そこから脱れ出ることのできなかった武帝は、また帝王の器にあらず、ついに樊籠《とりかご》中の鷙鳥にしかすぎなかったのである。またそれゆえにこそ、ひたすら礼懺にはげむ凡夫の道を進んだのであった。

① 『五百家註音弁昌黎先生文集』巻三九。本稿は、昭和四十一年秋の佛教大学開学記念講演のためのもので、出典などについても省略した場合の多いことを諒されたい。
② 中国における仏教儀礼の起源を梁の武帝にもとめることは、事の真実を問うよりも、それだけ梁の武帝に帰せられる伝承の背景をうかがうべきものである。水陸会については牧田稿の「水陸会小考」参照。
③ 『弘明集研究』巻下、七〇〇頁。
④ 『弘明集研究』巻下、七五〇頁。
⑤ 『広弘明集』巻二七（大正五二・五五〇頁）、小笠原宣秀、塩入良道氏らの研究や、ベルギーのウイリー氏に学位論文となった研究成果（未公刊）がある。
⑥ 『東坡後集』巻一九、『嘉祐集』巻一四参照。
⑦ 『梁皇宝懺序』。
⑧ 『梁書』巻八、昭明太子伝。
⑨ 『資治通鑑』巻一五六。
⑩ 『法宝聯壁』二百二十巻は、『大唐内典録』巻四には、「法宝集二百巻、また法宝聯壁という」と記している。またその成立については、『広弘明集』巻二十、梁の元帝の序文に詳しい。

⑪　侯景の叛乱については吉川忠夫著『侯景の乱始末記』（中央公論社、中公新書）参照。
⑫　武帝の第五子廬陵王続が四十四歳で死んだと『梁書』巻五五に伝えるのは誤りと思われる。（中華書局本梁書校勘記参照）
⑬　武帝の第二子予章王綜が、『梁書』巻五五に、殺されたとき年四十九とするのは誤伝である。（中華書局本梁書校勘記参照）
⑭　『梁書』巻二九に、武帝の第六子綸が年三十三で西魏の軍に殺されたとするのは誤りである。（中華書局本梁書校勘記参照）
⑮　『文苑英華』巻八七三。
⑯　『全梁文』巻二二にこれらのものが一括して収載されている。
⑰　『梁書』巻七、高祖阮脩容伝に「天監六年八月生世祖」とあるものは、天監七年八月の誤りである。（中華書局本梁書校勘記参照）
⑱　『広弘明集』巻二〇。
⑲　『成都万仏寺石刻芸術』（四川省博物館蔵品専集）参照。
⑳　『歴代三宝紀』巻一一（大正四九・九九a）。
㉑　『歴代三宝紀』のこの指摘はよく武帝の心中を理解したものといえよう。
㉒　『続高僧伝』巻五（大正五〇・四六四c）法雲伝。
㉓　『南史』巻七〇、郭祖深伝。

附記
㈠　梁の武帝やその初期の仏教理解については、湯用彤著『漢魏両晋南北朝仏教史』、森三樹三郎著『梁の武帝』、横超慧日著『中国仏教の研究』（中国仏教における国家意識）などの詳しい報告がある。
附注
㈡　『弁正論』に収めている遵勅捨老子受菩薩戒啓に蕭綸とあるのは疑うべきである。天監三年に彼は生れていない。皇太子蕭統もなお三歳であった。綸が邵陵王となったのは天監十三年である。編者法琳の誤解であろうか。『広弘明集』、『弁正論』などに見るこのような年時の不確実さについては、なおよく精査する必要がある。

宝山寺霊裕伝

はじめに

中国仏教の歴史の中で、六朝時代は、いわゆる「中国仏教」成立前期として、外来仏教が中国人の受容のもとに、体質的な変化を生成してゆく過程にある。中国人の撰述した「疑偽経典」が幾十百巻と経録にも記録され、『法華経』、『無量寿経』などの翻訳経典にならんで、ある時はそれらよりもなお普遍的に、仏教徒の間に信仰され、書写されたことは周知のところである。しかも六朝末期は、政治的には新旧南北胡漢勢力の交替がはげしく、血なまぐさい戦闘や政治テロが絶えずくりかえされ、それにもとづく社会不安や貧窮は目を掩わしめるものがあった。そのことは仏教史の上で論じられてきた「末法」が、まことしやかに事実をもって証拠づけられているかのごとくに、深刻な反省と共感をもって仏教徒を感激させたのであった。この期間には数多くの俊秀逸材が仏教界にあらわれて、それぞれの所説を通じて新仏教運動を展開して、「中国仏教」を形成しつつあった。それらの動きの中で、北斉から隋にかけて新時代の意識にめざめつつも、なお厳しい戒律をもって貫い生涯を貫いた宝山寺霊裕は、その身を持することにおいては当代随一の高僧ではなかったかと思われる。常盤大定博士の踏査にもとづく貴重な報告①があり、従来とても霊裕についての論稿はないわけではないが、幸に京都大学人文科学研究所には東魏から近代に及ぶ百余点の宝山石刻の拓本が蔵されているので、それらを見ながら、八十八年の霊裕の生涯をもう一度ふり返って見たいと思う。

霊裕伝の資料

霊裕伝の重要な資料となるものは、次の三が挙げられる。
一、大法師行記、弟子海雲集、貞観六年八月建（目録二一）
二、相州演空寺釈霊裕伝　道宣撰（続高僧伝巻九）
三、相州天禧鎮宝山霊泉寺伝法高僧霊裕法師伝　釈徳殊撰　紹聖元年十二月（目録二三）

霊裕の弟子海雲（？—六四六）撰の『大法師行記』（目録二一）は、霊裕入寂後二十八年になる貞観六年（六三二）の建立になるものである。海雲の事蹟は未詳であるが、貞観二十年四月八日の敬造という『報応寺故大海雲法師灰身塔』（目録四〇）がある。『大法師行記』建碑の年は、道宣が三十七歳の時にあたる。碑文の磨滅がはなはだしく、判読に苦しむ箇処も多い。しかし、碑文には霊裕にいたる師資相承をのべた中に、北魏太和二十二年（四九八）に、中天竺の勒那摩提が『十地経論』をたずさえて中国に来り、慧光にその法を伝えて、地論宗の伝承の中の相州南道派の源をひらいたことなど、従来の僧伝の記載を補うものがあり、②拠るべきものが多い。しかも従来霊裕について論じたもので、この『大法師行記』にふれたものは多くはないのである。道宣の『続高僧伝』（巻九、霊裕伝）は、霊裕入寂後四十一年の貞観十九年（六四五）道宣五十歳の時の編纂にかかる。その記事は、もちろんもっとも拠るべき霊裕伝であるが、道宣は『大法師行記』を見なかったのではなかろうか。

宋の紹聖元年（一〇九四）十二月八日、釈徳殊叙幷題額の『有隋相州天禧鎮宝山霊泉寺伝法高僧霊裕法師伝幷序』（目録一三）は、主として道宣の霊裕伝に拠り、これを節略したものでとくに記すべきものはない。徳殊が元祐八年（一〇九三）九月招かれて宝山に遊び、玄林の塔像や道憑の石堂（石窟）などがありながら、この寺に最も功労のあった霊裕の塔の無いのを慨き、衆とともに力をあわせて、寺の東南隅の岑峰のほとりに塔を建て像を設けたと、その由来を碑末に刻している。しばらく、これらの霊裕碑文と、宝山にある多くの金石文や『続高僧伝』などに散見する資料によって、末法思想興隆期の代表的な徳僧の一人としての霊裕の生涯をたどることとする。

霊裕の生涯

霊裕は北魏孝明帝神亀元年（五一八）、『弘明集』の編者である梁の僧祐が入寂した年に、河北定州の鉅鹿曲陽に[3]生れ、隋の煬帝大業元年（六〇五）に河南安陽の宝山寺で八十八歳の高齢をもって入寂した。

この時期は、中国史の上でも政治的変動がはげしく、社会史的にもきわめて波瀾の多い南北朝末期である。霊裕と同時代の、もしくはやや時を異にした著名な仏教徒をもとめると、次のような人がいる。

大統法上（四九五―五八〇）　北斉仏教界の指導者。
南岳慧思（五一五―五七七）　天台宗第三祖、末法思想の提唱者。
延興曇延（五一六―五八八）　護法、社会福祉につとめた。
浄影慧遠（五二三―五九二）　その学業徳行で霊裕と対比された。
天台智顗（五三八―五九七）　天台第四祖。

三階信行（五四〇—五九四）　霊裕の思想継承者。

嘉祥吉蔵（五四九—六二三）　当代仏教学界の最高峰。

仏教史の上では、右のような同時代人によって察せられるように、南岳慧思らによって提唱された末法仏教の意識の強調された、「中国仏教」成立期に属している。このような社会史的にも、仏教史的にも、きわめて問題の多い時期に出世した霊裕の生涯は、また波瀾に富んだものであったのも、けだし当然のことであったろう。

霊裕は俗姓は趙氏、幼少の頃から異行をもって人を感ぜしめるものがあったとは、僧伝の好んでもちいる修辞である。六歳にして受戒のことを知り、ややもすれば出家せんとするの志のあるのを察知した両親は、出家すれば祖先の祭祀を絶つことをいましめ、もっぱら儒学の典籍を学ばしめて、彼の心の道法（仏教）におもむくのを礙げたという。十五歳にして父を亡い、服喪畢って、ついに趙郡の応覚寺に往き、当時東川の標領と称された明・宝二師に従って出家し、素志をつらぬいたのである。『大法師行記』末尾に「師時十八出家求学」とあるのから推考すれば、霊裕の出家は天平二年（五三五）となる。おそらく誤りはないであろう。師より命ぜられて初めて誦経しようとした時に、経律論三蔵の微言はかならずそのおくそこまで窮めつくし、中下の流に停滞することはしないであろうし、儒釈の両教にわたってあまねく通暁すべきことを誓願している。この決意は、『大法師行記』に、その先後を闕くが、

吾当学問於閻浮提中、作最大法師、若□不爾□□□……

と刻んでいるのにあたるものであろう。例として二十歳をすぎれば具足戒を受けるのである。彼がその師を求めて、『十地論』研究の権威であり、また四分律宗の開祖であるため、光統律師と称された慧光が東魏の首都鄴で大いにその名を知られているのを聞き、南下して師のもとに到らんとしたが、慧光は霊裕の鄴都到着七日前に、鄴城の大覚寺で七十歳をもってすでに世を去っていた。④『大法師行記』に、「二十有一、南遊鄴京」というものであろ

う。これは東魏孝静帝元象元年（五三八）、江南では梁の武帝が長干寺に無遮大会を設け、同泰寺にはじめて孟蘭盆会を修した年であり、また天台智顗が穎川で生まれた年でもある。

これより四年前、東魏の丞相高歓（のちの北斉神武帝）は権力をほしいままにして、孝静帝を立て、天平と改元し、十二月には鄴への遷都を断行し、一千寺に近い洛陽の仏寺を新首都の鄴に移した。新首都としての鄴の城の建築が始まったのは元象二年（五三九）である。その前年、元象元年には、詔して、梵境（仏寺）は幽玄であって、義として清曠に帰すべく、その伽藍は浄土であって、理として巷の雑沓から離れるべきであるのに遷都のどさくさにまぎれて、王侯士民の中にはほしいままに土地建物を捨して寺とする者の多いことをきびしく誡めている。ことにその冬にはまた詔して、天下の牧守、令長にことごとく新たな造寺を許さず、もしこれに違うものがあれば、そのための財の出所の如何を問わず、造営に要した工費なども計って、ことごとく枉法をもってその罪を論ずるなどきびしく寺院の新造を取り締っていることは、実はそれほど、洛陽から新首都に移ってきた寺院の建立がさかんに行われていたことをうらづけるものであり、また仏教が「猥濫の極、中国に仏教あってよりこの方、略してこれを計るに、僧尼大衆二百万、その寺三万有余、その弊害はとどまるところを知らず、まことにここにいたる」とまで評されて、当時の社会に占めていたその地位をも推察させるものがあったのである。⑤また東魏の実力者高歓が仏教に理解のあったことは、彼の名を冠した『高王観世音経』という疑経の普及ということからも知られるのである。⑥従来の首都洛陽に栄えた仏教は、かくて忽ちにして新首都鄴城の地に移り、『十地経論』を中心とした仏教学もさかんとなってきたのである。

慧光を師と求めて得られなかった霊裕は、ここに止むなくその弟子である道憑に師事して『十地経論』や『菩薩地持論』の講義を聴き、三年を経てようやくその聴講を終えたのである。ついで定州に赴いて『四分律』、『僧祇律』によって具足戒を受けたのであるが、その戒師の名はわからない。最初に出家した趙郡の応覚寺でも、適当な戒師が得られなかったのである。『続高僧伝』では「二十有二歳、具足戒を進む」というから、『大法師行記』との間に若干年時の相違がみられる。二十二歳受戒ということは当時の通例であるから、『大法師行記』のそれによれば、この時は元象二年（五三九）となる。この時、定州刺史侯景（五〇三—五五三）が霊裕の道行を知って奏請して受戒せしめ、僧籍に入れたという。二十歳の時に爾朱栄から定州刺史大行台に任ぜられた侯景は、爾朱氏の滅亡後、東魏に仕え、高歓とよく、河南大行台の職にあった。

元象二年九月には、十万人を使役しての新首都鄴城の造営のあった時であるから、霊裕は雑沓の地をさけて定州に赴いた。『大法師行記』に、「また定州に向い具戒を受け、受け已って𪂇翩《とぶように》して復《ま》た上京に返る」と記すのは、この間の消息を物語るものである。具足戒を受けて大僧となった霊裕は、再び首都鄴城に戻り、学業を続け、のち南のかた、漳滏の地（河南臨漳県）に遊び、隠公に従ってあまねく『四分律』を学んだのである。時に東魏の孝静帝武定元年（五四三）、霊裕は二十六歳であった。

ここにいう隠公とは、のちに鄴東の大衍寺に住し、年六十三で鄴城大覚寺に入寂した曇隠である⑦。曇隠は道覆の弟子となって律部に精通し、のち慧光に師事し、「光部の大弟子」と称された逸材であった。「敬まうこと神仏のごとし」と言われるように、時の定州刺史侯景の外護を得、侯景は、曇隠のために寺を建立したほどである。晩年に漳濱（河南臨漳県、漳水のほとり）に仏教の闡揚に努め、「通律持律時惟一人而已」と『続高僧伝』に伝えられているほど、持戒堅固な律僧であった。また『四分律疏』四巻の著作もあった。この時、霊裕は曇隠を尋訪したのである。師の曇隠の講義を聴き、師の説を筆記したものが、『四分律疏』五巻として世に行なわれたものであるという。曇隠の許にあること三年、東魏孝静帝の武定四年（五四六）、霊裕は二十九歳の年に辞別して鄴に帰り、曇鸞と同じ光門下である地論宗の道憑の座下に参じて、もっぱら『十地経論』の研究に没入したのである。

もともと地論宗は北魏宣武帝の永平元年（五〇八）菩提流支・勒那摩提らによって翻訳された世親菩薩造の『十

地経論』によったものであり、道憑はいわゆる相州南道派に属し、慧光門下十哲の随一に数えられた人である。

霊裕の師の道憑（四八八―五五九）については、宝山大雄宝殿前廃壁中に、

魏武定四年（五四六）歳在丙寅四月八日道憑法師造

という『題記』（目録一）があり、『大留聖窟題額』（目録二）とともに、道憑が五十九歳という晩年に、おそらくはこの宝山寺窟を創建したことを立証するものであろう。

『続高僧伝』巻八の道憑伝⑧によれば、彼は河北曲周県平恩の人で、北魏孝文帝太和十二年（四八八）の出生である。十二歳で出家して後は、『維摩経』・『涅槃経』などを学びこれに通暁した。ついで『成実論』を学んだ時に、その半分を聴いて、そくざに大義をたて、聡明の誉を得たといわれる。三十歳の時、禅境に達したと称され、各地を巡訪して嵩山少林寺に入って摂心夏坐したが、問道の人は、遠しとせずこの山に至ったという。ついで地論宗南道派の祖であり、また四分律宗の祖師と仰がれた光統律師慧光のもとに師事すること十年の久しきに及んだ。そののち四方に遊化し、『地論』・『涅槃』・『華厳』・『四分律』の講説につとめたが、その音吐朗々としてよく経論の詮明を得たことは、その授戒の弟子である上統律師法上（四九五―五八〇）とともに世人から、「憑師の法相と上公の文句は、一代の希宝なり」と評せられたことからも推察されるのである。北斉の天保十年（五五九）三月七日、鄴城西南宝山寺に卒す、春秋七十有二と、道宣は伝えている。

しかし、常盤大定博士もふれられなかったところであるが、『安陽県金石録』巻二には、「憑法師塔記」の現存を記している。この塔記は横に「宝山寺大論師憑法師焼身塔」と刻まれ、右側に小さく「大斉河清二年（五六三）三月十七日」と刻まれている。これから推せば、道憑の入寂四年の後に改めて遺骸を焼いたのであろう。道憑の入寂の年すなわち天保十年（五五九）は、弟子霊裕が『華厳文義記』を集記した年であるが、その著述のあるのは、もとより華厳に通じた師道憑の影響によるものであろう。なお、顧燮光の『河朔金石目』巻二には、天保十年四月の

「宝山寺僧霊等造象」が、近年、盗人の手によって寺から持ち出され、県外にあやうく販売されようとして発見され、これが文昌宮内の古蹟保存所に陳列してあり、その碑の書法は佳妙・刻法もまた精密であったが、里人のいたずらからほとんど文字を残さないまでに毀たれてしまっていることを記している。天保十年四月といえば、霊裕の師道憑の入寂の翌月にあたり、あるいはその追善のために建てたものであろうか。この時、霊裕が『続高僧伝』に、「年三十よりすなわち著述に存す」と伝せられているように、生涯二百巻の著作ありといわれた数多くの彼の労作の中に、初めて造ったのが『十地疏』四巻であり、『大法師行記』に、『十時疏』を造るとするものは誤伝である。

この頃、北斉の首都鄴の仏教界の指導者は、東魏の大将軍高澄（高歓の長男）の信頼をうけて鄴都に入り僧録の事をつかさどり、北斉の建国後は、文宣帝（高歓の次男、五二九—五五九）の帰仰のもとに昭玄大統に任ぜられて、国師として尊ばれた合水寺の法上（四九五—五八〇）であった。当時、吏員五十余人を置いて国内の僧尼二百余万を監督すること前後四十年といわれる。文宣帝が、国に十統をおいて釈教の事を総括せしめたのは天保の初年であり、法上が帝から殊遇を受けて、とくに大統の名を称すべしとされたのは天保二年（五五一）と伝えられる。⑨この時、法上は五十七歳、霊裕は二十四歳であった。

この頃の大統法上の勢威は、華北の仏教界を圧倒しさったかのようであり、文宣帝は法上を受戒の師と仰ぎ、自ら髪を地に布いて法上に践ましめたと伝えられるほどであった。したがって、諸学者の中には、法上に阿附して僥倖を得ようとねがう者も多かったのであるが、霊裕は貞節をたもって、かるがるしくその門を叩くことはなかった。ただ教を乞うべきことでまだ聞きもらすことのあることをのみおそれ、心にかけるだけであった。のちに法上は霊裕の心意を知って、かえって敬したという。しかも法上の学問を紹いだのはついに霊裕一人であった。法上は大象二年（五八〇）七月十八日八十六歳で入寂したが、この時霊裕はすでに六十三歳であった。法系の上では道憑の弟子である霊裕も、その師道憑がすでに天保十年（五五九）、霊裕四十二歳の時に入寂しているのであって、実質上は、法上に約三十年間師事したこととなるのである。

その著作活動

『十地疏』に始まる霊裕の著作活動は、現存の『大法師行記』の拓本から判読すれば、三十一歳以後に『勝鬘経疏』一巻、『菩薩戒本』一巻などの存在が知られ、天保十年には別に記す『華厳文義記並旨帰』合九巻の撰述が確認される。

この後、四十三歳から四十七歳までの間には、『央掘魔羅経疏』一巻、『無量寿経疏』一巻（『続高僧伝』には、寿観―観無量寿経―の疏記をつくったという）、『温室経疏』一巻、『遺教経論疏』一巻、『衆経宗要』、『信三宝論』一巻、『食穀鶏卵成殺有罪論』一巻その他の著作がある。この『食穀鶏卵成殺有罪論』は、律の立場から、穀物鶏卵を食することも有情の生命を断つとの見解からの立論であって、『続高僧伝』には「穀卵成殺論」とするもので、おそらく『大法師行記』と記す書名をとるべきものであろう。

四十七歳以後の著作としては、北周武帝の廃仏に関連しての『十怨十志頌』十首、『斉亡消日頌』二十七首、『触事申情頌』、『集滅法記』一巻、『集老経』一巻、『集荘記』一巻、『集五兆書』一巻、『華厳注』一巻、『集中情書』一巻などがあり、これらは現存しておれば、霊裕の末法思想理解を窺うにたるものとなるものである。

六十六歳以後には、『四分戒本』一巻、『金剛般若論疏』一巻、『集破寺報応記』などの著作がある。

七十四歳、隋の文帝の命によって、長安大興善寺に入り、国統に擬せられたが、辞して宝山寺に還ってから、入寂にいたるまでの間に、『仏法東行訳経法師記』一巻、『集上首御衆法』一巻、『集寒陵山□□□《浮図記?》』などを撰述したことが知られる。

もとよりこの『大法師行記』碑文の磨滅している部分にも他の著書名が記されていたはずであり、『続高僧伝』に著録されている他の多くの著作、『地持経疏』、『維摩経疏』各二巻、『仁王経疏』、『毘尼母経疏』、『往生論疏』、『弥勒上生経疏』、『弥勒下生経疏』、『大集経疏』など、また『成実論抄』、『毘曇論抄』、『大智度論抄』各五巻、『大乗義章』四巻、『聖迹記』二巻、『安民論』、『陶神論』各十巻、『勧信釈宗論』、『医決符禁法文』、『断水虫序』、『光師弟子釈徳記』、『僧制寺誥』、『孝経義記』、『三行四去頌』、その他詩評雑集あわせて五十余巻等を挙げていて、多方面にわたる霊裕の著作活動の実際が知られるのである。

以上の霊裕の著作の中で、『仏法東行訳経法師記』は『経法東流記』と称されるもので、『歴代三宝紀』巻十五、『大唐内典録』巻五などに、『歴代三宝紀』撰述（開皇十七年、五九七）以前に存在した諸師の仏経目録の中に、『霊裕法師訳経録』一巻と記しているものであろう。『歴代三宝紀』巻六の西晋録には、朱士行送来の『放光般若経』二十巻を挙げて、その解題中に「『出三蔵記集』などにならんで、『法上録』、『霊裕録』などの諸経録にこの『放光般若経』の翻訳を朱士行訳とするものは、最初に朱士行が于闐に往きこの経をさがしもとめたその功績をもって、朱士行に帰したものである」と記しているのを見る。これによれば、霊裕の訳経録というのは、わずか一巻という分量からみても、おそらく当時の仏教界への警鐘として、長途の辛苦の旅を続けて経を齎らした中国人で訳経に貢献した人の事績をのみ集録したものと思われる。また『続高僧伝』に『訳経体式』をあげているが、本来訳経には関連していなかったと思われる霊裕にこの著作のあることはうなずけない。あるいは『歴代三宝紀』巻十二に記している、開皇十五年（五九五）霊裕が七十八歳の時に、文帝が有司に命じて勅撰せしめた『衆経法式』のような、大小乗の衆経中に沙門を禁約する語はすべて摘出して、事別に分類して十巻として、比丘比丘尼をして仏の遺嘱を如法に守らしめたのにならって、教界の大先達として、末法下の仏教の現状と将来にかんがみて、古来から伝えられている訳経上の体式を整理したものであろう。『仏法東行訳経法師記』が、霊裕の七十四歳以後の著作であることからも、この類推は可能であろう。

『歴代三宝紀』巻十二の大隋録の記事を承けて、『大唐内典録』巻五に掲げられた相州大慈寺沙門霊裕撰述は、『安民論』十二巻、『陶神論』十巻、『因果論』二巻、『聖迹記』二巻、『塔寺記』一巻、『経法東流記』一巻、『十徳記』一巻、『僧尼制』一巻の八部三十巻である。この中、『十徳記』は『大唐内典録』巻十に「昭玄十徳記」と称するもので、昭玄とは彼の祖師法上を指すものであることに誤りはない。道宣の頃に『安民論』、『陶神論』、『因果論』などが現存していたことは、「裕の諸論を観るに、意は無上の法宝を宣通するに存す」という記事からも察せられるのである。『旧唐書』経籍志下には、『沙門霊裕集』二巻を挙げている。

『続高僧伝』巻九の霊裕伝には、百巻を超える数多くの著作を伝えているが、その中に『華厳疏及旨帰』合九巻として、東晋の仏駄跋陀羅訳『大方広仏華厳経』(六十華厳)の注釈があったことを記している。中国本土では早くその所在を佚してしまったようであるが、わが国では、東大寺の学僧円超が延喜十四年(九一四)に華厳宗や因明に関する書目を撰集した、『華厳宗章疏幷因明録』には、霊裕の撰述として、『華厳疏』八巻、『華厳旨帰』一巻を挙げ、『東域伝灯目録』もこれを承けている。京都国立博物館所蔵守屋コレクション中の重要文化財『華厳文義記』巻六残巻は、実にこの霊裕撰『華厳疏』八巻中の貴重な一巻である。これは『続蔵経』(一の八八の一)にも収載され、大谷大学にもこれに拠った写本が蔵されている。その日本への伝来については明らかでないが、古く奈良時代に渡来したものと言われており、日本人による古い書き入れもまま見られる。縦二六・六糎全長一〇七一・五糎のこの写本は、京都国立博物館刊『守屋孝蔵氏蒐集古経図録』の図版によっても知られるように、巻末に、

天保十年(五五九)沙門霊裕在宝山寺集記　　　鸞供養

と記されている。本文とも一筆の、端正なその書体からみて、本写本が、霊裕が四十七歳、あたかも霊裕の師道憑（四八八―五五九）が七十二歳で宝山寺において入寂した年にあたるこの天保十年に書写されたそのものであるとはにわかに断定しがたく、おそらくあまり隔たない時期に原本を転写したものと思われる。「鸞供養」の鸞が何人かはもとより未詳であるが、□鸞なる比丘の供養になるものであろう。一千四百年後の今日、わずかに遺された霊裕の『華厳疏』の残巻からは、特に末法思想に重大なかかわりをもつ、裕自身の思想傾向をあらわしているものは、窺われないが、中国唐代における華厳宗成立以前の現存する唯一の『華厳経』の注疏としては貴重なものである。『六十華厳』巻四十九、入法界品の六（巻首欠）から始まって、巻六十までの善財童子の求法遍歴の過程について『師子奮迅童女弥多羅尼』第十から『普門国普賢菩薩』第四十三までにわたって科段を設けて注解しているが、その注釈の様式もすこぶる簡潔である。

霊裕と檀越東安王

上述のような、霊裕の著述の年代的な分類によって、霊裕自身の修道と弘法活動との遍歴の過程をも知ることができるであろう。

三十歳の時、最初の著作活動としての『十地疏』撰述以後、その多方面な著述にも見られるように、霊裕はその全力を挙げて専ら華厳、涅槃、地論、律部を業としたと、道宣は記している。しかも、それのみにとどまらず、雑心義、成実論、大集経、般若経、その他、浄土教経典にも及び、その上、諸僧とともに儒教を談ずとも記されるように、内外にわたって、その学問の領域を拡めていったのである。しかも、これらの著述の本旨は、道宣も記しているように、「意は綱領に存し、章句にあらず」にあって、要は片々たる章句の解釈に重きをおかず、十戒、四十八軽戒などを初め、一切の罪悪をはなれる戒法（摂律儀戒）と、一切の自己のための修行（摂善法戒）と、慈悲にもとづく一切の利他行（摂衆生戒）の、大乗戒法の三聚浄戒のきびしい実践が、霊裕も自ら行い、教を請う人達にも厳粛に要請されたのである。もちろん君子の三畏（天命を畏れ、大人を畏れ、聖人の言を畏る）と三帰、聖人の説く五常（仁義礼智信）と五戒との相似からしても推察される日常の倫理や生活における儒仏二教の相互融和にもとづくものであるが、また北斉王朝の信仏に便乗した仏教教団の腐敗という、霊裕の周辺に実際に見聞した非常事態の痛切な反省を表現したものである。武成帝の皇后胡氏が昭玄統曇顕と通じ、のち事発われて曇顕が法に伏したというがごときは、その醜の最たるものであった[10]。文宣帝の信頼を得て、霊裕を官寺に住まわしめんとした時にも、霊裕は自らその器にあらざることをもって固く辞譲している。しかも布施にいたっては憚ることなくこれを受け、直にこれを散じている。

霊裕四十七歳の時、すなわち北斉武成帝の河清三年（五六四）、すでに知命の五十歳に近く、生涯の大業をおもって思索をこらさんとして山中に坐禅の場所を求めたが、まだ得られぬままに、遠く范陽の盧氏の招請を受けてこれに赴き、講経の度ごとに、聴衆千人をこえたといわれる。文宣帝はすでに死に、宇文の北周と抗争はたえなかったが、この年正月には北斉は晋陽に周兵を大いに破り、十二月には武成帝自ら洛陽に赴いて再び大いに周兵を破ったのである。しかもすでに国運が傾き武成帝の驕奢淫泆、賦役の過重は吏氏のひとしく苦しむところであった。この混乱の時期に河北范陽に布教した霊裕はいくばくもなく再び首都に戻り、諸法師としきりに談説を行なったが、この時東安王婁叡との交渉が始まったのである。おそらく河清四年（五六五）の頃であろう。

東安王婁叡（？―五七〇）は北斉王朝の外戚にあたる。高祖神武帝高歓の皇后の兄の子である。本来、さらにより重責に就くべきものであろうが、器幹なく、ただ外戚をもって貴幸の地位にあり、情を財色にほしいままにしたと称されたほどである。⑪皇建の始め、東安王に封ぜられたというから、霊裕は当時四十三歳であったが、なお婁叡との交友はなかった。范陽から帰ってのち、はじめて叡との交渉が持たれたのである。当時、著名な仏教外護者として知られた文宣帝は、過度の飲酒によってすでに病死しており、高歓の第九子である武成帝も河清四年すなわち天統元年（五六五）四月に、天文の変異からわずか年二十九歳で位を皇太子に譲り、太上皇帝として権を専らにしながら、和士開の勧めるままに、少壮にして意をほしいままにして楽をなし、縦横にこれを行うという、政情のすこぶる不安定な時代であったのである。

東安王婁叡が霊裕について受戒したのは、前述のように河清四年とすれば、同年四月に遠征軍の軍紀弛緩から、事に坐して大将軍の職を免ぜられた時で、おそらく失意の底にあった時であろう。これ以後、婁叡はついで太尉、翌年十二月には大司馬、のちに太傅に任ぜられたが、表面的な政治活動は記録されていない。ことに天統四年（五六八）十一月に武成上皇が四十二歳をもって死んでからは、侍中和士開の専権のもとに、まったく実力者としての政治的な活動はなく、武平元年（五七〇）正月に卒している。したがって、霊裕と婁叡との交渉は、政治的にも無力となった婁叡の晩年四ケ年ほどの短期間であった。しかし、世俗の権力からみはなされた婁叡にとっては、霊裕の宝山寺経営にその全財力を傾けたのは、霊裕への帰信とともに、彼自身の憂懐をはらし得る唯一の事業でもあったのである。『続高僧伝』には、

斉の東安王婁叡は敬を諸僧に致す、次いで裕の前に至り、覚えずして怖れて汗を流す、退き問いてその異度を知る、即ち奉じて戒師と為す、宝山の一寺は裕の経始なり、叡は施主となって金具を傾撒す、

と伝えている。宝山の一寺は霊裕の経始なりとするが、これはもとより溢美の辞であってすでに霊裕の師道憑によって開創されたものであり、そのことは武定四年（五四六）の『造題記』（目録一）によっても確認されることは上述のとおりである。また、道憑は天保十年三月七日鄴城の西南の宝山寺に卒すといい、霊裕の『華厳文義記』巻

六に、天保十年宝山寺にて集記したことを記していることも、宝山寺の東魏時代創建を証拠づけるものである。道憑によって創開された宝山寺や、その石窟を、約二十年後に、霊裕が婁叡らの援助によって、さらにその規模を拡充したことを示すものである。

宝山寺の経営

宝山寺は河南省安陽県西南四十三キロに在る。『安陽県志』巻十二の記載によれば、大雄宝殿、千手千眼観音塑像を祀った観音閣、新築の玉皇廟、その他の十房が存するのみで、近代中国における仏道混淆の実情を述べ、しかも寺僧の居住するものもなく、寺西にある僧房もすでに一片の瓦礫となり、空山残寺、遊覧するもの常に寂寥の感をいだくと、記している。わが常盤大定博士が大正十一年（一九二二）十一月末にこの地を踏査していて、天王殿・大雄宝殿を中心として、幾多の建造物の存在を『支那仏教史蹟』巻三などに報告している。もとより宝山寺そのものについては、隋代の昔を偲ぶに足る遺構はない。しかし正法久住の意図をもって、道憑や霊裕が発願して開いた。方三メートルに満たぬ小窟ではあるが、末法思想の時代意識を知る大留聖窟や大住聖窟は、今日もなお現存していて、北斉石窟群の一として、その近くにある、天統四年（五六八）から武平三年（五七二）にかけて石経を刻んだ記録のある響堂山石窟とならんで、その発願の意図は今に伝えられているのである。その石窟やそれに附随した石刻については、『支那仏教史蹟』巻三（又は中国文化史蹟第五輯）に詳細に報告されている。常盤博士は宝山石刻の拓本を山東省で買い求め、それによって宝山寺踏査を実施されたのである。今日では、わが京都大学人文科学研究所所蔵の宝山石刻拓本が公的機関に収蔵されている唯一のものではなかろうか。章末に『宝山石刻目録』を附載するゆえんである。

霊裕と数年の檀越の関係ののち、東安王婁叡は武平元年（五七〇）春正月に卒している。霊裕五十三歳の時である。あたかもこの年北周では、甄鸞が『笑道論』三巻をたてまつり、武帝これを焚き、ついで道安が『二教論』をたてまつるなど、儒仏道論争のようやくはげしさを加えんとする時で、衛元嵩らの仏教粛正策上奏などもあって、武帝は古典儒教による国家統一策を真剣に考慮していたのである。すでにこの頃、北斉の朝政の紊乱ははなはだしく、さらに突厥と結んだ北周宇文氏の攻勢は激しく、『資治通鑑』巻百七十二にも記すように、「朝士の出でて降るもの相い属《つ》ぐ」という窮状を呈したのである。

ついに、建徳三年五月丙子には北周の全域にわたって、釈道二教を廃し、経像を悉く毀ち、沙門道士二百余万を還俗せしめた。建徳六年、北斉王朝の滅亡とともに、旧斉境の宗教粛清を実施したのである。『大法師行記』に、三宝頓壊残、僧驚鼠逃、趣無於時……と述べている。六十歳の霊裕も、衆僧の例にならって、世俗の生活に入って、昼は俗書を読み、夜は仏義を談ずるという日々を送った。婁叡らの援助による宝山寺も、おそらくこの期間に荒廃したことと思われる。四年後、隋の建国とともに仏教は各地に再び盛行され、霊裕も、開皇三年（五八三）政績において当時第一と評された相州刺史樊叔略の外護を得、州の教団監督の事に当り、相州都統として、混乱期の仏教復興の責に任ずべきことを要請されたが、都統の任は固辞している。

大住聖窟の意義

紹聖元年（一〇九四）十二月八日の徳殊の撰文になる『伝法高僧霊裕法師伝』の中に、「道憑の石堂など、魏斉隆替の基、周隋廃興の跡など、遺緒つぶさに存す」と記されているこの道憑の石堂とは、もとより「武定四年四月八日道憑法師造」とある、俗に硃砂洞と称される大留聖窟を指すものである。道憑がはたしてこの石窟に自ら留聖窟と名づけたか否かについてはなお疑問が存し、おそらく後に霊裕がかく命名したものと思われる。留聖の名からして直ちに推察されることは、ここに釈迦・弥陀・弥勒三尊の石像を祀ったのは、開皇九年（五八九）霊裕が発願して作った盧舎那・阿弥陀・弥勒三尊以下を祀った大住聖窟とともに、この二石窟の開鑿があきらかに、正法久住を願った道憑・霊裕らの末法意識の危機観から出たものであることである。『続高僧伝』に、「宝山において石龕一所を造り、名づけて金剛性力住持那羅延窟となし、面別に法滅の相を鐫む、山幽に林竦《そばた》ち言切にして事彰わる、毎春遊山の僧、皆往いて其の文理を尋ぬ、読む者歔欷して操を持せずということなし、その遺跡人を感ぜしむることかくのごとし」と記しているこの霊裕窟は、入口外壁右方に迦毘羅神王、左方に那羅延神王を刻んで護法の意をあらわしている。大住聖窟と称するのは、正法を久住せしめるために、金剛性力を住持した那羅延神を窟口に刻んだところから名づけられたものであって、窟の内容そのものをあらわしたものではない。盧舎那三尊（北壁）、阿弥陀三尊（西壁）、弥勒三尊（東壁）から成る三壁三尊の石窟は、「法滅の相」と『続高僧伝』に記されている『大集経月蔵分』法滅尽品の末法説である正法護持の部分、『摩訶摩耶経』、『法華経』寿量品と分別功徳品、『涅槃経』、『勝鬘経』などの正法久住護持、仏身の長遠、大悲無限についての経説を抜萃したものを、その内外壁に刻んでいる。

『大住聖窟記』（目録五）に、

大隋開皇九年己酉歳敬」造用功一千六百廿四」像世尊用功九百」盧舎那世尊一龕」阿弥陀世尊一龕」弥勒世尊一龕」三十五仏世尊三十五龕」七仏世尊七龕」伝法聖大法師廿四人」

と刻まれていて、道宣の記した石龕一所、すなわち金剛性力住持那羅延窟の開鑿に要した一千六百二十四人の手間、像を刻むのに要した九百人の手間などを記録していることは、石窟造成史上のきわめて貴重な資料である。かくみてくると、武定四年（五四六）に、五十九歳の道憑（時に霊裕は二十九歳）によって創められた宝山寺や石窟の経営は、弟子の霊裕にうけつがれ、文宣帝の世を経て、河清四年（五六五）以後東安王婁叡の積極的な後援があり、北周武帝の廃仏を経て、開皇九年（五八九）霊裕七十二歳の時の大住聖窟題字刻成まで、その努力が続けられたのである。

霊裕が開皇十一年、文帝の懇請を辞して、国統に就任することを肯んぜず、宝山寺に帰った時には、綾錦衣絹三百段を与えて宝山寺の経営に資し、かつ、霊泉寺の勅額を賜うたことは、おそらく四十数年にわたって続けられ、廃仏のため一時中絶した宝山寺とその石窟の経営が、一応の完成をみたことを示したものである。

もともとこの宝山寺方面には三階教関係の金石資料も多く遺存している。⑫常盤大定博士は、かつて霊裕のひらいた宝山の大住聖窟の窟内外、外壁などの刻像刻経について、三階教との関係を論じられたことがある。私も峻厳な律僧の生活に終始した霊裕が、二十二歳も年少の具足戒を捨てた信行から三階教の影響を受けたとは信じないし、霊裕の刻経の中に、『大集経』の五五百年の末法説や彼自身の墓碑に刻まれた仏名をふくめて、三階教に説く七階仏名のあることも、末法思想興起の六朝末期として、これはきわめて普通のことであったと解すべきである。おそらく同じ相州に住した教界の大先達であった霊裕の影響を、信行が受けたと疑う常盤博士の解釈に従うべきであろう。

開皇十一年（五九一）霊裕七十四歳の時、文帝は、三宝を遵奉し、仏に帰依する心の深いことを自ら言い、大乗を闡揚し正法を護持せんがため、特に霊裕を召して、ともに福業を営まんとの詔勅を下したため、老齢の霊裕も止むを得ずして、弟子の慧休を伴なって、はるばる首都長安に赴き、しばらく大興善寺に住したのである。文帝の意志は、霊裕を国統に任じて、隋の仏教界を統理せしめることにあったが、このことはもとより名利を厭う霊裕の受諸するところとはならなかった。

建国の大業もようやくその基盤が安定したかに見えたが、開皇十年頃にはなお江南の各地には叛乱があいつぎ楊素らの討伐によって、あやうく大事なきを得たほどであった。かくて文帝はかねての念願であった仏教治国策に着々とその歩を進めていたのである。のちに禅宗第三祖と尊ばれた僧粲（五二九—六一三）も、開皇十年には迎えられて首都に入り、勅をもって大興善寺に住し、頻りに寺任をおさめ、法衆を緝諧し、治績世にあらわれたというから、文帝が各方面から逸材をもとめて、仏教界の革新につとめたことが理解されるのである。文帝は霊裕の条理をつくした辞退に、一応は霊裕の宝山寺への帰還を認めたのである。

僕射高熲[13]らの勧めによって、再び帝都に留るべきことを勅したのであるが、霊裕が、「一国の主は義に二言なし、今また重ねて留むるも、情のいまだ可とせざる所なり」として、ついに三勅を蒙りながら、帝意に従わなかったことは、持律堅固に、あくまで世上の栄を弊履のごとくにして顧りみなかった霊裕の真面目を示すものと言えよう。霊裕とはやや後輩で、北地に摂論宗を初めて伝えた曇遷（五四二—六〇七）が、文帝の第四皇子蜀王秀を檀越とした勝光寺に徒弟十余人を居住せしめて王の供養を受け、ために世上から栄寵に執着するものとの指弾をこうむった[14]などとはまたおのずから両者の性行の差がみられるのである。

宝山寺の復興を完成し、文帝から霊泉寺の勅額を得た霊裕は、鄴都の治の西にある演空寺に住し、持戒堅固な生活を送った。文帝はまた詔を下して敬問するところがあった。ついに大業元年（六〇五）正月二十二日所住の演空寺で、八十八歳の清廉な生涯を終えたのである。遺偈にいう、[15]「今日高堂に坐すとも、明朝は長棘に臥せん、一生もはや竟《おわ》れり、来報《らいせ》、またいずくにか息《いこ》わん、命断って人路を辞す、骸を送る鬼門の前、今一別してより後、更に会わんことといくばく年ぞ」と。

終南山彰淵（五四四—六一一）、日光寺法礪（五六八—六三五）、慈潤寺慧休（五四八—六四六）、寒陵山寺道昂

子たちが、霊裕の法を嗣いで弘化に努めたのである。[16]（五六五―六三三）や法住寺曇栄（五五五―六三九）、霊智（五六〇―六三四）などの明律・習禅をもって知られた弟

霊裕の信念

霊裕の弟子とはいいながら、終南山至相道場の彭淵は、師よりも四歳の年長であった。華厳・涅槃・地持・十地など、当時の学侶の勤習すべきものはみな学んだが、戒行を重んじて、譏疑に渉るものあれば足を斂めて行かず、尼寺市鄽にも往かずという、身を謹む生活に終始した。霊裕の戒行具足の生活に憧憬して門に入り、年齢を超越し師弟として真剣な論道説義に終日竟夜すという日々であった。後に彭淵は長安の近く終南山に至相道場を置いてこれに居り、多くの徒侶とともに如法の生活を送った。霊裕が七十四歳の時、文帝の召請に止むなく帝都に出かけた時にも国統就任の勅召に随わず、大興善寺を出て、この至相寺に掛錫したことがある。おりしも、寺域狭隘のため、寺の西南の丘に新たに土地を求め、霊裕はこれに福地と名づけ、たんに寺衆のためだけでなく、備蓄をゆたかにして、一般人のためにもこの寺を開請した。その意志はうけつがれて今にいたるまで五十余年、凶年といえども寺の備蓄は虧くることなく、衆人の大きな救いとなっていることを、『続高僧伝』の著者道宣は伝えている。これはあきらかに三階教にいう無尽蔵院を思わせるものであり、また三階教の百塔院はこの彭淵の至相道場に基づくとする説もあり、霊裕と三階教の因縁はここにも見られる。[17]

しかしながら、霊裕には、自ら戒行をすてて世俗の場に出ることはなかった。都統、国統たることを固辞してその意を貫徹したのもそのためであった。生涯に布施行を怠らず、千領の袈裟もそのために喜捨し、兼ねて衆人のた

めに医療救済事業を行い、しかも講授の寸隙には西方阿弥陀仏国に正面して念仏をおこたらず、入門を希む者はこばまず、受具戒者と未具者に分って両堂に養い、その言行にみだりのある者は僧伽から擯出し、一代の学僧として自他ともに許した浄影寺慧遠に対しても、講学を法事として、説戒の席に欠席したことをするどく誡めるなど、厳格な寺院生活の実践に終始したのである。機教想応に急なるあまり、時に沙門の本質を忘れ、末法に悲観するあまり、時の為政者、教団への仮借なき批判は、逆に新たな社会不安を醸成したかの感さえあるにいたった信行の三階教とは、截然と区別されなければならない。誓って女人尼衆には授戒せず、わずかに三聚浄戒を授けるには、律の定めによって七衆具備することを必要とするため、やむを得ず儀式の直前に女衆の寺に入ることをゆるし、儀式終るや直に寺より出でしめたというほど、法席の清厳を保つにつとめたのである。衣服の上にも律制を守るに急であった。

このような霊裕の厳粛な態度に、戒律の厳守に仮託して名を求めるものであるとの批難さえ生じた程であったが、霊裕は、「君子は名を争い、小人は利を争う」として、全く意に介するところがなかった。詐って善相をなすものであるとの批難にも、真心をもちながら、罪をなすよりはましだとして、臆するところがなかった。このような徹底した戒律厳守の自信は、宝山に大住聖窟をひらいて面別に法滅の相を鐫んだのも、消極的な末法への順応でなく、積極的な自己恢復の立場を表現したものとして受けとられるのである。

同じ宝山に大留聖窟をひらいた師の道憑も、勢貴豪家には全く遊止することなく、脛臂に服なく、生涯これをもってとおしたという如法の生涯であった。またもう一人の霊裕の師であり、末法説について釈尊入滅以来北斉武平七年（五七六）まで一千四百六十五年なりとの年時を確定した法上も、また大統の任にありながらも、法衣瓶鉢以外さらに余財なく、生れてより屨乗せず、歩いてもって命を畢り、門人には学ぶ所をその心に任せて大いにその志を伸ばしめるなどのことがあった。

かくして、曇隠、道憑、法上、霊裕の相承においては、末法というといえども、僧風の粛正こそがこれに対処する唯一無上の途であったのである。道宣が「霊裕伝」を結ぶにあたって、「東夏に仏法流れてより、化義は等を異にするも、教を立て、行を施し、信を千載の後にまで取る者は、霊裕それ一人なり」と断じているのは、霊裕没後一千三百七十五年、『続高僧伝』撰述後一千三百三十四年の今日、なお疑いを容れない名言である。

① 霊裕についての従来の研究は、わずかに常盤大定博士の、大正十年十一月三十日の宝山踏査を中心とした諸報告―『支那仏教史蹟』三及び同評解三に詳密な現状調査報告（貞観六年の『大法師行記』、紹聖元年の『伝法高僧霊裕法師伝』その他多くの金石文も収録）、これを継いだ『支那文化史蹟』第五輯、同解説―（昭和五十二年には『中国文化史蹟』として復刻されている）―があり、また同博士に、『三階教の母胎としての宝山寺』（昭和二年一月刊、宗教研究所収四ノ一）、『隋の霊裕と三階教の七階仏名』（昭和十三年刊支那仏教の研究所収）、関連するものとしては塚本善隆博士の、『房山雲居寺と石刻大蔵経』（昭和十年五月刊『東方学報京都』第五冊副刊『房山雲居寺研究』）の第三章静琬の石経刻造事業に若干ふれるところがある。また同博士の『三階教資料雑記』（昭和十二年四月刊『支那仏教史学』創刊号）参照。

② 『歴代三宝紀』巻九には、正始五年（五〇八）洛陽に来て菩提流支とともに『十地経論』を訳し、のちに意があわず各別に訳出したことを記している。これは地論宗の相州南道派（勒那摩提→慧光）、北道派（菩提流支→道寵）の分派をきたしたものである。『続高僧伝』巻一の菩提流支伝に附見する勒那摩提の伝も、『歴代三宝紀』の記事を承けている。これらに比して、『大法師行記』は、なお十一年前に勒那摩提が中国に到着していたことを明らかにしている。また昭和元年（一九二六）刊の『支那仏教遺蹟評解』巻三には、『大法師行記』の碑の文を録しているが、多少の誤読もあり、清の嘉慶二十四年（一八一九）の『安陽県金石録』（巻二）と併せ読むべきである。

③ 曲陽は戦国時代からその名を知られ、河北省定県のやや西北方約四十キロにある。一九五三年十月、この曲陽の修徳寺古址から石仏が偶然にも農民の穴蔵作業中に発見され、数年本格的な調査発掘の結果、二二〇〇体以上もの石仏が発見された。その中には霊裕四十歳の時である天保八年（五五七）七月二十日張延造思惟像もある。長広敏雄博士稿『曲陽発見の石仏について』（昭和三十八年六月刊『美術史』第四十九冊）参照。

④ 慧光の入寂については、『続高僧伝』巻二十一慧光伝に、国統に任ぜられて鄴にあったが、死を予測し、ついに鄴城大覚寺

で奄化した、春秋七十なりと記すが、その年時は明らかでなかった。この『大法師行記』の記事から推せば、慧光の生卒は、北魏の献文帝皇興三年（四六九）から東魏孝静帝元象元年（五三八）までとなる。また常盤大定博士著『支那仏教の研究』一九二頁参照。慧光の師、昭玄沙門大統僧令（四五四—五三五）については、塚本善隆博士稿『魏故昭玄統沙門大統僧令法師墓誌銘』（昭和三十八年六月刊『岩井博士古稀記念典籍論集』）参照。

⑤『魏書』巻一一四釈老志に、猥濫之極、自中国之有仏法、未之有也、略而計之、僧尼大衆二百万矣、其寺三万有余、流弊不帰、一至於是、という。また塚本善隆著『魏書釈老志の研究』三〇三頁以下参照。

⑥牧田稿『中国仏教における疑経研究序説』（昭和三十九年三月刊『東方学報京都』第三十五冊所収）参照。また昭和五十一年三月、京都大学人文科学研究所刊『疑経研究』を見よ。

⑦『続高僧伝』巻二一曇隠伝（大正巻五〇・六〇八c）。『大法師行記』にはたまたまこの部分が残っている。「……年廿六、従隠律師、学於四分、其律師也、業想清高……」。また僕射高隆之（『北斉書』巻一八）も曇隠に師事した。曇隠は同時代の沙門道楽とともに「律宗明略、唯有隠楽」と称された。

⑧『続高僧伝』巻八（大正巻五〇・四八四b〜c）。

⑨『続高僧伝』巻八（大正巻五〇・四八五b）。

⑩『北斉書』巻九、武成胡后伝参照、また『続高僧伝』巻二三、斉逸沙門釈曇顕は、「流俗に放達するをもって人世に遁潜して之く所を知らず」と伝されているが、北斉書所見の曇顕とほとんど同時代である。おそらく同一人であろう。

⑪『北斉書』巻四八外戚に見える婁叡伝及び同巻一五婁昭伝に附見する婁叡伝参照。昭の字が菩薩、叡の字が仏仁であることも、胡族権力者の仏教信仰を示す時代の特色をあらわしている。宝山に存する『大方広仏華厳経碑』（目録一八）には年月は刻されていないが、首題（大方広仏華厳経菩薩明難品第六）の下に、寺檀越主司徒公使持節都督瀛冀光岐豊五州諸軍事瀛冀光岐豊五州刺史食常山郡幹東安王婁叡東安王郡君楊とある。北史（五四）、北斉書の列伝にも記さない官職名を刻んでいる。これは正史の略を補い得るものである（『安陽県金石録』巻二参照）。

⑫羅振玉の『鄴下冢墓遺文』にもその全文を収載している、貞観十三年（六三九）二月二十三日正書の『僧順禅師塔誌』（目録三一）については、塚本善隆博士も、明白な三階教徒としての僧順の塔碑の存在を報告されている（『支那仏教史学』創刊号、三階教資料雑記）。僧順（五五五—六三九）は河南渉県の人、あまねく諸法を求めて四十余年、ついに当根仏教（三階教）に遇い、悪を認め善を推し、乞食し頭陀し道場に観仏し、精懃して命を尽すと伝せられている。僧順が死んだ後、弟子達は師屍を

林葬の法によって屍陀林（sīta-vana, 寒林、棄屍所）に送り、のち舎利を収めて塔を建てたのである。この屍陀林に僧順の遺骸を送ったというのは、三階教祖信行禅師が開皇十四年（五九四）正月四日真寂寺に卒したのち、信行の遺骸を同七日終南鵄鳴阜に送り、身血肉を捨して無上道を求めた、生施死施、大士に苦行の蹤有り（故大信行禅師銘塔碑）と記すように、祖師以来特に三階教徒の間に行なわれた葬法である。もちろん三階教独自のものでなく、『続高僧伝』巻八曇延伝にも見られるように、心ある僧の間によく行なわれたものである。この葬法の理論的根拠が、おそらく『要行捨身経』となったものであろう。『要行捨身経』そのものは、敦煌文献に存するかぎりでは、玄奘三蔵奉詔訳と仮託されて、『開元釈教録』の編纂（開元十八年、西紀七三〇）の頃に最もよく流行していたと思われる疑経であるが、それに附せられた屍陀林発願文は、隋の『法経録』には、すでに『屍陀林経』一巻としてその名が録されている。私はさきに『要行捨身経』について、一文を認めたことがある（『西域文化研究』第六、『疑経研究』）ので、今は省略するが、霊裕より約三十五年遅れて死んだ宝山光天寺の僧順らの葬法の、『要行捨身経』との関係について考慮すべきことを注意するにとどめる。

⑬　文帝に代って受戒懺罪した高熲（『隋書』四一）、虞敬則（『隋書』四二）らは、いずれもその終りを全うすることができず、或は誅され或は辺地に流謫されて空しく死するなどのことが多い。隋代における形式的な仏教信仰の実態を示すものである。この他にも、『続高僧伝』巻一八曇遷伝にも、高熲、虞敬則、蘇威らが朝務の暇に経巻を執って教を承けたことを記している。また高熲が熱心な三階教の外護者であって、真寂寺を立てて信行をこれに居らしめたことは顕著な事実である。

⑭　『続高僧伝』巻十八（大正五〇・五七三a）下勅為第四皇子蜀王秀、於京城置勝光寺、即以王為檀越、勅請魏之徒衆六十余人、住此寺中、受王供養、（中略）遷既為帝王挹敬侯伯邀延、抗行之徒是非紛起、或謂滞於栄寵

⑮　『続高僧伝』巻九（大正五〇・四九六c）制詩二首、初篇、哀速終曰、今日坐高堂、明朝臥長棘、一生聊已竟、来報将何息、其二　悲永殞曰、命断辞人路、骸送鬼門前、従今一別後、更会幾何年

⑯　『続高僧伝』巻十一、終南山至相道場彭淵（大正蔵五〇、五一一b）、同巻二十二、相州日光寺法礪伝（六一五c）、同巻十五、相州慈潤寺慧休伝（五四四b）、同巻二十、相州寒陵山寺道昂伝（五八八a）、同巻二十、潞州法住寺曇栄伝（五八九a）参照。霊智は道昂伝に附見する。また慧休には、貞観二十年（六四六）三月の慧休法師記徳文（目録一〇七）、貞観二十一年四月の大慧休法師灰身塔銘（目録四二）がある。

⑰　矢吹慶輝著『三階教之研究』一三二頁参照。このことで、霊裕が三階教の先駆であることにはならない。三階教徒の考えた末法思想にしても、その拠りどころとした経典は必ずしも『大集経』月蔵分だけではなかった。三階教徒法蔵（六三七―七一四）の碑である大唐浄域寺法蔵禅師塔銘（『金石萃編』巻七十一）に、「仏般入涅槃してより今に千五百年なり、聖人見れず、

正法陵夷す、すなわち善華月法師、楽見離車菩薩あり、この絶紐を愍れみて、ならびに三階を演べしも、其の教いまだ行なわれずして、みな弑戮に遭へり」という。三階の教の起源を印度の経説にもとづいてその権威を高めんとしたものであることは容易に察せられるものである。この善華月法師については、常盤大定博士(『支那仏教の研究』九七頁)はその名が高斉の天竺三蔵那連提耶舎(四九〇―五八九)訳『月灯三昧経』巻八(大正一五・六〇二b～六〇五c)に見えていて、「正法滅する後、末法の中」において善華月法師が時の国王勇健得王の命を受けた旃陀羅の難陀に殺戮されたことを指摘された。「楽見離車菩薩に関してはまだその経説を検出せぬ」と記すが、これは劉宋の求那跋陀羅(三九四―四六八)訳『大法鼓経』巻下(大正九・二九八c)に、正法の滅せんと欲する余の八十年(正法滅尽後の八十年)に一切世間楽見離車童子なる菩薩があらわれて、五種の繫縛をもって悪魔とその眷属を、小兎を縛するがごとくたやすく縛して、『大法鼓経』を宣唱すべしと説く、楽見離車童子が、『三階教法蔵碑』に見える楽見離車菩薩であることに相違はない。この楽見離車菩薩は、さらにさかのぼって『大法鼓経』とはほとんど同様の経説をもつ北涼の曇無讖(三八五―四三三)訳『大方等夢想経』巻五(大正一二・一一〇〇a)にいう一切衆生楽見梨車童子と同一人であろう。『大方等無想経』にも、正法滅尽せんとするの時、その悲運を拯い、広くこの経を世に流布せしめたことを説き、『大法鼓経』とともに、中国における末法思想興起の上に一つの根拠となったものであることが推測せしめられるのである。

附録　河南宝山石刻目録

凡例

一、京都大学人文科学研究所に収蔵する河南宝山石刻拓本の目録である。順序は研究所登録番号によった。
二、安陽県金石録、河朔金石目、支那仏教史蹟第三輯（中国文化史蹟第五輯）を参照した。

1	東魏	道憑法師造題記　魏武定四年（五四六）歳次丙寅四月八日道憑法師造（安陽県金石録巻一、河朔金石目巻二、支那仏教史蹟及評解三）
2	隋	大留聖窟題記　南无日光仏等の小刻字あり（安陽県金石録巻一、河朔金石目巻一、支那仏教史蹟及評解三）
3	隋	大住聖窟那羅延神王題名（河朔金石目巻二、支那仏教史蹟及評解三）
4	隋	大住聖窟迦毘羅神王題名（河朔金石目巻二、支那仏教史蹟及評解三）
5	隋	大住聖窟龕記及歎三宝偈、法華経寿量品　開皇九年（五八九）（安陽県金石録巻二、河朔金石目二、支那仏教史蹟及評解三）
6	隋	大住聖窟法華経寿量品　5に続く
7	隋	大住聖窟妙法蓮華経分別功徳品（安陽県金石録巻二、河朔金石目巻二、支那仏教史蹟及評解三）
8	隋	大住聖窟五十三仏名（観楽王薬上二菩薩経）（安陽県金石録巻二、河朔金石目巻二、支那仏教史蹟及評解三）
9	隋	大住聖窟三十五仏名及十方仏名（河朔金石目巻二、支那仏教史蹟及評解三）
10	隋	大住聖窟二十五仏名（北魏菩提流支訳仏名経巻八）（河朔金石目巻二、支那仏教史蹟及評解三）
11	隋	大住聖窟大集経月蔵分法滅尽品初（河朔金石目巻二、支那仏教史蹟及評解三）
12	隋	大住聖窟涅槃経（河朔金石目巻二、支那仏教史蹟及評解三）
13	隋	大住聖窟勝鬘経（河朔金石目巻二、支那仏教史蹟及評解三）
14	隋	大住聖窟大集経月蔵分中及摩訶摩耶経（河朔金石目巻二、支那仏教史蹟及評解三）
15	隋	大住聖窟世尊去世伝法聖師題名幷書象　付法蔵伝の二十四祖（河朔金石目巻二、支那仏教史蹟及評解三）
16	隋	大住聖窟仏名

17 唐 大聖熾盛光仏頂大威徳消灾吉祥陀羅尼経
18 北斉 大方広仏華厳経菩薩明難品六、東安王婁叡等建
19 唐 故霊泉寺玄林禅師神道碑幷序（陸長源撰）
天宝八載（七四九）二月十五日（安陽県金石録巻四、支那仏教史蹟及評解三、平津読碑続記）
20 金 宝山霊泉寺地界記　大定四年（一一六四）（河朔金石目第二、大定九年三月十五日）
21 唐 霊裕法師灰身塔大法師行記　弟子海雲撰貞観六年八月廿日（安陽県金石録巻三、支那仏教史蹟及評解三）
22 唐 大唐相州安陽県大雲寺故大徳霊慧法師影塔之銘　開元五年（七一七）三月（安陽県金石録巻三）
23 宋 有隋相州天禧鎮宝山霊泉寺伝法高僧霊裕法師伝幷序　釈徳殊叙幷題額　紹聖元年（一〇九四）十二月八日（安陽県金石録巻七、支那仏教史蹟及評解三）
24 唐 霊裕法師灰身塔記（河朔金石目巻二参照）
25 明 宝山霊泉寺記　正徳六年（一五一一）十二月
26 隋 道政法師支提塔記　開皇十年（五九〇）正月十五日
27 隋 故静証法師砕身塔記　開皇十四年（五九四）（安陽県金石録巻二）
28 隋 比丘道寂願生安楽灰身塔記　仁寿元年（六〇一）正月廿日（河朔金石目巻二）
29 隋 比丘諱慈明塔支提記　仁寿二年（六〇二）四月五日（安陽県金石録巻二）
30 唐 故大僧堪法師灰身塔記　貞観十二年（六三八）四月八日
31 唐 僧順禅師塔記　貞観十三年（六三九）（鄴下冢墓遺文巻上）
32 唐 故慧静法師霊塔之銘　貞観十五年（六四一）四月廿三日（河朔金石目巻二）
33 唐 慈潤寺故大智逈論師灰身塔記　貞観十六年（六四二）十月十日
34 唐 弟子智炬為師重建支提塔記　貞観十八年（六四四）四月十日
35 唐 慈潤寺故大智猋律師灰身塔記　弟子智瓊造　貞観十八年四月（安陽県金石録巻三、河朔金石目巻二）
36 唐 故清信女大申優婆夷灰身塔記　貞観十八年五月廿七日
37 唐 弟子普関善昂愛道為亡師造灰身塔記　貞観十八年十一月十五日
38 唐 大雲法師灰身塔記　貞観十九年（六四五）十月（河朔金石目巻二）
39 唐 聖道寺静感禅師灰身塔記　貞観二十年（六四六）三月廿一日　敦煌人（河朔金石目巻二）

40	唐	報応寺故大海雲法師灰身塔記　貞観二十年四月八日（河朔金石目巻二）
41	唐	故大優婆塞晋州洪洞県令孫佰悦灰身塔銘　貞観二十年十月十五日（河朔金石目巻二）
42	唐	慈潤寺故大慧休法師灰身塔記　貞観二十一年（六四七）四月（続高僧伝巻十五に唐相州慈潤寺釈慧休（五四八―六四六）伝あり、目録一〇七参照）
43	唐	故居士子粛倹灰身塔記　永徽元年（六五〇）二月八日造（河朔金石目巻二）
44	唐	故優婆塞張客子灰身塔記　永徽元年（六五〇）六月八日
45	唐	慈潤寺故大法珍法師灰身塔記　永徽元年十二月八日（安陽県金石録巻三、河朔金石目巻二）
46	唐	慈潤寺故道雲法師灰身塔記　永徽二年（六五一）四月八日（安陽県金石録巻三、河朔金石目巻二）
47	唐	光厳寺故大上坐慧登法師灰身塔記　永徽五年（六五四）正月（安陽県金石録巻三、河朔金石目巻二）
48	唐	故清信士馮仁剛灰身塔記　顕慶二年（六五七）二月廿七日（安陽県金石録巻三、河朔金石目巻二）
49	唐	聖道寺故大比丘尼慧澄法師灰身塔記　顕慶二年七月八日（河朔金石目巻二）
50	唐	故大張優婆夷灰身塔記　顕慶三年（六五八）正月四日（河朔金石目巻二）
51	唐	A聖道寺故大比丘尼僧愍法師灰身塔記　顕慶三年二月八日（河朔金石目巻二） B聖道寺故大比丘尼妙信法師灰身塔記　顕慶三年二月八日
52	唐	光天寺故大比丘尼妙徳法師灰身塔記　顕慶三年二月八日（河朔金石目巻二）
53	唐	光天寺故大都維那正信法師灰身塔記　顕慶三年四月八日（河朔金石目巻二）
54	唐	故信清士呂十師灰身塔記　顕慶三年四月（目録五五と一具のもの、目録一〇八参照）
55	唐	故清信士呂十師灰身塔記　顕慶三年四月（河朔金石目巻二）
56	唐	故大都維那慧雲法師灰身塔記　顕慶三年十二月八日（河朔金石目巻二）
57	唐	光天寺故大比丘尼智守法師灰身塔記　顕慶四年（六五九）四月十四日（河朔金石目巻三）
58	唐	聖道寺故大比丘尼□□法師灰身窣堵婆記　龍朔元年（六六一）四月八日（河朔金石目巻二）
59	唐	聖道寺故大比丘尼道蔵灰身塔記　龍朔三年（六六三）一月廿一日
60	唐	慈潤寺故大員昭律師灰身塔記　乾封元年（六六六）二月八日（河朔金石目巻二）
61	唐	相州滏陽県尉劉貴宝供養記　乾封二年（六六七）二月（安陽県金石録巻三、河朔金石目巻二）
62	（周）	大唐願力寺故贈法師影塔之銘幷序　天授二年（六九一）四月八日（河朔金石目巻二）

63	（周）	大周相州安陽霊泉寺故寺主大徳智□師像塔之銘幷序　長安三年（七〇三）（安陽県金石録巻三、河朔金石目巻二）
64	唐	A張法師残塔記　開元十一年（七二三）十二月（河朔金石目巻二） B開元僧人残塔記　開元十二年（七二四）（河朔金石目巻二）
65	唐	故方律師像塔之銘　開元十五年（七二七）（目録六九、一〇九参照。安陽県金石録巻三）
66	唐	霊泉寺元蔵灰身塔記　天宝六載（七四七）二月十五日（河朔金石目巻二）
67	唐	禹璜題記　咸通八年（八六七）五月（安陽県金石録巻四、河朔金石目巻二）
68	唐	報応故大僧□法師灰身塔記　□□□年二月八日故方律師像塔之銘
69	唐	故方律師像塔之銘
70	後周	相州彰徳軍造採石記　顕徳元年（九五四）十二月（安陽県金石録巻四、河朔金石目巻三）
71	明	本師印空和尚霊骨之塔記　洪武三十年（一三九七）三月
72	明	本師前代都綱兼福会寺住持林公古山和尚霊骨之塔記　永楽十九年（一四二一）
73	明	本師都綱智公魯菴大和尚霊塔記　宣徳四年（一四二九）
74	明	円寂本師住持志公和尚塔記　正統六年（一四四一）
75	隋	造灰身霊塔頌（河朔金石目巻二）
76	唐	霊泉寺故大修行禅師灰身塔記
77	唐	慈潤寺大明歆律師支提塔記（河朔金石目巻二）
78	唐	聖道寺故大比丘尼静感禅師灰身塔記
79	隋	光天寺大比丘尼普相法師灰身塔記（河朔金石目巻二）
80	唐	灰身塔記　□□十二年四月廿三日
81	唐	故大□□灰身塔記　□□四年歳次丁丑十一月
82	唐	大慈持□方起法師灰身塔記
83	唐	灰身塔記
84	唐	故郝居士塔記（河朔金石目巻二）
85	唐	灰身塔記
86	唐	灰身塔記

87 唐 相法師灰身塔記
88 唐 故人居士曹羅什塔記（河朔金石目巻二）
89 明 前代住持第陸代祖師印公和尚覚霊塔記
90 明 本師亮公和尚覚霊之塔記
91 唐 張文達造阿弥陀仏観世音菩薩大勢至菩薩像記　貞観廿年（六四六）（河朔金石目巻二）
92 隋 仏弟子清信女古大娘陸二娘造阿弥陀観世音大勢至菩薩像記（安陽県金石録巻二、河朔金石目巻二）
93 隋 清信女盧敬造阿弥陀仏観世音菩薩大勢至菩薩記（河朔金石目巻二）
94 隋 清信女王敬造弥勒世尊及二菩薩像記（安陽県金石録巻二、河朔金石目巻二）
95 唐 清信女古四娘等造阿弥陀観音大勢至記（河朔金石目巻二）
96 唐 造観世音菩薩像記（河朔金石目巻二）
97 唐 普賢菩薩題名
98 唐 文殊師利題名
99 唐 東宝山明公等題名（河朔金石目巻二）
100 隋 処常□見仏題記
101 北斉 方法師鏤石班経記（華厳経偈賛、涅槃経聖行品附乾明元年刻経記）＝霊山寺方法師造国師稠禅師重脩仏龕記＝（善応村洹水北崖上にあり、宝山石刻にあらず）（乾明元年は五六〇）（安陽県金石録巻二、河朔金石目巻二）
102 隋 二十五仏名（河朔金石目巻二、支那仏教史蹟及評解三）
103 隋 礼仏懺悔文（河朔金石目巻二、支那仏教史蹟及評解三）
104 隋 礼懺文
105 隋 塔頌（河朔金石目巻二）
106 唐 故慧静法師霊塔之銘　貞観十五年（六四一）四月（河朔金石目巻二）
107 唐 慈潤寺故大論師慧休法師刻石記徳文　貞観二十年（六四六）三月（河朔金石目巻二、支那仏教史蹟及評解三）
108 唐 婁載造塔　顕慶三年（六五八）四月八日（目録五四、五五参照）
109 唐 故方律師像塔之銘　開元十五年（七二七）三月（安陽県金石録巻三、霊泉寺律師玄方（六八六―七二一）の塔銘で目録六五、六九を合したもの。唐代の恩度を知る資料である）

大唐蘇常侍写真定本

正倉院聖語蔵に千数百年来襲蔵されてきた数千巻におよぶ古写経類が、奈良時代の精神的支柱として、また同時代の輝かしい文化遺産として、今日もなお貴重とすべきものであることについては、おそらく異論をはさむ余地はないであろう。ことに、数少ない隋唐経の中には、『賢劫経』（隋大業六年書写）や『阿毘達磨大毘婆沙論』（唐写）のごとき、歴史的にも多くの問題を内包したものもある。昭和二十八年秋以来、毎年の曝涼に際して、私は幸いにも隋唐経を主とする正倉院古写経の調査研究の一員に加えられたが、なお研究継続中であり、いまはその研究成果の一篇を録して、その責任の一端を果さんとするものである。

大唐蘇常侍写真定本

『正倉院聖語蔵経巻目録』の唐経三十点の中の第二号に、『阿毘達磨大毘婆沙論』巻七十・巻百七十八の二巻が記録されている。唐経第十一号にも、同論の巻七・巻百三十六の二巻が記録されているが、同じく唐経としても、第二号・第十一号は各別に論ずべきであるので、第十一号の『毘婆沙論』についてはふれない。

『毘婆沙論』巻七十・巻百七十八には、奥題の後に、次のような訳場列位の抜き書と願文がある。

（巻七十）

永徽六年八月廿日、於長安大慈恩寺翻経院、三蔵法師玄奘奉　詔訳　洛州天宮寺沙門玄則　筆受

大唐中大夫内侍護軍仏弟子観自在、従旡始時来、逢縁起過、造罪恒沙、迷没愛河、縈纏（以下欠）……

（巻百七十八）

永徽六年九月廿日、於長安大慈恩寺翻経院、三蔵法師玄奘奉　詔訳　洛州天宮寺沙門玄則　筆受

大唐中大夫内侍護軍仏弟子観自在、従旡始時来、逢縁起過、造罪恒沙、迷没愛河、縈纏苦海、敬写西域新翻経論、以通未聞之所、願四生六道、等出塵労、法界有窮、斯願旡泯

この二巻の奥書から知られることは、永徽六年（六五五）秋に玄奘の訳した『大毘婆沙論』を、簡略な訳場列位を附して、中大夫内侍護軍で法号を観自在と称した相当高位の宦官が、新訳経論書写流通の功徳によって、四生六道ことごとく、この塵界を度脱せんと願うたことである。翻訳の年時が、『大慈恩寺三蔵法師伝』巻九や、『開元録』巻八に記すところと異っていることも、このような大部な論の翻訳には相当長期間を要することであろうし、正式の翻訳以前にすでにとりかかっていたことも予想される。また訳場列位の省略されていることも、本来はととのっていたものを、後の伝写のさいに、繁をいとってしばしば削略されることは珍しくないことである。しかもこの二巻には、ともに原状のままの紙背各紙継目下方に、縦九分横九分五厘、「大唐蘇常侍写真定本」の角朱印が捺されている。蔵書印ならばともかく、いやしくも「大唐蘇常侍写真定本」と捺印するからには、願主と敬写者と当然同一人たりとの前提が予想され、願文にいう大唐中大夫内侍護軍仏弟子観自在が、おそらくは蘇常侍なる宦官その人なりと推定される。

この「大唐蘇常侍写真定本」なる角朱印は、正倉院聖語蔵の他の唐経にも見ないもので、また他の蒐集家の持つ唐経にあるやいなやも未詳である。聖語蔵唐経第十一号の『毘婆沙論』巻七には、「松宮内印」の角朱印が、紙背

各紙継目に一ケ所宛上下交互に捺されていて、田中塊堂氏は聖武天皇の私印なりとの伝説を記している（『日本写経綜鑒』）が、事の真否についてはなお問題が存する。

玄奘訳『阿毘達磨大毘婆沙論』は、『開元釈教録』巻八によれば、論の第一巻は顕慶元年（六五六）七月二十七日から長安の大慈恩寺翻経院で訳業が開始され、その前年には正倉院本に見えるように巻七十、巻百七十八などが訳出され、全巻は同四年七月三日に完成しており、その間の事情については『大慈恩寺三蔵法師伝』巻九に詳しい①。それが『倶舎論』研究のための参考書としての意義において、一時中国や日本の仏教界に重視されたこともあったが、今日では、それ自身が一個の独立した研究対象としてとりあげられることは殆どないようである。しかも二百巻という尨大な論であるため、書写されることもすくなかったと思われ、大正大蔵経第二十七巻に収められた本論も、高麗版を底本として、宋元明蔵経の校合はあるが、普通の刊本はない。またその古写本は、五月一日経にもこの論の巻二十三があるし、『大日本古文書』巻十二所収の「倶舎宗写書布施勘定帳」によれば、一部二百巻を書写した布施の勘定②が記録されている③。

「大正新脩大蔵経勘同目録」（昭和法宝総目録第三巻所収）には、高麗蔵本を底本とした本論の校訂には、前述の正倉院聖語蔵本の唐経四巻、北村繁樹氏蔵本の唐経と伝えられる巻三、故山田文昭氏蔵本の奈良時代書写の巻百三の六点を挙げている。また故守屋孝蔵氏蒐集の古写経中に、重要美術品に指定された、天平宝字六年（七六二）四月八日願主光覚の、『大毘婆沙論』巻百十六があり、田中塊堂氏の『日本写経綜鑒』にも、白鳳初期と伝えられる『大毘婆沙論』断簡が紹介され、また福岡県興聖寺の色定法師一筆一切経中の『阿毘達磨大毘婆沙論』巻百十一には、「元久元年（一二〇四）甲子六月二十日書之了、自一交了」と見えるなどの数点を見出すのであるが、これらの日本古写経類はおそらくは聖語蔵の仏弟子観自在本―大唐蘇常侍写真定本にもとづくものと思われるにもかかわらず、その願文を見出し得ず、仏弟子観自在本すら、一部二百巻の完全な形で、日本に流伝したかもさだかではない。現行の大正大蔵経本は高麗再雕版であって、その第一巻末には、宋・元・明版などの他の蔵経に附されていない訳場列位や、大唐中大夫内侍護軍仏弟子観自在の願文が録されている（知恩院本『瑜伽師地論』巻五十四の願文をも参照して若干訂正した[4]）。

（訳場列位）

顕慶元年七月二十七日於長安大慈恩寺翻経院三蔵法師玄奘奉　詔訳　弘法寺沙門嘉尚筆受　大慈恩寺沙門明珠　証義　大慈恩寺沙門恵貴　証義　大慈恩寺沙門法祥　証義　西明寺沙門慧景　証義　大慈恩寺沙門神泰　証義　大慈恩寺沙門普賢　証義　大慈恩寺沙門善楽　証義　大慈恩寺沙門栖玄　綴文　大慈恩寺沙門靖邁　綴文　西明寺沙門慧立　綴文　西明寺沙門玄則　綴文　大慈恩寺沙門義褒正字　大慈恩寺沙門玄応　正字　西明寺沙門神察　執筆　大慈恩寺沙門弁通　執筆　同州魏伐寺沙門海蔵　筆受　大慈恩寺沙門神昉　筆受　西明寺沙門嘉尚　筆受　大慈恩寺沙門大乗光　筆受

夫物情斯感、資于教悟、大聖貽則、寔啓疑徒、而先匠訳辰、篋爾無紀、爰使後学積滞疑懐、今故具書、以彰来信、願伝写之儔、与余同志、庶幾弥劫、永無惑焉

（願文）

大唐中大夫内侍護軍仏弟子観自在、敬写西域新翻経論、願畢此余生、道心不退、庶以流通未聞之所、竊以仏日西沈、正法云謝、慧流東漸、像教方伝、希世之符、奥義宣於貝葉、非常之宝、至賾発於龍宮、挹其冲源、截暴河而遐逝、遊其玄閫、出朽宅而長駆、玄奘法師者釈門之龍象、振旦之鴛鷺、逾葱山而励学、賫梵文而旋止、煞青甫就永事、流通士方涯多、幸預聞正法、植因或爽、稟質不全、今罄兹寸禄、繕此奥旨、片言隻字、具経心目、親蒙口決、庶無乖舛、以斯福祉、奉福　太宗文皇帝、即御　皇帝、王公卿士、六姻親族、凡厥黎庶及跂行喘息、平等薫修、乗此勝基、方升正覚

訳場列位のあとの添書は、おそらく新訳成り上進を終えた後に、その経論翻訳の責任の所在を明らかにすることによって、後の伝写に従事する者に懐疑の念を生ぜしめない目的をもって、この訳場列位を附したことを説明している。おそらく翻経院関係者（監閲）の記すところであろうか。

養鸕徹定の『訳場列位』に、武州縁山経閣宋本蔵の『大毘婆沙論』巻第の訳場列位として、ほぼ右と同文で仏弟子観自在の願文の大半を佚したものを記録しているのは、何らかの錯誤にもとづくものであろう。

高麗蔵経（大正蔵経）本の他の巻には訳場列位、願文などを見ない。高麗版が蜀版大蔵経などにもとづいており、蜀版が『開元録』の計数にしたがっている以上、この『毘婆沙論』も蜀版におさめられていたものであろう。この蜀版の底本となったものが、今日のような形式で行われていたものであるか否かはもとより知るべきでないが、聖語蔵本がすでに八世紀初頭には日本に伝来していたものとし、ことに紙背の大唐蘇常侍印が真実なるものとすれば、聖語蔵本が二巻ともに簡易な訳場列位と、観自在の願文を附していることからも、おそらく各巻ごとに、同様なものが附されていたのであろうと言い得る。すくなくとも、聖語蔵本が観自在書写の原本そのものであり、蜀版の底本となったものは、聖語蔵本の日本伝入以前に、それをもととして書写された転写本であったろうことが推定されるのである。

この仏弟子観自在が敬写した経論のことは、『毘婆沙論』のほか、京都知恩院蔵の『瑜伽師地論』（全百巻のうち十八巻佚）にも見ることができる。知恩院本は養鸕徹定旧蔵の、奈良念仏寺本で「一切経南都善光院」の朱印をもつ、おおむね天平七年の書写にかかる弥勒信仰にもとづいた知識経であって、本来百巻あるべきものが十八巻を佚して、八十二巻を存する。その第五十四巻には、次の奥書が見られる。

大唐貞観二十二年五月内於長安弘福寺翻経院　三蔵法師玄奘奉詔訳　大総持寺沙門弁機筆受　沛州真諦寺沙門玄中証文　大総持寺沙門玄応正字　蒲州栖巌寺沙門神泰証義　銀青光禄大夫行太子左庶子高陽県開国公臣

許敬宗監閲
大唐内常侍軽車都尉菩薩戒弟子観自在、従無始時来、逢縁起過、造罪恒沙、迷没愛河、縈纏苦海、敬写西域新翻経論、以通未聞之所、願四生六道、等出塵労、法界有窮、斯願無涙、
天平七年歳次乙亥八月十四日写了　書写師慈氏弟子慈泰本名建部古町　檀越慈氏弟子慈姓本名三神智万呂

また後世補写本である同論巻百の奥書には、「大唐貞観二十二年五月十五日於長安弘福寺翻経院三蔵法師玄奘奉詔訳」以下、「銀青光禄大夫行太子左庶子高陽県開国男臣許敬宗監閲」までの二十二人の訳場列位を挙げた後に、「大唐内常侍軽車都尉菩薩戒弟子観自在敬写西域新翻経論」以下、前述の『毘婆沙論』巻一奥書に見える観自在のと同様の願文を記し、その後に、「天長十年（八三三）歳次癸丑七月十八日願主仏師妙広」と記している。

この知恩院本『瑜伽師地論』と一具のものであったと思われるものに、京都吉沢義則博士所蔵の『瑜伽論』巻五十八の天平七年書写の一巻がある。⑤その筆者は知恩院本巻五十四と同様である。これにも巻末に訳場列位が附されていて、「大唐貞観二十二年五月内於長安弘福寺翻経院、三蔵法師玄奘奉詔訳」にならんで、「汴州真諦寺沙門玄中証文　大総持寺沙門玄応正字　蒲州栖巌寺沙門神泰証義　銀青光禄大夫行太子左庶子高陽県開国公臣許敬宗監閲」と、訳経に参与した人々の名を列ね、この後に、大唐内常侍軽車都尉菩薩戒弟子観自在の願文があり、知恩院本（巻五十四）とは十八字を脱しているのは転写のさいの誤りであろう。

なお、故守屋孝蔵氏の蒐集に唐写法華経巻五があり、その願文に、「貞観廿二年十月二日菩薩戒弟子蘇子方、発心願漸転写諸経論等、奉為至尊皇后殿下儲妃、又為師僧父母諸親眷属四生六道、等出塵労、法界有窮、斯願無涙、頌曰、写妙法功徳、普施於一切、同証会真如、速成無上覚」とあり、時代による願文の類似を見ることができる。

仏弟子観自在と楊思勗

玄奘新訳の『瑜伽師地論』と『毘婆沙論』とに見られる観自在は、さきには内常侍軽車都尉の官を得、のちには中大夫内侍護軍である。観自在の写経が翻訳直後でないことは、その願文に太宗文皇帝のためと記していることからも知られる。わずかに知り得た観自在の写経としては『阿毘達磨大毘婆沙論』二百巻、『瑜伽師地論』百巻であるが、この各一部のみの写経でも莫大な経費を要することは十分に察知せられ、著名な高官でなければ、たとえ熱心な仏教信者ではあってもその負担に耐え得ないことは理解できる。

唐代における宦官の勢力は、その初期においてはいまだ低く、内侍省の長も太宗時代は従四品上の内侍をもって充て、三品の官をおかれなかったほどであり、玄宗時代に入って、宦官の数もにわかに増加して、緋紫衣を着する者（三品以上）千余人、黄衣を着する者（七品以上）は三千人と称されるほどであった。⑥

内常侍は正五品下の官であり、軽車都尉は、勲功に酬いるために与えられる勲官で従四品上、中大夫は従四品下、内侍は内侍省の高官であり、「中官之貴極于此矣」とされた。⑦護軍は勲官で従三品という、おそらく宦官として最高の栄誉を得ていた仏弟子観自在は、これを『旧唐書』宦官伝に求めるならば、楊思勗をおいて該当する者のいないことは明らかである。

楊思勗（大約六六〇—七四〇）本姓は蘇、広東羅州石城の人。清の趙翼が「唐の宦官には閩広の人多し」と指摘したように、⑧唐代の代表的宦官の一人と言われる高力士（六八四—七六二）が嶺南の蠻酋の出身であったのと同じく、彼もまたおそらく蠻獠の出であったのであろう。宦官楊氏の養うところとなって、その姓を継いだのである。閹人として内侍省にありすこぶる膂力に富んでいたことは、中宗の景龍元年（七〇七）七月、韋后と不和であった皇太子重俊が李多祚らと兵を挙げて武三思らを殺した時、たまたま従七品下の宮闈局の令をしていた楊思勗が李多祚の婿を殺して叛乱軍の気勢を削いだことなどからも知られる。その功をもって銀青光禄大夫となり、正五品下の内常侍の職を行わしめられた。この時すでに思勗は五十歳近い年齢であったが、彼の軍功はすべてこれ以後の事に属する。『瑜伽師地論』の書写もおそらく、この頃からのちに行われたものと解すべきであろう。中宗の景龍中、在藩の時の臨淄王隆基のちの玄宗に寵遇を得たのは高力士を主とするが、楊思勗もまた韋后の誅討に功があり、累遷して右監門衛将軍に補せられている。開元十年（七二二）には安南の賊帥梅叔焉討伐のために南下し、群蠻の子弟十余万人を召募してこれを討ち、ことごとくその党与を誅殺した。また同十二年の渓州の蕃酋覃行璋の叛乱には、監門衛大将軍の職にあった楊思勗は、黔中道招討使として征途につき、斬首三万、行璋を捕虜として長安に帰った。これらの武勲をもって、正二品の輔国大将軍を加えられ、宦官は三品に登ることを得ずとの唐制をこえることとなり、のちさらに驃騎大将軍を加えられ、虢国公に封ぜられるにいたって、宦官最高の栄誉を得たのである。中大夫内侍護軍観自在の『阿毘達磨大毘婆沙論』の書写もおそらく、開元十年以後のことと推察され、しからばその頃、楊思勗はすでに六十歳を過ぎてからの、『毘婆沙論』巻一末の願文にいう「願畢此余生、道心不退、庶以流通未聞之所」とあるにふさわしい年齢であり、巨額の費を要する写経の事業をするのにも容易に為し得る地位にあったと言い得られるのである。

　楊思勗が蠻族の叛乱平定にしばしば偉功をたてたのは、おそらく彼自身が南方蠻獠の出であったことを唐朝が利用したものであろう。宦官の常として、その性がすこぶる惨忍であったことは新・旧『唐書』楊思勗伝、『資治通鑑』巻二百十四などにも記すところであって、「性は剛決、得る所の俘囚は多く生きながらその面を剝ぎ、或は髪際を剺り、頭皮を掣去す、将士已下、風を望んで慴憚し、あえて仰視するなし」と評されるほどであった。[9] しかも、一面では仏弟子・菩薩戒弟子観自在と称して、新訳経論の書写流通につとめているのは、どうしたことであろうか。

楊思勗の家系については、もとよりその詳細を知るべき資料とてはないが、『宝刻叢編』巻八に、「金石録」を引いて録している、京兆万年県所在の「唐贈虢州刺史楊歴碑」によって、彼の父歴の事蹟を窺い得べきものが存する。

陳州刺史李邕（六七三―七四二）が序を撰し、碑の本文や銘は義男にあたる前中書令鍾紹京が撰している。彼は能書をもって知られ、則天時代には、明堂門額九鼎の銘から諸宮殿の門牓にいたるまで、すべて彼の筆になったといわれる。しかも中書令を拝し、光禄大夫を加えられ、越国公に封ぜられる高位にありながら、恣に賞罰を行って、時人の悪むところとなり、睿宗の時には蜀州刺史に貶せられたほどである⑩。

玄宗の即位後、恩命によって、また戸部尚書を拝したが、その人となりを憎む宰相姚崇によって左遷せられ、遂には全くその階爵実封を削られた。ようやく開元十五年（七二七）にいたって長安に帰ることを許され、かって臨淄王隆基（のちの玄宗）が韋氏を誅した時に、これを輔けた功績をもって、銀青光禄大夫右論徳を拝したという。『宝刻叢編』巻八には「集古録目」を引いて、楊歴字は晊、本姓蘇氏、その子の思勗が宦者となり、楊氏を姓するに及んで、父の歴も亦改めて楊姓を称したという。開元中に、思勗が輔国大将軍となり、その亡父に虢州刺史を贈った。碑は開元十九年（七三一）に成り、思勗がすでに七十歳を越してからのことである。碑後に義姪高力士、義男王守麟等の官爵がつぶさに記されているというから、全盛時代の楊思勗の亡父のために碑を立てるということに、かの「唐内供奉高力士等一百六人造無量寿像記」に見られるような、多くの内官や、政府の高官たちが協讃したものであろう。『金石萃編』（巻八十四）は、この無量寿像記碑の建立を開元十八年に推定しているが、もししかりとすれば、これは楊歴碑建立の前年にあたる。鍾紹京が義男として撰文にあたっていることは、閹豎に屈服した不甲斐なき宰相として『金石録』の著者の甚だしく非難するところであるが、玄宗の宦官に対する寵任のすこぶる厚かった開元十八・九年頃としては、また当然のことであったのであろう。⑪
なお、大暦五年（七七〇）建立の「楊思勗妻虢国夫人南宮氏碑」が陶翰によって撰文され、子楚玉が行書したことが、『京兆金石録』を引いた『宝刻叢編』巻八に見えている。楊思勗没後三十年のことであり、高力士の場合と同じく、宦官に妻のあったことを示す例証ともなるものである。

楊思勗の仏教信仰

高宗咸亨三年（六七二）に着工し、上元二年（六七五）に一応の完工をみた龍門奉先寺に、横四尺九寸高二尺余、三十一行、一行十三字、後五行偈、偈の一行十四字、行書という楊思勗の造像記が見出される。楊思勗が虢国公に封ぜられたのは、開元十三年十一月庚寅に玄宗が泰山に行幸するに従ったときで、虢国公と号することによって、開元十三年（七二五）以後の建立と見ることができる。⑫

虢国公（楊思勗）造像記

□□□□□□□□之師□□□　□□□払六□□除三有。窺法門
□□□莫不心□□寂果示人縁　□□□肇苦海之津梁。則虢国公
□《楊》□《思》勗其人也。立身幹蠱。英謀駿　紺□垂瓔珞。以厳身□□□城聳
□。横行辺徼。追馬援之功。眷□庭　蓮□以承□□光昭□□□神足
□。尽曾参之養。自保釐□□□□　普于塵□□□□□□□□名
□心揚名。顕親忠孝□矣。□□存　而□□□□於戯俗□□□□□

□禄位。深鏡真如。覚五蘊之□□
□空非実。知三世之□法。□相何
□雖迹混朝倫。而心□□□以為
□臒之飾。点風塵□□□□□□
□渉歳月而先朽□□□□□□
□□八日。奉為烈□□□□□□
□□先　妣□□夫人□□
□□鑿石龕造十□□□□□□
□□《地》蔵菩薩各一軀□□□□□
好□就真容儼然□□□幻□□

□忽向非枕迹崇高□□□。勝曷
能成就丕業。福祐無窮。□以鏤功。
実以敷徳。重宣此義。而□偈云。
於惟最勝二菩薩。大庇衆生臻解□
妙身無㝵本通達。説□□為存像□。
寂寂雪山山幾重。一彫一琢現□□。
透迤行路邇曽峯。摂心廻向真相□。
純孝深兮□竭力。殑伽沙□□□□。
　開元□□□《年》四月廿三□《日》建。
騎都尉直集賢院張、《九》、《齢》

碑の摩滅が甚しいために解読しがたいが、歴代帝王や両親の冥福のために仏龕を鑿き、無量寿仏・観音・地蔵菩薩などの像をきざんだことを知る。この碑の年代的考証などは水野清一・長広敏雄両教授の『龍門石窟の研究』に詳述されているので、今はその要を認めない。さらにこの碑にやや先んじて、開元十二年十月八日の日附をもつ「虢国公楊花台銘幷序」がある。⑬ 西安宝慶寺に楊思勗が花台を供養し、「仏心雖空、仏福常在、願普此因、同臻性海」と願ったことを記したものである（この碑は現に東京細川護立氏の蔵となっている）。同じく宦官ではあるが、楊思勗は専ら外難の討伐によって功を立て、高力士は常に宮中にあって侍衛に専心し、ともに玄宗の貴幸を得た。この高力士が、先に述べた楊思勗の父歴の碑には義姪と称しているのは、両宦官の密接な関係を示すものである。宦官に対して傍若無人の態度でのぞんだ高麗出身の霍国公王毛仲に対する高力士らの策謀が開元十九年（七三一）春に成功してからは、遂に宮中は宦官の勢力下に慴伏するもといをつくることとなった。⑭

しかもこれらの宦官が、いまもなお龍門奉先寺に見られる無量寿仏像を造っている。これには「内供奉高力士等一百六人造無量寿像記」があり、「大唐内侍省功徳之碑」の碑額のもとに、今上皇帝（玄宗）が永く南山の寿を奉ぜられんことを祈念して、敬って西方無量寿仏像を造ったことを述べている⑮。

絶対的な権力者である天子のための造像それ自体が、寄進者の仏教信仰を表現しているとは明らかには言えないが、無量寿仏像が造られ、地蔵菩薩像がきざまれたり、いま楊思勗自身、仏弟子観自在、菩薩戒弟子観自在と称するのも、おそらく彼自身の観音信仰から出たことであろうし、これらのことは、勿論、一つの時代の普遍的な仏教信仰の実態を示すものであることには相違ない。龍門石窟にも弥勒像・観音像・無量寿像・阿弥陀像などの寄進が多く見られるが、単にその造像の数量の比較が同時代における信仰の傾向を示すものとの説には同意しがたい⑯。

また楊思勗がその戦場において惨忍であればあるだけ、その内面の生活に仏教の信仰を求め、罪を造ること恒沙の如く、「愛河に迷没し苦海に縈纏する」ことを深く慨いて、経論書写流通の功徳によってこそ、塵労の世界から度脱出離せんと願うのは、当然考えられることであり、決して不思議なことではない。

「虢国公楊花台銘并序」の鮑廷博の跋に、

史称其残忍好殺、奉命殺牛仙童、至探取其心、截去手足、割而啖之、其惨酷至此、乃建塔造像以邀冥祐、亦愚矣哉、

と評する⑰のは、かえって事の真実を知らざるものというべきであろうか。

民国二十六年（一九三七）五月刊行の『尊古斎陶仏留真』には、大唐蘇常侍の銘を有する十七種の小陶仏が収載されている。この蘇常侍作の陶仏のことは、清末の金石学者呉大澂が光緒初年に陳介祺に与えた書翰の中ですでに注目している⑱。

一九五九年八月の『文物』第一〇八号に、西安南郊大慈恩寺附近から掘りだされた以外、最近には西安郊外西南飛行場附近からも出土した泥仏について、陳直氏が「唐代三泥仏像」なる論稿の中で、これらを承けて、蘇常侍泥仏像の一節を設け紹介している。『陶仏留真』の写真でもわかるように、唐代初期の銅不足から、六朝以来盛行の銅仏の代りに用いられたこれらの泥仏は、すこぶる雅趣に富んだものである。これらの多くの泥仏には、「印度仏像大唐蘇常侍普同等共作」・「印度仏像大唐蘇常侍等共作」・「大唐印度仏像蘇常侍等共作」などの銘文があり、正面仏像の下部には、「諸法従縁生、如来説是因、諸法従縁滅、大沙門所説」の偈が一行二字または三字詰で記されている。

ここにいう大唐蘇常侍が、正倉院聖語蔵の『毘婆沙論』巻七十・百七十八などに見える大唐蘇常侍と同一人であることは、もはや疑を容れる余地はないであろう。陳直氏はこれらの泥仏製作の時期を、仏像や字体から考えて、中宗から則天武后にいたる頃と推定している。これは、蘇常侍が楊思勗であることはもとより当然のこととして、何時頃から蘇姓を廃して楊姓を名のったか、或いは蘇楊両姓を併称していたのかについて関連を有することである。

陳氏はさらに、一九五八年夏、西安東郊から開元二十八年に刻まれた、『楊思勗墓誌銘』が発掘されたことを報告している。この碑石は現に中国科学院考古研究所西安考古研究室に安置されている。全文の発表がないため詳細を知ることができないが、「公諱思勗、字祐之、羅州石城人、其先扶風蘇氏、……中宗朝自七品拝銀青光禄大夫、加内常侍」という。しかるに一九五九年二月に陝西考古所がまた同じく西安東郊から、『唐内常侍蘇思勗墓誌』を発掘し、蘇思勗と楊思勗が同官同名同時代で、楊・蘇の同一人なりや否やについては陳氏も決定をさしひかえている。その後、この考古的調査についての報告は、㈠楊宗栄稿、『唐楊思勗墓的両件石雕像』（『文物』一九六一年十二期）、㈡陝西考古所唐墓工作組稿、『西安東郊唐蘇思勗墓清理簡報』（『考古』、一九六〇年一期）として公けにされた。いずれも中間報告であって、決定的な楊思勗と蘇思勗同一人説を採っているわけではない。私もこの『文物』の記載によって両種の墓誌銘について、再三再四、陝西西安考古研究室や北京中国仏教協会に、照会の航空便を出したのであるが、遂に全く何らの返信にも接し得なかったのは、頗る遺憾とするところであるが、なお将来に望みを托している。おそらく、この楊思勗と蘇思勗は同一人であり、楊思勗・高力士の場合のような、宦官が他姓をつぐという特殊な慣習から、本姓冒姓を並び称していたのではあるまいかとの推測も生ずるのである。

開元の治と称される、玄宗初期の善政を推進した姚崇（六五〇―七二一）は、伝統的な儒教の教養にみちた士大夫で、中宗以来の、貴戚が争って仏寺を造営し、偽妄の者までを度して僧となすことを奏し、富豪強戸にして偽って削髪して出家となって、徭役を免れんとはかるものが各地に充満する有様をみて、「仏図澄も趙を存すること能わず、鳩摩羅什も秦を存すること能わず、斉襄・梁武もいまだ禍殃を免るあたわず、ただ蒼生を安楽ならしむることこそこれ福身にして、何ぞ妄りに姦人を度するを用い、正法を壊らしめんや」と奏し、開元二年春正月丙寅には、天下僧尼の沙汰を命じて偽妄の出家者を還俗せしめて一万二千人に及んだという。[19]

また開元九年（七二一）九月に薨ずるや、遺言して、

仏以清浄慈悲為本、而愚者写経造像、冀以求福、昔周斉分拠天下、周則毀経像而脩甲兵、斉則崇塔廟而弛刑

政、一朝合戦、斉滅周興、近者諸武諸韋、造寺度人不可勝紀、無救族誅、汝曹勿効児女子終身不寤、追薦冥福、道士見僧獲利、効其所為、尤不可延之於家、当永為後法（資治通鑑巻二百十二）と、きびしく仏教を妄信することを誡めている。この中に「愚者写経造像冀以求福」というのは、さきには龍門奉先寺に八十五尺におよぶ大石仏の鐫造が行われ、在朝有力者の写経造像によっていたずらに後世の福を求めんとする弊風を諷したものであろう。『旧唐書』巻九十六の姚崇伝にも、三代の国祚延長人もって休息するの良き時、未だ仏教なく、抄経鋳像の力、設斎施仏の功をまたない、死は昔より免れず、写経造像の功をもってしてもいかんともなしがたいことを説いている。さきの宦官楊思勗の父のために碑文を撰した鍾紹京をにくんで左遷したという姚崇として、当然さもあるべきことであった。しかも、惨忍無比といわれる楊思勗にしてなお、西域新翻の経論を敬写して、その功徳をもってこそ、罪を造ること恒河の沙のごとく、愛河に迷没し、苦海に縈纏するこの悲しむべき凡夫の身を解脱し得んと願うところに、はかない人間性の弱さを露呈し、法界窮り有るも斯の願泯びることなしとした写経への徹底した信頼に、この時代の仏教信仰の一面の真実を見ることができるであろう。

① 『慈恩伝』巻九（大正五〇・二七二c）、「去月日奉勅所翻経論在此無者宜先翻、旧有者在後翻、但発智毘婆沙論有二百巻、此土先唯有半、但有百余巻、而文多舛雑、今更整頓翻之、去秋以来已翻得七十余巻、尚有百三十巻未翻、此論於学者甚要、望聴翻了、余経論詳略不同及尤舛誤者、亦望随翻、以副聖述、帝許焉」。また、『開元釈教録』巻八（大正五五・五五七a）、「『阿毘達磨大毘婆沙論』二百巻 見『内典録』、五百大阿羅漢等造、顕慶元年七月二十七日、於大慈恩寺翻経院訳、至四年七月三日畢、沙門嘉尚・大乗光等筆受」、かく記すが顕慶元年以前に訳業が開始されていたことはいうまでもない。

② 大屋徳城輯『寧楽古経選』上冊。

③ 『大日本古文書』巻二（三〇三頁）、天平十三年六月三十日の「田辺当成解」に『大毘婆沙論』書写のことが記され、また同巻十二（一五七頁）、天平勝宝三年九月二十日類、「倶舎宗写書布施勘定帳」小乗論の項に『阿毘達磨大毘婆沙論』二百巻の書写について読師・唄維那・定座などへの布施が記されている。

④　華頂山古経目録には『瑜伽師地論』八二巻が録されてあり、第五二、五四、五五、五七巻などに、「大唐内常侍軽車都尉菩薩戒弟子観自在以下法界有窮斯願無泯」の願文が見える。これらはすべて天平七年書写の日本写経であるが、その書写原本が、大唐内常侍…の発願したものであることが知られる。『瑜伽師地論』はその訳場列位によれば、貞観二十二年五月に長安弘福寺翻経院で玄奘が訳した。

⑤　大正十四年（一九二五）十月の第十一回『大蔵会目録』。

⑥　『旧唐書』巻一八四の宦官伝の初めに唐代における宦官の大勢を叙べている。また同書の高力士伝や、『資治通鑑』巻二一〇、開元元年（七一三）の条には、同年六月、宦官高力士をもって右監門将軍となし、内侍省の事を知らせしめたという。もと守門伝命のことのみにあずかった身分の低かった宦官が中宗の時から七品以上のものが千余人にふえ、しかも緋服を着用し得る四品・五品の職の者は寡かった。玄宗が皇太子の時、高力士が心を傾けて太子に仕えたことが記されている。

⑦　『旧唐書』巻四四（職官志三）、内侍省の職制を述べて、内侍二員の説明のなかに、武徳中に隋代からの正四位の長秋令を改めて中侍としたことをいう。

⑧　『二十二史劄記』巻二〇、「唐宦官多閩広人」。

⑨　『旧唐書』巻一八四、宦官伝、「思勗、性剛決、所得俘囚、多生剝其面、或剺髪際、掣去頭皮、将士已下、望風慴憚、莫敢仰視」。

⑩　『旧唐書』巻九七、鍾紹京伝、「紹京既当朝、用事恣情、賞罰甚、為時人所悪」。

⑪　『資治通鑑』巻二一三、開元十八年（七三〇）の条。「是時上頗寵任宦官、往往為三品将軍、門施棨戟、奉使過諸州、官吏奉之惟恐不及、所得賂遺、少者不減千緡、由是京城郊畿田園、参半皆宦官矣、楊思勗・高力士尤貴幸、思勗屢将兵征討、力士常居中侍衞、而毛仲視宦官貴近者若無人、甚《其》卑品者、小忤意、輒詈辱如僮僕、力士等皆害其寵、而未敢言」。

⑫　『金石萃編』巻七七、「虢国公造像記」に拠り、八瓊室金石補正などを参照して成った水野清一・長広敏雄共著『龍門石窟の研究』掲載のもの、その他を参看して碑文を補訂した。

⑬　もと西安花塔寺にあったことは、『金石萃編』巻七五、「虢国公楊花台銘」の解説にあきらかであり、今日は東京細川護立家の蔵となっている。開元十二年十月八日の亳州臨漁県尉申屠液の撰文であるが、建碑の年時は刻んでない。また虢国公とあるが、これは本文にも記すように開元十三年以降のことである。

⑭　『旧唐書』巻八、「（開元）十九年春正月壬戌、開府儀同三司霍国公王毛仲貶為襄州別駕、中路賜死、党与貶黜者十数人」、ま

た『旧唐書』巻一八四、『資治通鑑』巻二一三参照。

⑮『金石萃編』巻八四。『龍門石窟の研究』七五～七七頁の、楊思勗造像記、無量寿仏造像記についての注記を参照せよ。

⑯『龍門石窟の研究』に、塚本善隆博士が龍門石窟に現われた北魏仏教を論じ、諸仏菩薩造像の数の北魏と唐との比較において、北魏仏教と唐仏教との質的な変化を叙述している。私は必ずしもこの説には同意しがたい。唐代になっても、阿弥陀仏なる語が用いられずに、両方無量寿仏像一鋪を楊思勗・高力士らが造っている一例も存するのである。

⑰『金石萃編』巻七五、「虢国公楊花台銘」の鮑廷博の跋に見える。

⑱清の呉大澂撰、『呉窓斎尺牘』六。

⑲『旧唐書』巻九六、姚崇伝、「中宗時、公主外戚皆奏請度人為僧尼、亦有出私財造寺者、富戸強丁皆経営避役、遠近充満、至是、崇奏曰、仏不在外、求之於心、仏図澄最賢、無益於全趙、羅什多芸、不救於亡秦、何充・苻融皆遭敗滅、斉襄・梁武未免災殃、但発心慈悲、行事利益、使蒼生安楽、即是仏身、何用妄度姦人、令壊正法、上納其言、令有司隠括僧徒、以偽濫還俗者万二千余人」。このほか、伝文には仏教粛正についての姚崇の意見も見られ、自分の死後、追福の虚談をなすべからざることを言っている。名宰相姚崇にこの言のあることは、唐代の中国仏教の実態を知るうえの貴重な発言と見られる。また、『資治通鑑』巻二一一参照。

劉晏の三教不斉論

将来録に見る三教不斉論

わが桓武天皇延暦二十三年（八〇四）七月、入唐の旅にのぼった最澄（七六七—八二二）は、同年（即ち唐の徳宗貞元二十年）浙江臨海県龍興寺の道邃のもとで止観の法門を伝えられ、菩薩三聚大戒を受け、ついで仏隴寺行満に従って天台の奥義を授けられた。その翌年四月、最澄は日本国求法訳語僧義真とともに越州龍興寺に入り、順暁阿闍梨に従って五部灌頂曼荼羅道場で真言法を授けられた。その後、この龍興寺で、以上経過した諸地方の中、越州で写得した一百二部一百十五巻の経論念誦法門などの目録を編して、のちに『伝教大師将来越州録』と称される求法目録を記録している。この『越州録』の中に、『仏道二宗論』とならんで、『三教不斉論』一巻の名が見出される。これには撰者名は附されていない。

最澄より一足さきに中国に上陸した空海（七七四—八三五）は、すでに貞元二十年十二月には長安に入り、翌年二月十日には勅によって西明寺に配住され、青龍寺・大興善寺などの長安の諸大寺を歴訪し、恵果について胎蔵界法・金剛界法を受け、永貞元年（八〇五）八月、伝法阿闍梨灌頂を受けて、真言の奥義を伝授され、元和元年（八〇六）八月に日本に帰っている。その年即ち大同元年十月二十二日に、彼が将来した二百十六種四百六十一巻にのぼる経律論疏章伝記類や、仏像法具などの一切の目録を製して上表したものが、『御請来目録』であるが、その論疏類中にも、法琳（五七二―六四〇）の『弁正理論』一部八巻とならんで、撰人名を附さないが、『三教不斉論』一巻の名を見出すのである。[①]『弁正理論』とは、いうまでもなく、『弁正論』のことである。唐初武徳四年（六二一）太史令傅奕が寺塔僧尼を減省して国を益せんとする策十一条をたてまつった時に、法琳・普応らは極力その非を弁じた。武徳九年、傅奕が再び黄巾の賊を煽動して大いに仏教を斥け、李仲卿が「十異九迷論」、劉進喜が「顕正論」を著わして、その論難を扶けた。これに対して法琳が、右僕射杜如晦の蔵書を借覧して、古来の文献から仏教の正しき所以を証する資料を捜集して『弁正論』八巻を撰集したのである。[②]法琳にはこのほか、釈尊の出世入滅・中国仏教伝来や道教との角力についての異聞をあつめた『周書異記』・『漢法本内伝』などの書を初めて利用したと思われる『破邪論』二巻の著述もある。

以上の、最澄が越州で得た『三教不斉論』、空海がおそらくは長安で得たと思われる『三教不斉論』は、実は中国側の文献では従来知られなかったものである。

日本の記録では、このほか、もと叡山の学僧で、のちに南都興福寺に入って倶舎・唯識の玄奥を究めた永超（―一〇九五）が撰集したわが国最初の仏教書籍目録とも称すべき『東域伝灯目録』にも、『三教不斉論』一巻を録している。おそらくは比叡山の蔵書、最澄の遺書か、または『越州録』にもとづいて記したものであろう。

最澄・空海のもたらした『三教不斉論』がいかなる内容を持つものであったかは、その書名から儒仏道三教についての優劣論であろうことがおおむね類推し得るとしても、今日それが日本には現存していないようであり、したがってその撰者、論旨などについても、これをつまびらかにすることはできなかった。従来の中国における三教交渉史に関する論著の中でも、この『三教不斉論』について言及されたものはないようであった。

スタイン将来の敦煌本三教不斉論

敦煌文書中では、ペリオ収集本には、明らかに『三教不斉論』と名づけられるべきものは見出し難い。たまたま、スタイン収集文書中に、最澄・空海が得た、この『三教不斉論』の断簡を見出すことができる。

S. 5645 文書は、L. Giles の目録によれば、やわらかい白味勝ちのなめしたような紙に小楷で、七十頁にわたって認められた残欠の冊子本（12×8.5cm）である。③ 一冊のまとまった本ではなく、数種類のものが雑然とメモのように記されており、その概要は次の通りである。

一、礼讃文（残欠）六時礼讃の一種のごときもので、類似のものは S. 4293, S. 4781, S. 5490, S. 5620, S. 6206 などに見られ、書道博物館蔵顕徳二年（九五五）四月大玄（雲）寺僧辛（新）願（?）進記の礼讃文を底本として、大正大蔵経第八十五巻古逸疑似部（一三〇三頁以下）にも収載されているが、それらとはもとより相当な文字の相異がみられる。

（首欠）

白衆等聴説黄昏無常偈

四（西）方日已暮　塵労由未除　老病死時志（至）　相看不久居

念々摧（催）年促　猶如少水魚　歓（勧）諸礼仏衆　修学至无余

諸行无常　是生滅法　生滅々已　寂滅為楽

敬礼北方一切諸仏　敬礼東北方一切諸仏

如来証涅盤（槃）　永断於生死　若能志（至）心聴　常徳（得）无量楽

敬礼釈迦牟尼仏　敬礼当来弥勤（勒）尊仏

敬礼東方一切諸仏　敬礼東南方一切諸仏

敬礼南方一切諸仏　敬礼西南方一切諸仏

敬礼西方一切諸仏　敬礼西北方一切諸仏

懺悔　志（至）心懺悔　普懺六根三業

敬礼上方一切諸仏　敬礼下方一切諸仏
敬礼過見未来一切諸仏
敬礼舎利刑(形)象(像)无量宝蔵
敬礼十二分尊経甚深法蔵
敬礼諸大菩薩摩訶薩衆
敬礼声聞縁覚一切賢聖
為二十八天釈梵王等敬礼常住三宝
為諸竜神等風雨順時敬礼常住三宝
為皇帝聖化无窮敬礼常住三宝
為太子諸王福延万葉敬礼常住三宝
為文武官寮常居禄位敬礼常住三宝
為国土安寧法輪常転敬礼常住三宝
為師僧父母及善知識敬礼常住三宝
為十方施主六土(度)円満敬礼常住三宝
為僧伽藍所護法神竜神敬礼常住三宝
為身四威儀悞傷含識敬礼常住三宝
為三塗八難受苦衆生　願皆離苦帰命

罪　願令除滅不復生　歓(勧)請十方諸
如来　留身久住済含識　随喜称
讃諸善根　廻向菩提証常楽　願
諸衆生□入仏恵生滅永寂□証无
余懺悔　歓(勧)請随喜廻向発願已
志(至)心帰命礼三宝
白衆等聴説寅朝清浄偈
欲求寂滅楽　当学沙門法　衣食
計身命　精麁随衆得　諸衆等
寅朝清浄各記六念　念已一切恭
敬　自帰依仏　当願衆生躰解
大道発无上意　自帰依法
当願衆生深入経蔵智恵如
(海　自帰依僧　当願衆生統)
理大衆一切無碍　寅朝礼懺
奉報四恩散霑法界　和南一
切賢聖

二、結下文　前文に続いているが、両者の関係はないようである。次の段とともに、布薩文中の一部をなすもの

であろうか。夏安居に入るに際しての願文とも称すべきものであろう。（下は夏に通ずる）

菩薩大士一心念　我比丘厶(某)甲　仮名菩薩僧　今於釈迦牟尼大界内前　三月夏安居　房舎破随縁去　依無相無為住身心清浄遍一切処

三、解下文　夏安居を解くにあたってのごく短い懺悔文の一種であろう。

大徳衆僧今日自恣　我比丘厶(某)甲亦自恣　若見聞疑罪　大徳長老哀敏(愍)故　語我若見罪　当如法懺悔

四、回向文

檀越所修福　普霑今鬼趣　食者(中闕)……四蛇去釈　二鼠不侵　諸仏賜不死之方　菩薩贈長生之薬　十方羅漢共結菩提　聖衆天人来相接引　含門眷属並倶□安　内外宗親同霑此福　和南一切賢聖

とあり、施主の布施供養の功徳を述べ、延寿増益の功を願ったものである。

五、懺悔文　とも称すべきもので、前二者とともに、終南山道宣の『四分律刪繁補闕行事鈔』巻上の四（大正蔵巻四五）の、「安居策修篇」・「自恣宗要篇」や『亡五衆軽重儀』などにもとづいたものと推察される。亡僧の衣資什具などを処分する作法を記したものである。従来亡僧の遺物は悉く官庫に収めることとなっていたが、このことは律にそむき、比丘生活の本旨にもとるとして、大暦二年（七六七）十一月二十七日に、長安安国寺乗如の奏請によって、今後僧の遺物は僧に入ると勅が下されたというが、おそらくは、これらのことにも関連するところがあるのであろう。④これは冊子本の十頁にわたるため、その本文は省略するが、その中に、

冀　諸大徳長老、観此衣鉢、起知足之心、生無常想、身外所有、勿広馳求、唯仏菩提是真帰伏、然亡比丘、先因遊戯来入此宅、身是凡夫、豈無忘(妄)業、威儀戒行、或恐不全、六道昏明、莫知何趣、仰憑大衆念誦加持、願神識昭々領功徳、分(今)願直生浄土、面奉弥陀、瞻仰尊顔、悟無生忍、伏乞、大衆運至誠心、為亡比丘某甲、念阿弥陀仏一切普念、……

という。また当時の弥陀信仰の実態を知り得るものであろう。

六、呪生偈　施餓鬼儀式中の一偈であろう。

大聖所余食　慈悲願力故　普施諸兎鳥　胎卵及湿化　□□諸有情　有霑此食者　弃捨十悪業　解脱生仏前

聖主天中王　迦陵頻伽声　哀愍衆生者　我等今敬礼　如来功徳海　為世作明灯　見者无厭足　故我今頂

礼

如来功徳甚清浄　身心不動若須弥　智恵光明照十方　名称普同於一切　大哉大悟大聖主

無□無□無所著　天人象馬調御使　道風徳香勳一切　如来往昔念々中　大慈悲門不可説

如是修行無有□　故得堅牢不壊身　仏面猶如浄明月　□□□□□□□　目浄修広若青蓮

歯白斉密由珂雪

如来大智　微妙独尊　正観具足　成寂正覚

七、小乗録　首題に明らかに『小乗録』と記しているが、内容は、諸経律論の伝記や、『歴帝記』・『国臣記』・『周書異記』・『漢法本内伝』に録する、仏生日や仏教の中国への伝来、僧尼受戒の年代などについては、これらの記録がはるかに前のものであるため、後来の披尋するものに大同小異の説があり、帰趣に不統一であることを慨き、たまたま、会昌五年（八四五）に曌（照）禅師が幽都において、日々遍く諸伝を渉猟して、分って三章となし、編んで四科となしたのが本書であるという。会昌五年はかの有名な武宗の廃仏のあった年であり、おそらくは曌禅師なるものに仮托して、『歴代三宝紀』巻一の説にもとづきつつ、さらにこれを布衍し『周書異記』などの偽妄の書に託して仏教の年代をつりあげた法琳（五七二―六四〇）の『破邪論』にもとづいて、『唐護法沙門法琳別伝』・『広弘明集』・『集古今仏道論衡』などが踏襲した仏生日・仏教の中国流入年時などの説をまとめたものと思われる。その四科と称するものは、

一　録仏入胎降神踰城成道入涅槃時日
二　録仏法至震旦漢明感夢摩騰降臨上善出家中朝置寺兼僧受三帰五戒五人受大戒十人受大尼受戒年月
三　略大小乗受戒宗趣
四　略序袈裟並糞掃衣縁起

であり、それぞれの項目についての肝要を示したものである。この『小乗録』については、他の敦煌文書をさらに精査してのちに、別に詳述したい。第一の仏降生年代を述べるのは、『唐護法門法琳別伝』によるのであるが、それに、

始自昭王二十四年甲寅之歳誕応已来、至今大唐貞観十三年（六三九）己亥之歳、正経一千六百一十八（一十八者恐六十六之錯）載。

とあるのを、この『小乗録』には、

始自託陰（周昭王二十三年）及踰城出家幷成道与入涅槃（周穆王五十二年）、至今咸通十年（八六九）己丑之歳、一千九百八十六年也。

とあり、序に会昌五年に曇禅師が作ったと記しながら、しかもその二十五年後の年時を見るのであって、或いは、後人が書写のさいに、その年時のみを書き改めたものであろうか。『破邪論』には「自滅度已来、至今大唐武徳五年（六二二）壬午之歳、計得一千二百二十一歳」と見える。[5]

第二の、仏教の中国流伝や造寺度僧のことを記すところも、『漢法本内伝』・『周書異記』・『国臣記』などを引証し、

摩騰竺法蘭至此土（永平十年戊辰之歳、西暦六七）至今唐咸通十年己丑之歳、経八百八十九年（八百三年の誤）也。

と記している。このほか、第三の受戒縁は五部の分派や五種受戒を述べ、第四の受袈裟縁は、『普曜経』・『本行集

経』、その他の諸経典を引用して、各種の袈裟の縁由を説明している（後半に脱葉あり）。その内容はもとより従来の所説のくりかえしにすぎないが、この『小乗録』の中に、「今咸通十年己丑之歳」と明記することは、この録の製作か書写の年代かについて、一応のめやすを示しているものといえよう。そのことはまた同時に、この次に記録されている劉晏の「三教不斉論」の書写年代についても、咸通十年かそれ以後であることがほぼ推察されるのである。

なお、ペリオ蒐集敦煌文書（第二七二二号紙背）に見られる『歴帝記』・『周書異記』・『漢法本内伝』などにもとづいたと思われる『法王記』は、広明元年（八八〇）の撰集のごとくに解せられるが、おそらくはこの『小乗録』と同類のものであろう。

八、三教不斉論（首欠）

末尾に、「三教不斉論　劉晏述」というが、儒教と仏教については論じているが、道教について述べているところが見当らず、おそらく首部の若干葉が散佚しているのであろう。北周武帝の時に廃仏説を主張して、遂に帝をして仏教々団廃毀の強行策を執らしめた還俗僧衛元嵩に『斉三教論』七巻の著述のあったことは、『旧唐書』経籍志や『新唐書』芸文志にも著録しているところである。もとより今日に伝わっていないため、その内容を推しはかることはできないが、その書名からいえば、仏教だけが特にすぐれているのではなく、儒教は国家政治の根本であるし、道教も、迷信度の高い四川の地で成長した衛元嵩にとっては、親しみぶかい存在であり、寺院も僧侶も否認して、皇帝が民を利して国を益する政治をなす国家が、そのまま、仏意に契うたものであるとの考え方から、『斉三教論』ができたものであろう。しからば、劉晏の『三教不斉論』はいかなる立場から論ぜられたものであろうか。

まず、左にその本文を挙げよう。S. 5645 文書は、このあと「司馬頭陀地脈訣」（十七頁、尾欠）を続けているが、他のものとはいささか内容を異にするため、省略する。

（首欠）

色養之儀?、怖?生民之□紹、周公制礼定楽、六経為千代衣規、夫子述易刪詩、五常之教、為万民之範、明忠烈孝、已定君臣之道、著詩書典、訓以成風俗之文、並言未備於大千、教不聞於域内、詳夫、釈氏之宗、逈超群品、道成百刧(劫)、果満三祇、登常楽之高山、越愛河之深際、現形丈六金色、駭於人天、声振八音、玉毫耀於幽顕、視迷情於覚路、拯顚墜於昬衢、致使火鑊煙消、冰河息浪、聖中拯聖、道逾千聖之前、王中法王、位過百王之上、只如執礼、奉議者罕窮其妙、懐忠理孝者、未測其波蘭(瀾)、事存玄妙之言、理出幽玄之表、豈将周孔比対、雷同混跡者哉、且夫子誕質尼丘、生居凡室、仏即降神兜率、産在王宮、仏則天下同遵、夫子魯人不敬、常懼盗跖、又畏匡人被子羽之非、遭項託之責、問礼周国、五常之教易行、厄在陳邦、九曲之珠難度、未似瓶蔵、焉鏡宰予之語、未聞芥納須弥、子夏之文不載学、而豈況大雄皇覚得摽無畏之尊、歩三界之独高、截四流而称聖、縦使魔王烈陣千軍砕於一言、梵主来儀、三輪摧於万惑、更有鍱腹載盆之士、結舌伏於道場、敬火重日之徒、洗心帰於釈氏、自余小聖不足討論、何異魚目擬敵明珠、螢光競他日焰、爰自摩騰入漢、僧会来呉、雖運隔帝朝、而声光不墜、道安道生之侶、宋帝拝首欽承、恵持恵遠之流、晋王傾心見重、羅什受秦主之礼、趙王拝図澄、梁帝御坐志公、魏王親礼思大、北斉師於上統、蹈法聴受三帰、随（隋）文稽首曇延、接足請持於八戒、帝王崇信著在典章、若欲広陳、恐煩御覧、敬僧重仏之事、播在明時、乖常抑挫之儀、聞於乱世、君父之恩、感同天地、稽首拝首、便可酬恩、則蘇武不拝単于、何以得名忠孝、李陵雖拝蕃王、却為背国之臣、若論事主尽忠、比干見危而致命、養親竭力、目連不懼阿鼻、何煩日用、三生不仮、徒施両拝、昔許由固遭尭命、蒲衣不跪、舜王禹帝特賞百城、武帝不誅夷叔、楊珂臥看趙主、干木坐見文候（侯）、管寧直挹曹王、皇甫不朝晋帝、厳陵倨謁光武、亜父不拝漢文、所以盛載群書、自古重其高節、将欲激厲貪婪、以峻清風、況仏法与周孔政乖、釈典共孔経殊制、袈裟偏袒、全虧朝天之衣、錫杖鉢盂、故非廊廟之器、若命脱衣而拝、又越俗儀、若教整服而趍、緇裳有異、伏恐、一跪之益、不加万乗之威、両拝之労、未報君親之徳、伏惟、陛下降初地之尊、光臨瞻（贍）部、受一人之貴、理化閻浮、何屈折僧尼、盤擗法服、臣若徇情草創、恐千秋万歳犯不忠之罪、若隠而不奏、則恐未来生招匿聖之愆、所以掻首捫心、傍惶無地、隳瀝膽肝、上陳　天威、願得柰苑重春法輪再響、幽顕賀聖明之徳、生霊霑雨露之恩、臣死絶勝生朝夕可矣、愚臣所議

76　万不尽忠、井蛙之量、豈惻滄溟　──　78　不斉論　劉晏述
77　塵黷天堦、伏増殞絶、謹議、三教

劉晏の生涯

この『三教不斉論』の述者としての劉晏を、史上に求めるならば、諸般の事情からして、まずは唐代屈指の財政家として知られ、粛宗・代宗在位間にとくに漕運塩鉄のことに大いに貢献した山東曹州南華の劉晏（七一五―七八〇）を指さねばならない⑥。

劉晏は八歳の時、すでにその文名を玄宗に知られて、太子正字の官を授けられ、神童の名を天下にほしいままにしたという。天宝中に、夏県の令に任ぜられ、その徴税も頗る温健で民心を得、かつてその期限をこえたことはなかった。累遷して安禄山の叛乱の時には度支郎兼侍御史となり、江淮租庸のことをつかさどるなど、もっぱら国家財政の事に関与して、能吏としての名声を得た。しかしその反面、敏腕の故をもって、しばしば周囲から譏せられて閑職に貶せられることもあり、安禄山の乱後、粛宗の上元元年（七六〇）五月には大蔵次官とも称すべき戸部侍郎に任ぜられた劉晏は、翌年、司農卿厳荘が事に坐して下獄したことから、かえって厳荘・宰相蕭華らによって、晏が禁中の語を洩漏したと誣劾されて、戸部侍部兼御史中丞度支鋳銭塩鉄等使京兆尹などの要職を退いて、通州刺史に貶せられたこともあった。

代宗が即位したのちの約二十年間が、彼が財政家としての本領を十二分に発揮し得た時期であった。宝応元年（七六二）夏六月には、早くもその職を復されている。ついで河南道水陸転運都使を兼ね、広徳元年（七六三）正月

には、吏部尚書同平章事として、国家の宰相として安史の乱後の諸政一新につとめた。しかもなお当時若干の勢力を持っていた宦官の謀るところとなって、翌二年正月には太子賓客として、政事は悉く罷めさせられている。しかし、戦後の重大な経済危機にあった唐朝としては、この逸材を遊ばせておくこととはならず、早くも同年三月には河南・江淮以来転運使として、宰相元載の委任によって汴水の疏通を計り、「関中米斗千銭」と称された関中の食糧難を打開しているほどである。

大暦元年（七六六）正月には、東都京畿河南淮南江南東山道湖南荊南山南東道の転運常平鋳銭塩鉄使として、のちに扶風郡公京兆尹ともなった侍郎の第五琦（―七八〇）とともに、天下の財賦のことを分理するにいたっている。

安史の乱後兵乱と飢饉のために、かつての開元・天宝の間天下の戸千万と称された盛唐の俤はさらになく、一時「天下戸口什亡八九、州県多為藩鎮所拠、貢賦不入、朝廷府庫耗渇」といわれた国家財政の危機に、その掌にあたった劉晏は、『資治通鑑』の著者司馬光から、「有精力、多機智、変通有無、曲尽其妙」と評されたその才能をもち、常によく走る者を募って駅におき、各地の物価の高低を速報せしめ、いかに遠方といえども数日ならずして報告せしめ、敏速に対策を講じたのである。かつ利よりも名を重んじ、貪汚を嫌ったその日常生活に徹して、難局の収拾に邁進した。銭価の不定から、仏寺の仏像仏具を盗んで銭貨を私に鋳るものが多く、京兆尹鄭叔清がこれらを擒捕せしめたところ、数ケ月間に笞うたれて死ぬもの八百余人にのぼったといわれる。庶民の疲弊極に達して、彼と同時に起用された第五琦の、十畝にその一を収めるという什一税法すらも、民はその重きに苦んで流亡する者多く、大暦元年（七六六）十一月悉くその税法を停めざるを得なかったほどである⑦。

劉晏は、戸口多ければ賦税は自ら広まるとの見地から、愛民を理財の根幹として政治を執り、各地に天災、不作の変があれば、必ず時を失せず、民の急に応じてその処置を誤らなかったので、劉晏が初めて転運使となった時、天下の戸二百万に過ぎなかったものが、その末年には三百万戸にものぼり、税収も四百万緡にみたなかったものが、のちには千余万緡になったと伝えられる。その他榷塩・漕運について顕著な功績を挙げたことは史籍にも著しいものがある。

その晩年、両税法を創始した宰相楊炎（七二七―七八一）とは意見があわなかった。ことに大暦十二年（七七七）三月に、代宗の寵臣元載が専横をきわめ、遂に策をもって帝のために獄に繋がれた時に、劉晏が之を訊問し、元載はのち万年県で殺された。役人が元載の家財を没収したときに、胡椒だけでも八百石もあったというほど、賄賂による不浄の財があった。この時、劉晏は元載が重臣であることから、特に裁判の公正慎重を主張したのであるが、そのことは採用されなかった。楊炎はこの元載に重用されて吏部侍郎の要職にあったが、元載の刑死とともに、湖南の道州司馬に貶せられ、徳宗が即位するとともに、再び廟堂にたつこととなった。ここに楊炎の劉晏に対する復仇の機会が与えられることとなった。

劉晏が久しく朝廷にあって財政の主権を握り、一部官僚のにくしみをかっていたことも災いして、楊炎・崔祐甫らの譏奏によって、唐朝の復興に献身した功績に酬われることなく、建中元年（七八〇）正月、転運・租庸・青苗・塩鉄等の使を罷めさされ、つづいて奏事不実を名として、京師を去る二千百二十二里の忠州の刺史に貶せられた。楊炎の飽くなき私憤追及は、さらに同年七月、忠州に赴任した劉晏が叛軍の将となった朱泚（七四二―七八四）と陰謀をなしたごとくに譏し、ついに帝の命をうけた宦官によって縊殺されるの非運にいたったのである。天下の人がこれを冤罪としたのはいうまでもない。しかもその罪は家属におよび、連坐して嶺表に徙される者数十人、劉晏の家財も没収されたが、書籍若干と米麦数斛にすぎず、世人はその清廉に服した。ついに九年を経た貞元五年（七八九）にいたって漸く、徳宗は劉晏の子執経を太常博士宗経秘書郎の官に任じ、晏に鄭州刺史を贈り司徒を加え、その冤罪が立証されたのである。一方、楊炎は、劉晏の死を徳宗の発意に依ると、諸道に密諭したことから帝の怒を買い、盧杞の謀略におちいって建中二年（七八一）十月、崖州司馬に貶せられ、崖州にいたる百里の地で縊殺された。

粛宗・代宗朝の仏教信仰の実態

安史の乱以後のこのような混乱した長安の地にあって、仏教界も不空を中心とする密教の流行下にすこぶる多彩な時代であった⑧。すくなくとも、劉晏が国家財政の主導権を握っていた期間のみにかぎってみても、興味ある幾多の問題がみとめられるのである。

安史の乱の大変動期に在位した粛宗（七五六—七六二在位）が、その逆境と健康上の苦悩から、仏教や道教の神秘力によって離脱しようと試み、とくに不空三蔵らに帰依したことは、すでに知られるとおりである。

度牒を売って軍費を得たことも、『旧唐書』巻十、粛宗本紀の至徳元年十月癸未に、

彭原郡、以軍興用度不足、権売官爵及度僧尼。

と記すように、これは順化から彭原に南進した粛宗に対し、おそらくは宰相の第五琦が軍費調達のために、山南等五道度支使を兼ねさされ、また権塩法を作った時のことであろう。これは、忠勤をもって人心を得たが、しかも全体的な見地から政局を観ることをなし得なかった中書侍郎同中書門下平章事の重責にあった裴冕（七〇三—六九）の献策にかかるものである。この売度牒の売上は、俗に香水銭と称されるものである。このことは売度がなお国費の不足を補うに足る収入をもたらし、したがって度牒がこのような貨幣価値の対象ともなるだけのうらづけとなるものをもっていたということに、注目しなければならない⑨。

また粛宗が天下太平祈願のため、内道場を設けて供奉僧数百人に命じて晨夜に仏名号を誦せしめたことも、もと諫議大夫であった中書侍郎同中書門下平章事張鎬が、天子の修福は、要は蒼生を安養し風化を靖一にするにあり、区々たる僧教をもって太平を致すというがごときは臣の未だ聞かざるところであると極諫したほどである。しかも上元二年（七六一）九月三日、帝の生日である天成地平節に、麟徳殿に道場をおき、宮人を仏菩薩に、武士を金剛神王に擬して、大臣をして膜拝せしめ、帝が病に苦しんだときに、百僚が仏寺において僧に斎して延寿を祈ったことなど、宮中における仏教信仰の実態を知るものが記されている。⑩

しかし、このような朝廷の仏教信仰に対する批判の言は多くは聞かれず、かえって廟堂において重責顕職を誇る宰相らの中に自ら仏経を誦し、大いに斎会を修するものが甚だ多かったのである。朝政には、さほど熱心ではなかった宰相房琯も、庶子の劉秩や諫議大夫李揖・何忌などと、「高談虚論、説釈氏因果・老子虚無而已」と伝せられているし、王維や、その弟で同じく文翰をもって知られ、代宗時代の仏教を象徴する五台山金閣寺の造建にも力のあった王縉（七〇〇?—八一）の兄弟も、「奉仏、不茹葷血」といわれ、ことに王縉は晩年その奉仏は特に甚だしく、杜鴻漸とともに私財を寄附して寺を造り、妻李氏が死んでからは遂に追善のために私第をもって宝応寺を造り、度僧三十人、寺に住せしめ、地方の節度観察使が入朝すれば必ず延いて宝応寺に入れ、諷して寄附を勧誘し、もって寺の修繕の費を助けしめた。ことに代宗が、王縉・杜鴻漸・元載らがしきりに仏僧に供養するのを喜んでいるのを不思議に思い、福業応報のことをたずねたことを機縁として、あつく仏教に帰依してからは、内道場とて宮中に仏像を陳べ、百余人の内侍の僧をして、吐蕃の入寇するごとに『仁王経』を講誦、経行念誦せしめるという特異な様相を示すこととなった。⑪

玄宗の晩年から朝廷に大いに信頼を得た不空三蔵（七〇五—七七四）も、代宗朝に『不空三蔵表制集』に見られるような異例の帰依を受け、まさに没せんとするや、大暦九年六月十一日に勅して開府儀同三司を加え、粛国公に封じ、食邑三千戸を賜うというような破格の錫賜があった。

かくして、「凡京畿之豊田美利、多帰於寺観、吏不能制、僧之徒侶、雖有臟姦畜乱、敗戮相継、而代宗信心不易」と評されるまでにいたっている。⑫代宗の仏教心酔はそのとどまるところを知らず、永泰元年（七六五）九月には、百尺の高座を長安の資聖寺・西明寺に設け、半月余にわたって『護国仁王経』を講ぜしめたが、宮中の経を宝輿におさめ、人を菩薩鬼神にかたどってこれを囲繞せしめ、奏楽のうちに鹵簿行列して、百官をして大明宮の光順門外に迎えしめたといわれ、吐蕃の兵がまさに帝都に近づかんとし、ようやくその講を罷めた。⑬大暦二年（七六七）夏四月には、章敬寺を造って母の章敬皇太后の冥福を祈っているが、はなはだ壮観をきわめ、長安にある材木を尽してなお足らず、遂には曲江と華清宮の建物を毀って寺の建築の材料に充てたほどである。この時、進士の高郢が、「先太后の聖徳は必ずしも一寺を増輝するだけですむことではなく、むしろ国家の永図は百姓をもって本とすべきである。人を捨てて寺を建て、どのような福があるのか。……寺は無くともそれですむが、人がなくてはなにごともすまないものだ。いたずらに塔廟のみを崇めて、かの梁の武帝の風を踵ぐのか、……古の明王は積善もって福をいたし、いたずらに財を費して福を求めないし、徳を修めてもって禍を消し、人を労してそのおかげで禍を禳うなどのことはしないものだ。今、章敬寺の興造に急で昼夜も休まず、力のたらない者には榜笞によってむりに出させようとしている。愁痛の声は道に溢れている。このようなことをしながら福を望もうとも、私はおそらく福は来ないと思う。正道を内にかえして、たすけを外に求め、左右の過まった計にしたがって、皇王の大猷にそむいている。私はひそかに陛下のためにこれを惜むものだ」とさえ極諫したが、ついに帝はこれにこたえなかった。⑭

また大暦三年（七六八）七月には、内道場において、百万金をついやして盂蘭盆をつくり、章敬寺に賜うて盂蘭盆会を修し、高祖皇帝以下七廟の神座を設けて尊号を施餓鬼旛の上に書きしるし、百官をして光順門に迎謁せしめた。⑮

かくのごとき、儒教国家の朝廷として考えることもできないようなことが、帝の意をもって行われたが、これは仏教にとって必ずしも正教の宣布とはならず、かえって現世利益中心の浅薄な邪教として、有識者からは「識者嗤其不典、其傷教之源、始於（王）縉也。」と評され、また「（元載等）毎侍上、従容多談仏事、由是中外臣民、承流相化、皆廃人事而奉仏、政刑日紊矣。」と慨歎される所以ともなったのである。⑯

以上にあげたような宰相たちの奉仏の根拠は、もとより個々人の宗教信仰にもとづくところもあるであろうが、また、時の天子の仏教信仰に迎合せんとする気風のあったことは、おそらくは、『通鑑』の著者司馬光の指摘したとおりであったろう。鳳翔節度使として十余年この地にあった李抱玉は、「雖無破虜之功、而禁暴安人、頗為当時所称」と評されたが、彼もまた、不空三蔵の葬日（大暦九年七月五日）に祭文一首を捧げて、「夫法器之主、釈教之尊、非生霊独覚、無以希聖道、非崇徳広業、無以定宗門」とたたえている。⑰

唐代有数の書家であり、また無二の忠臣と称された顔真卿（七〇九―七八五）の撰書にかかる「宋州官吏八関斎会報徳記」は、かつて、上元二年（七六一）正月、江南に逆賊劉展を生擒し、累遷して汴宋等八州節度使となった田神功が病に寝ねた時、大暦七年（七七二）四月八日、河南宋州刺史徐向らが禳祈報恩のために俸銭三十万をあつめ、州の開元寺で八関大会を設けて千僧に飯し、そのほか州県の官吏ら一千五百人、鎮遏団練官ら五百人、一般庶民五千人のために、それぞれ斎会を催したときの記録である。⑱ ㈠殺生せず、㈡ものを盗まず、㈢邪淫せず、㈣妄語せず、㈤飲酒食肉せず、㈥花鬘瓔珞香油などで身をかざらず歌舞倡伎せず、㈦高広の大床に坐らず、㈧斎後に喫食しないという、在俗の信者が一日一夜を限って守る八戒を授ける儀式をさすこの八関斎会が、いかに盛大な、讃唄香花もて昼夜を塡むといった雑踏をきわめたものであったかが容易に想像される。その効あってか健康をとりもどした彼は、翌八年冬、入朝して、元載の上奏した吐蕃鎮定策についての下問に対えて「いかんが、一書生の語を用いて、国を挙げてこれ従わんと欲するや」と、軍将としての見解を示したが、遽に疾にあって翌日死去した。代宗はその忠朴幹勇を賞して廃朝三日、司徒を贈り絹千匹布五百端を賻り、千僧斎を賜わっている。この一例からも、上級官吏の社会生活の間にまで滲透していた仏教法会の実態を知ることができるのである。⑲

このように、上下ともに仏教信仰に溺れていた時代であるから、至徳元年（七五六）に内道場に鳳翔法門寺の仏骨を迎えて供奉の僧をして讃礼せしめたり、杜鴻漸の上奏によって弁才（七二三―七七八）を朔方管内教授大徳として異民族宣撫の大任を命じ、或いは乾元二年（七五九）三月、天下の州郡に命じて凡そ八十一所に放生池を設けるなど、道教とは比較にならぬほど、仏教は重視されて、国家の政令をもって、保護されている実情であった。

したがって、国初からの傅奕・法琳らの破邪論争を始めとして、玄宗の道教信奉などにもかかわらず、以後道仏二教の先後問題は積極的な展開を見せなかったのである。しかし、代宗の大暦三年（七六八）九月には、太清宮の道士史華と長安章信寺の崇恵との仏道角力のあったことを、『不空三蔵表制集』巻六や、賛寧の『宋高僧伝』巻十七、崇恵伝に記録している。

崇恵は径山国一大師法欽（七一四―七九二）の弟子で、禅観につとめながらも、なお密教――三密瑜伽護摩法――に精通していた。始め浙江昌化の千頃山にあって専ら仏頂陀羅尼を誦すること数年、のち首都長安に北上し、章信寺（章敬寺の誤）に入った。たまたま代宗皇帝が仏教に偏して帰信しているのを憤慨した道教側から、太清宮の道士史華が上奏して、仏教当代の名流と、仏道何れの術力が勝れるや勝負したいと申入れ、仏教側が慴れて敢て相手になろうとする者がいなかったので、崇恵がこれに応ずることとなった。宰相魚朝恩が仲介して章信寺の庭で、術力の優劣を争うこととなり、刀梯を登り、烈火の中を履み、赤手もて油湯の中を探るなど、ついに史華をして屈伏せしめ、これによって詔して鴻臚卿を授けられ、護国三蔵の号を賜い、俗に巾子山降魔禅師と称されたという。

『三教不斉論』を録している『伝教大師将来越州録』や、円珍の『福州温州台州求得経律論疏記外書等目録』などに、「刀梯歌一巻」を記録しているのは、刀梯のことを歌った変文に類するものが存在したことを示すものである。

四川省成都の資州に三教道場が設けられたのは、始め祠祀を好むもいまだ甚だしくは仏教を重んじなかった代宗が、元載・王縉・杜鴻漸らの宰相の勧めによって、回紇・吐蕃が大挙侵入しながら、戦わずして退いたのも、すべて人力の及ぶところにあらず、みな宿植した福業の応報によると教えこまれて、仏教を深く信ずるようになった大暦二年（七六七）の十月のことである。すなわち『金石萃編』巻九十六に収める「資州刺史叱干公三教道場文」に、資州刺史叱干公が、「奉為我国家之所造」なりとして、「二儀生一、万象起三、殊途而帰、体本無異」の立場にたって、のちの三教堂のごときものが建てられ、おそらく、その中に三聖の像が祀られたのであろう、都料丈六弥勒仏匠雍慈敏の名も、その碑文中に見出される。おそらくは、中央の意を承けて、民衆教化の目的をもって設けられたであろうことは容易に推測される。しかもその排列が仏道儒と次第していることも注目すべきである。いまその詞のみを掲げる。

〔仏〕西方大聖　為法現身　不生不滅　無我無人　甘露灑雨　水月浄塵　心澄智海　道引迷津　湛然不動　永絶諸因

〔道〕混元難測　杳杳冥冥　恍惚有物　想像無形　九天弁位　四方居星　中含仙道　下育人霊　法伝不死　空余老経

〔儒〕広学成海　煥文麗天　光揚十哲　軌範三千　獲麟悲鳳　讃易窮□　首唱忠孝　跡重仁賢　其道不朽　今古称先

もとより『金石萃編』の撰者王昶が指摘するような「三教之目、肇于此」というようなものでなく、北魏の衛元嵩に、「斉三教論」があり、『隋書』巻七十七、李士謙伝に、三教優劣や、「仏日也、道月也、儒五星也」の文字を見出すのである。[20]帝都長安から遠くはなれたきわめて辺鄙な土地での、一つの例にしかすぎないが、この三教道場にみられるような仏道儒の三聖像を一堂に会した中にも、仏教の優位をみとめているのは、代宗当時の中国における仏教の強い立場を知ることができるのである。また、大暦十三年（七七八）に両街臨壇大徳に充てられた長安西明寺の円照が、『三教法王存没年代記』三巻を著しているが、その排列は上巻―仏、中巻―道、下巻―儒となっている。[21]

三教不斉論の背景

かかる時潮に棹さして、劉晏があえて『三教不斉論』を出したことは、今日に残存するスタイン蒐集敦煌文書第五六四五号を通じて知られるように、

　陛下降初地之尊、光臨瞻（贍）部、受一人之貴、理化閻浮、何屈折僧尼、盤擗法服、

とあり、天下の王たる陛下としての地位を認識して、仏教に対して厳然たる態度を執るべきことを、要請しているのである。これは満堂みな佞仏の声さえたかかった宰相達のみちている宮中にあって、唐代有数の名宰相としての劉晏にしてはじめて発言し得ることであったろう。劉晏がよく仏教を理解していたことは、その仏教用語の的確な使用からも察知することができる。仏教を尊信している帝王の立場をよく認めながら、自己の信念を強調し、敢て諫言を呈したことこそ、能吏名臣と称される所以であろう。前述のとおり、劉晏が政治家として活躍し得たのは、代宗の在位中の約二十年、即ち彼が四十八歳から六十六歳の間である。最澄が越州の地で『三教不斉論』一巻を得たのは貞元二十年、即ち劉晏の死後二十五年のことであり、空海がおそらくは長安で、これを得たのも同年のこと

であった。日本では最澄・空海以前に、『三教不斉論』の名を見出しがたく、また敦煌本でも、「今咸通十年」という古文書にならんで書写されていて、述者の劉晏が、代宗朝の政治家劉晏と時期的に先行することはなく、この両者が、同一人の劉晏であることに疑いを挟さむ理由は生じない。残存する『三教不斉論』の内容からも、それは妥当な推理であるということができるであろう。

金陵鍾山の元崇（七一三—七七七）は晋の宰相王薈の後裔といわれるが、十五歳で出家の後、「大暢仏乗、三教斉駆、講心世表」と伝えられて、江南・呉越の間にその名を知られ、ついで長安に出て縉紳の間にその名を知られた。輞川の王維の別業で、安史の乱後の混乱のなかにあって、住宅難でここに雑居している朝賢宰相たちと抗論した。ことに、王維や蕭昕（七〇二—七九一）は碩学雄才尊儒重道をもって知られていたが、元崇と論議して、「仏法有人、不宜軽議也」と歎ぜしめたといわれる。[22]このような事例は必ずしもすくなくはない。かの張鎬のような批判もあったのであるが、不安な世相を背景に、多くは、上の意に従って専ら仏事を事とする宰相重臣が多かった。武当山南陽慧忠（—七七五）が粛宗の招請によって長安に入るや、「相国崔渙（—七六八）従而問津、理契於心、談之朝野、識貞之士往往造焉」と称された。崔渙は「性尚簡澹、不交世務、頗為時望」と評された。慧忠が歿するや、その葬送の資はすべて国費をもってまかなわれ、内供奉の僧である常修功徳使検校殿中監の職にあった興唐寺大済が勅によって講論を紹いでいる。[23]

劉晏が第五琦とならんで天下の財務を分掌した頃に、宰相をもって兼ねて山剣副元帥・剣南西川節度使に充てられた杜鴻漸も「酷好浮図道、不喜軍戎」といわれ、また大暦二年（七六七）、彼が蜀から長安に帰るや、千僧に斎したと伝えられている。その晩年は私第に退静を楽い、悠然と詩を賦して、「常願追禅理、安能挹化源」といい、朝士多くこれに和し、致仕の後は僧形をなし、遺命して仏式によって葬り、『旧唐書』の著者劉昫をして「事仏徼福、朋勢取容、非君子之道」と評せしめたほどである。[24]

このような時に、あえて『三教不斉論』を呈して、国主としての正当な認識を求めたのは、代宗朝の崇仏が極端に走り、経済的にもその失費が巨額にのぼり、憂国の為政者としては当然の措置であったのであろう。かの常袞（七二九―七八三）が、魚朝恩らの溺仏の結果、仏事に巨万の浪費あるを慨いて、上書してその害を説き、代宗の容れるところとなったことがある。また塚本博士がはやく指摘されたように、[25] 代宗の死後、徳宗の即位の当初には、仏教に対して、淘汰の議論が出ている。即位直後の大暦十四年六月には、「自今、更不得奏置寺観及度人。」といい、翌建中元年（七八〇）四月には、「高怡献金銅像、上曰、何功徳、非我所為、退還之。」と記し、同年七月には、「罷内出盂蘭盆、不命僧為内道場。」という。[26]

また　剣南東川観察使李叔明が、仏道二教は世に無益なりとして、寺観の削減を上奏し、徳宗がこれを納れて、天下に及ぼさんとし、彭偃も、

即位早々の維新の時、人心を変ずることが上策である、当今の道士は有名無実で、そう問題とすべきでないが、仏教の僧尼は頗る穢雑であり、出家者は無識下劣の流であり、たとい戒行高潔の者なりとも、王者の施政には無用であり、しかも兵役や租税を免れて、殺盗淫穢においては犯さざるところなきほどである。

として、相当な粛正策をたてまつり、徳宗もこれに賛成したが、大臣たちは二教の行われることすでに久しきにわたり、列聖もこれを奉じられたことであるから、今にわかにこれを擾すのは宜しくないとして、遂にこの案は否決されたのである。[27] これはなお劉晏が国家経済の実権を握っていた時のことであろう。

この『三教不斉論』がたてまつられた時が何時であるかは、もとより確証として論ずべきものはない。大暦十四年（七七九）五月、徳宗即位後の、政情を一新し、財政緊縮を実施した時、当然仏教に対する批判粛正が上述のようにとりあげられた。敦煌本『三教不斉論』もおそらくは、この徳宗即位直後の庶政維新の時に、たてまつられたものではなかろうか。劉晏六十二才の時である。いずれにせよ、最澄・空海らの記録を除いては、従来全くその存

在を知られなかった中唐期の、極めて数少い三教論の一つとして、記憶されるべきものであろう。

① 最澄・空海の将来目録は、ともに大正蔵五五、目録部に収められている。
② 大正蔵五二、唐法琳撰『弁正論』・唐道宣集『広弘明集』巻一一、一二等参照。
③ L. Giles, *Descriptive Catalogue of the Chinese Manuscripts from Tunhuang in the British Museum*, 1957, p. 200, No. 6380.
④ 大正蔵五〇、宋賛寧撰『宋高僧伝』巻一五。『仏祖統紀』巻四一に興元元年（七八四）に作るは不可。
⑤ 咸通十年は、沙州帰義軍節度使張議潮が、すでに長安にいたっていた頃で、長安では懿宗による奉仏が盛んな時であり、鳳翔法門寺の仏骨を宮中に迎えるなどのことがあった。また敦煌でも吐蕃の羈絆を脱して長安との交通も頻繁となり、長安仏教の隆盛がこの敦煌にも影響を及ぼしたであろうことが察せられる（『宋高僧伝』巻六乗恩伝・『僧史略』巻下・『西域文化研究』第一所収、塚本善隆稿、『敦煌仏教史概説』参照）。また『敦煌雑録』に収められた北京敦煌本鹹字二九号の『金剛般若経』の紙背にある「唐末禅宗雑記付法事」（仮題）には、釈尊の年代を記録して、「乃至如来涅槃、当此大周穆王五十二年壬申歳二月十五日、至今己未歳約一千八百四十八年矣」といい、また、「自永平十年教至此迄今大唐光化二年（八九九）己未歳凡八百三十八年矣」というなど、唐初の『破邪論』以来の仏教年代論の資料としても貴重なものである。
⑥ 劉晏の伝記は『旧唐書』巻一二三・『新唐書』巻一四九・『資治通鑑』巻二二一・二二四・二二六など、また外山軍治氏「唐代の漕運」（『史林』二二―二）を参照。一九三七年刊、国学小叢書本、鞠清遠著『劉晏評伝附年譜』は劉晏伝研究の拠るべき資料である。なお、『岡山大学法文学部紀要』第十三号所収、大淵忍爾稿、「敦煌本仏道論衡書考」参照。
⑦ 『旧唐書』巻四八、食貨志上。
⑧ 塚本善隆著『唐中期の浄土教』、第二章「代宗徳宗時代の長安仏教」参照。
⑨ 『僧史略』巻中、『旧唐書』巻一一三裴冕伝・巻一一八楊炎伝。
⑩ 『冊府元亀』巻五二・帝王部崇釈氏二、『旧唐書』巻一一一張鎬伝、『資治通鑑』巻二二二など参照。
⑪ 『旧唐書』巻一一一房琯伝・巻一一八王縉伝。
⑫ 『旧唐書』巻一一八王縉伝、『資治通鑑』巻二二四参照。
⑬ 『冊府元亀』巻五二、『資治通鑑』巻二二四など。

⑭『旧唐書』巻一四七・『新唐書』一六五の高郢伝、『資治通鑑』巻二二四。
⑮『冊府元亀』巻五二。
⑯『旧唐書』巻一一八王縉伝、『資治通鑑』巻二二四。
⑰『旧唐書』巻一三二李抱玉伝、『不空三蔵表制集』巻四、（大正蔵五二・八四七Ｃ）。
⑱『金石萃編』巻九八。
⑲『旧唐書』巻一二四、『新唐書』巻一四四の伝参照。
⑳羅振玉撰『雪堂金石文字跋尾』巻四。
㉑大正蔵五五、『大唐貞元続開元釈教録』中。
㉒『宋高僧伝』巻一七（大正蔵五〇・八一四ｂ・ｃ）。
㉓『宋高僧伝』巻九（大正蔵五〇・七六三ａ）。
㉔『旧唐書』巻一百八、『資治通鑑』巻二百二十四、大暦二年の条。
㉕『唐中期の浄土教』第二章参照。
㉖『旧唐書』巻一二、徳宗本紀上。
㉗『旧唐書』巻一二七、彭偃伝。当時の仏教のおかれていた地位を知ることができる。彼はのちに朱泚の軍に獲られ、偽中書舎人となり、僭号辞令は偃がつくったという。朱泚敗れて彼も李晟の得るところとなり、安国寺の門前で斬られた。

附註

㈠　京都大学附属図書館に、菩薩戒弟子迪功郎前盧州録事参軍姚功言述という『三教優劣伝』一巻十五丁がある。慶安三年（一六五〇）仲秋、京都東山三条要法寺前の、書肆堤六左衛門の開板になるもののロートグラフで、原本はおそらくは明代刊本で、比叡山東塔南谷真如蔵の蔵本であった。その後文によれば『宗鏡録』・『西域記』・『因果記』・『歴帝記』・『辨（辯）正記』・『宝林伝』・『国臣記』・『破邪論』・『弘明集（広弘明集の誤りか）』・『法苑珠林』・『周漢史書』などに拠って、三教出世の前後・仏教の他教に優れる所以を述べ、後人をして惑わしめないようにしたという。その中に、孔老二教の出処・釈迦文仏の眷属・説法度人因果の大略を述べて、三教の不斉を明らかにした文がある。その項目は宗族不斉・父母不斉・身相不斉・眷属不斉・弟子不斉・示生不斉・示滅不斉・初果不斉・中果不斉・後果不斉の十三を挙げている。劉晏の『三教不斉論』とはもとよりその立脚点不斉・説法不斉・降伏不斉・付属を異にしているが、S. 5645文書中の「小乗録」の記載とともに、なお検討を要すべきものがある。

(二) 弘文荘反町茂雄氏の好意によって、わが南北朝頃の古写本『仏法和漢年代暦』を見ることができた。仏教年代論についての貴重な資料であり、これについては『中国仏教史研究1』第十二章「仏法和漢年代暦について」参照。その中に、「弘法大師将来定三教優劣不斉論、姚謽撰」なるものを引用する一項がある。京大本に「姚功言」とするのは「謽」の字を誤ったものである。

高僧伝の成立

はじめに

梁の慧皎の撰述にかゝる『高僧伝』は、中国に仏教伝入の初期から六朝後期梁の天監十八年までの約五百年の間に、訳経・義解・神異・習禅・明律・亡身・誦経・興福・経師・唱導の十科にわたって、それぞれに活躍した高僧の伝記である。中国初期の仏教史研究のためのみでなく、この期間の中国思想史・社会史などの究明のためにも、必要不可欠の基本史料の一つである『高僧伝』の研究には、若干のかつ重要な成果①はあるが、従来等閑に附されてきた中国仏教史学史の系統的な研究確立のためにも、『高僧伝』の成立について、さらに研究を進めることの必要を感ずるにいたった。本稿は、撰者慧皎の生涯、『高僧伝』以前の僧伝応験記類、『名僧伝』と『高僧伝』、同対照表、高僧伝十科の分類、石山寺本高僧伝などについて研究を進めようとするものである。

一　慧皎の生涯

『高僧伝』の著者慧皎（四九七—五五四）の伝歴については、『高僧伝』の慧皎自序、後序、王曼穎の慧皎への書信、『続高僧伝』の慧皎伝などによって、その概略を知ることができる。

梁の「会稽嘉祥寺釈慧皎」として伝えられる唐の道宣（五九六—六六七）の『続高僧伝』の記載[2]、その他によって慧皎の伝記を組みたてると次のごとくである。

慧皎、その氏族は未詳、浙江会稽上虞の人。内学外典に詳しく、博く経律を訓へ、のち邑西の嘉祥寺に住した。この寺は晋書巻六五に伝のある宰相王導の第六子薈が会稽郡守であったときに、竺道壱のために建てたものである。『高僧伝』巻七、超進伝にも、王薈の孫にあたる会稽郡守王琨が曇機法師を嘉祥寺に請うて住せしめたと伝える。「寺本琨祖薈所創也」という。慧皎は春夏には布教に専念し、秋冬には著述につとめた。涅槃義疏十巻・梵網経疏などが世に行なわれたというから、慧皎の宗とするところが涅槃であり、律部であることが知られる。

慧皎は『高僧伝』を撰述したのち、親交のあった王曼穎に送り批評を求めているが、この時期は確定しがたい。また王曼穎の経歴については、深く知るところはない。わずかに『隋書経籍志』には、「補続冥祥記一巻、王曼穎撰」とあるから、これは王琰の『冥祥記』を補続したものであろうし、また王曼穎の学問の志向したところも察せられる。また、梁の武帝の異母弟である南平元襄王偉（四七六—五三三）の伝によれば、晩年仏教を崇信し、ことに玄学に精しかった南平王は、真俗二諦義についての『二旨義』という著書もあり、『弘明集』巻十には、武帝の『神滅論』批判への答書（建安王答）も見える。議論だけでなく、その仏理を実践して慈悲ぶかく、窮乏のものには愍れんで、つねに腹心のものを閭里の人士につかわして歴訪せしめて、もし貧困のため吉凶の儀式を挙げることのできないものがあれば、金品を送って贍恤した。太原の王曼穎が死んだ時、その家は頗る貧しく殯斂することもかなわぬほどであった。曼穎の友人で、南平王長史御史中丞であった江革（—五三五）は、友人の死を見舞ったが、遺族たちは葬儀も出せない貧困さを訴えたところ、江革は、ほどなく南平王が必ず都合よくやってくれるだろうという言葉も終らぬうちに、南平王の使がきて葬事の費を給してとどこおりなく終えたという。③ 歴官数十年、しかもかたわらに姫の侍するなし、家はただ壁立す④と伝えられる江革の友人であれば、王曼穎自身の清貧もまた世に賞せられるべきものであったことが推察されるのは当然であろう。南平王は、武帝の中大通五年（五三三）五十八歳で薨じているから、王曼穎の死はさらにこの年よりもさかのぼる。

『内典博要』三十巻（梁書本紀は一百巻）の著述もあって、仏教にも暁通していた梁の元帝蕭繹（五〇八—五五四）の撰述した『金楼子』巻二・聚書篇には、「今年四十六歳、自聚書来四十年、得書八万巻」とあって、その蒐書の苦心を陳べているが、ここに「会稽宏普寺の恵皎道人に就いて捜聚した⑤」と記すことからも、慧皎が元帝からも注目されるほどの蔵書を有していたことが知られる。その慧皎の蔵書を元帝が何時ごろ入手したかはあきらかではないが、のちにも記すごとく、侯景の難を避けて江西に逃れた最晩年のことではなかったろう。これらの慧皎からの蒐書をもふくめて、帝四十七歳の承聖三年（五五四）十二月上旬には、十四万巻に及ぶ蔵書をことごとく灰燼に帰してしまったことは史書に著しい。蒐書狂ともいえる元帝が注目した慧皎の蔵書は、当然、慧皎の壮年期における彼の研学を示すものである。これらが主著の『高僧伝』撰述にも重要な資料となったことが当然予想されるのである。

『高僧伝』の著作は、慧皎の自序に、その記事が漢の明帝永平十年（六七）に始まり、梁の天監十八年（五一九）に終ると明記していることから、この天監十八年をもって撰述年時とすることが通説となってきている。しかしこれは山内晋卿氏も指摘するように、内容の最終年代であって、撰述年代ではない。慧皎自身、この年、わずかに二十三歳の青年僧であること、宝唱の『名僧伝』が『続高僧伝』巻一の記載によれば、天監十三年頃撰述と思料されること、天監十八年から普通元年へと改元のことがあり、一つの時代の区切りとしたこと、送呈した『高僧伝』に対して適切な批評を下した王曼穎の死が、中大通五年（五三三）に死んだ南平王偉よりも溯ること、などから推して、『高僧伝』の撰述が、天監十八年よりなお十年あまりの後のこと、おそらくは慧皎の三十歳代半ばの著作であろう。ただ『高僧伝』に先行した『名僧伝』の著者宝唱は、まさに三十歳ならんとして父母の死に遭って喪に服し、喪事すべて畢って、建武二年（四九五）都建康に出て講肆に遊歴してのち、南斉末期の混乱期に遠く閩越に逃れ、梁の武帝の天下一統ののち、天監四年（五〇五）に都に出て、武帝の帰信を得て、そののちは帝権に親近して華麗な生活を送ったという。⑥ 天監十三年ごろ『名僧伝』を撰述したり、帝室の華林園宝雲経蔵を管掌したりなどした宝唱とは、三十年以上ものへだたりのある慧皎は、律僧にふさわしい質素な生活に終始し、その周囲には、王曼穎のような清貧のうちに生涯を送り、葬事にも不如意な人たちと親交があったことは、慧皎の「名僧」と「高僧」との分析とも、全く無関係であったとはいいきれないものがあることを記憶せねばならない。

道宣の「慧皎伝」には、『高僧伝』が文義明約で当代に崇重されたことを記したあと、「後、終るところを知らず」としているが、これは現行の『高僧伝』によって、慧皎の晩年についての重要な補遺が附されていることを見れば、これは宋版大蔵経以後に附せられたものか、また道宣所見の『高僧伝』は、別本の系統に属するものであったかとも推察される。⑦ その補遺（あるいは追記）の全文は注記のとおりであるが、文中に、梁末の元帝承聖二年（五五三）に侯景の難を避けて江西の湓城にいたり、しばらく講説していたが、翌承聖三年甲戌の歳二月、俗寿五十八歳で入寂したというのである。⑧ 太清元年（五四七）に北魏の降将侯景（―五五二）を梁の武帝が納れたことは、結局は梁王朝を亡す源となったことはいうまでもない。一時は河南方面の軍事を統監せしめられた侯景は、東魏の将慕容紹宗に攻められて大敗し、寿春に逃れたが、ようやく梁朝における我が身の危険を感じ、かつ梁と東魏の間に和睦の議がおころうとするに及んで、寿春で武帝に叛いた。揚子江を渡って梁の首都建康を囲み、いったんは和したが再び叛し、ついに武帝は八十六歳の高齢をもって台城に幽憤のうちに崩ずることがあった。ときに太清三年（五四九）五月である。侯景は武帝の第三子簡文帝蕭綱を擁立して、権を専らにしたが、自ら宇宙大将軍を称するにいたって、帝を幽閉し、のちに帝を土嚢をもって圧殺したのは太宝二年（五五一）。こののち江陵にあった湘東王繹が即位して元帝となるのである。慧皎が侯景の難を避けて湓城にいたったのは承聖二年（五五三）であるとするが、実は侯景が元帝の将王僧弁や広東から北上してきた陳霸先の軍に敗れて嘉興に奔り、ついに擒えられ、船中に刺殺されたのは承聖元年（五五二）四月である。慧皎が江西に難を避けたのは、おそらくは侯景が宇宙大将軍と称した太宝二年の十二月に、浙江の若耶山に盗となっていた張彪⑨が義軍をおこして侯景の部下上虞の太守蔡台楽らと戦い、諸暨・永興の諸県に勢を伸張したため、兵火が嘉祥寺一帯に及ぶことを避けんとしたのである。かくてかねて交渉のあった江陵湘東王繹すなわち元帝をたよって、おそらくは銭塘江を溯って湓城の地にいたり、江陵の地も安住の地でないことを知り、此の地でしばし講説布教ののち、承聖三年二月入寂したのである。

江州僧正慧恭が首となって喪事をつかさどり、廬山禅閣寺に葬った。竜光寺（建康）の僧果が難を避けて廬山にあり、見聞したことを書き記したという。筆者僧果が慧皎と同時代人であることは察せられる。梁の武帝の全盛時に、講経蒐書にその名を知られた慧皎の晩年は、梁王朝とその盛衰をともにしたものである。

二　高僧伝以前の僧伝応験記類

現存する最古の中国高僧伝としての慧皎の『高僧伝』が依拠した諸資料類は、僧祐の『出三蔵記集』や宝唱の

『名僧伝』をはじめとして、『高僧伝』巻十四所収の著者慧皎の自序に示すもの、王曼潁の慧皎への返信に示すものをふくめて、実に二十数種を数えるのである。これらの一々について略述する。これは慧皎以前の僧伝類を知ることによって、南北朝中期以前に、外来仏教が中国人社会にどのような形式でうけとめられたかの、具体的な解答を得るための重要な足がかりともなるのである。

仏教初伝の後漢から、西晋・東晋・宋・斉・梁にいたる六代五百年になんなんとする間、中国人沙門の卓越した人材は輩出し、それらの活動の跡を記した記録は衆く、記載の方法はそれぞれ異なるものがあるとして、慧皎が見聞した記録と、それに対する慧皎の短評と、撰述成った高僧伝を送られた王曼潁の意見は、次のごとくである。

一、高逸沙門伝　一巻　竺法済撰

『高僧伝』巻四、竺潜（竺法深）伝に、潜の神足の弟子竺法済は、「幼にして才藻あり、高逸沙門伝を作る」と記すもの。師の竺潜は、東晋の丞相武昌郡公王敦（二六六―三二四）の弟であり、名族である瑯琊の王氏の出自で、王導・庾元規などがその風徳を欽んで友として敬したと伝えられ[⑩]、そうした雰囲気の中で生長した竺法済が、『高逸沙門伝』を撰述したことは、老荘を釈し方等大乗の教を暢かにした、当代の僧風を知ることができる。孫綽が竺法済らの賛をつくったことが『高僧伝』にも記されていて、竺法済の出世が東晋の初期であることが知られる。『歴代三宝紀』巻八に「高逸沙門伝一巻、孝武帝世、剡東岬山沙門竺法済」と録するもの。すでに早く散佚しているが、高逸の名にふさわしく、劉孝標（名は峻、四六二―五二一）の『世説新語』巻上之上の言語第二には、劉惔が竺法深に、道人（僧侶）の身でどうして朱門に出入するかとの質問をしたのに対して、貴方は朱門と見るが、私には朱門も粗末な蓬の戸も同じことですと答えるところがあるが、その注に『高逸沙門伝』を引用してこれをうらづけている[⑪]。高逸沙門伝の引用は、『世説新語注』の他にもまま見られる。

二、僧伝　五巻　法安撰

『高僧伝』巻八、斉京師中興寺法安（四五四―四九八）は、魏の司隷校尉畢軌の後裔という。南斉の永明中（四八三―四九三）に都で『涅槃』・『維摩』・『十地』・『成実論』を講じ、司徒文宣王をはじめ、張融・何胤らが文義に稟服したと伝え、建業の東寺で浄名経や十地経の義疏ならびに『僧伝』五巻を著すというものである。その内容は、皎序には「沙門法安但列志節一行」といい、王曼穎は「法安止命志節之料」という。高潔貞節の僧を列伝したもののようであり、慧皎にとっては好ましいものであったろう。ただ志節の一科と記すところに、僧伝としての普遍性のないことを憾むことをいっている。

三、遊方（伝）　僧宝撰

皎序に「沙門僧宝止命遊方一科」といい、王曼穎が「僧宝偏綴遊方之士」という。天竺に遊んだ僧の伝記を記したものであろうが、撰者僧宝については、『高僧伝』巻八中には同名が三人もあり、その誰に該当するかは未詳である⑫。

四、江東名徳伝　法進撰

皎序に「沙門法進迺通撰論伝、而辞事闕略、並皆互有繁簡、出没成異、孝之行事、未見其帰」というもの。『隋書経籍志』に、「江東名徳伝三巻法進撰」とするものがあり、慧皎のいう論伝を通撰したというものであろう。『高僧伝』には巻十法朗伝・巻十邵碩伝・巻十二法進伝に法進の名は見えるが、この法進が著者と断定し得る記事は見当らない。王曼穎の批評に、法進の『江東名徳伝』が名は博にして未だ広がらずとするのは、王曼穎自身の、その江東という名にもかかわらず、必ずしも網羅していないという読後感から生じたものであろう。

五、宣験記　三十巻　　臨川康王劉義慶撰

六、幽明録　二十巻　　右に同じ

『世説新語』の著者、宋の劉義慶（四〇三―四四四）の、おそらくは宮廷をめぐる文人たちの共同編著になるものと思われる『宣験記』三十巻・『幽明録』二十巻（唐書芸文志は三十巻）は、ともに今日では散佚して、『世説注』・『法苑珠林』・『太平広記』・『太平御覧』その他に散見するものを蒐録した魯迅の『古小説鉤沈』所収の両書に、その大体を窺い得る。その書名からも察せられるように、両書ともに六朝中末期にさかえた応験記の類であり、後述の『冥祥記』・『益部寺記』・『京師塔寺記』・『感応伝』・『徵応伝』・陶淵明の『捜神録』にいたるまでをふくめて、慧皎は「諸僧を傍出して、その風素を叙べているが、みな附見であり、はなはだ疎闕多し」と評してはいるが、しかもこれらの中に、慧皎の僧伝編修の一面を知るものが見られる。『高僧伝』巻一康僧会伝に見る孫皓の記載は注目すべきものである。『宣験記』では、呉主孫皓が仏教を敬信せず、四月八日仏誕日に仏像を厠所におき、「汝のために灌頂せん」といって、尿をかけるの不遜のことがあり、その応報として陰嚢たちまち腫れ、疼痛高熱、堪うべからずという惨状を呈し、夜より朝にかけて苦痛のあまり、死を求めるといった有様であった。常に仏を敬信していた寵姫の方便によって前罪を悔い、香湯をもって仏像を洗い、殿上に安置して叩頭悔過したので、痛みも去り、腫れもひいていった。そこでただちに康僧会について五戒を授けられ、大市寺において衆僧を供養した（弁正論巻七〔大正五二・五四〇ａ〕の注所引の宣験記）、とあるものを、慧皎は「康僧会伝」では、四月八日仏誕日などのまことしやかなこじつけを刪去して、文辞を修飾したものに改めている。また孫皓と康僧会が、仏教にいう善悪応報を論じて、『易』に「積善余慶」といい、『詩』に「求福不回」という儒典の格言も、そのまま仏教の明訓であると康僧会が答えたところ、孫皓は、そのとおりであれば、先に周孔の説きあかしたところを、なにも仏教の明訓をもちいる必要もないではないかと反論した。康僧会は、周孔のいうところはその言は簡略で卑近な現世のことを示すにとどまる、それに反して釈迦の教は周到に幽微の点をつくしている、悪を行えば地獄の長苦があり、善を修すれば天宮に生ずるという永い楽しみがあると答えている。この周孔・釈教の対比、因果応報、地獄・天宮のことは、いずれも宣験記か、『幽明録』にもとづいたものであろうが、慧皎が「疎闕はなはだ多し」としながら、しかも『宣験記』などが、初期中国仏教の本質をつく議論の根拠となっていることは注目すべきである。⑬「安世高伝」についてみると、慧皎が参考として引用した記録は、『道安経録』・『出三蔵記集』・『名僧伝』のほか、「衆録を訪尋するに、高公を記載するもの互いに出没あり、まさに権迹（霊験）隠顕するをもって応廃多端なり」として、庾仲雍の『荊州記』・宋臨川康王の『宣験記』・曇宗の『塔寺記』などをも引証していることからも、豊富な資料のなかから適正な「安世高伝」を編述していることが知られる（本書六十九頁の補注を参照）。

七、冥祥記　十巻　　王琰撰

『法苑珠林』巻十四には、「冥祥記自序」を掲げている。⑭王琰が幼稚の時、交阯において五戒を授けられ、観音金像を与えられて供養するようにいわれた。その金像をもたらして揚都南澗寺に寄托したのであるが、最近に観音像の応験のあったのが建元元年（四七九）であるという。このことから観音応験霊感について記し、この『冥祥記』を綴り成したという。よってもって、王琰の『冥祥記』著作の沿由、年代などを知り得るのである。これも魯迅によって整理され、一三一項が挙げられていて、宋・斉・梁間の知識人の真摯な観音信仰を知ることができるし、その仏教信仰受容の純真さをも、うかがい得るのである。

八、益部寺記　　劉悛撰

彭城の劉悛（四三八―四九八？）撰というから、『南斉書』巻三十七に専伝のある、鋳銭に独特の施策を進めた劉悛をさすのであるが、益州府、州の事を行なうというが、その伝には『益部寺記』著作のことは記さない。蜀郡大守・益州刺史として在任した益部の仏寺や住侶について記したもので『高僧伝』に蜀（益部）の仏教について記すところが多いのは本書にもとづいたものであろう⑮。

九、京師塔寺記　二巻　曇宗撰

『高僧伝』巻十三、宋霊味寺釈曇宗伝には、「わかくして学を好み、博く衆典に通じ、唱説の功、当世に独歩す」とて、唱導をもって世に聞えたという。宋の孝武帝の帰信を得、帝の寵愛する殷叔儀が死ぬと、三七日の法会を設けて菩提をとむらったといい、『京師塔寺記』二巻を著したことを記している。『高僧伝』巻一、安清伝には、「曇宗塔寺記云」として、「丹陽の瓦官寺は晋の哀帝の時、沙門慧力の立つるところで、後に沙門安世高が邯亭廟の余物をもってこれを治めた」としている。『隋書経籍志』には「京師寺塔記　曇景作」としているのは、曇宗の誤字であることはいうまでもない。宋都の仏寺を中心としたものであるだけに、僧伝は傍出の域を出ないものであった（本項、第四節を参照）。

十、感応伝　八巻　王延秀撰

東晋の末期に尚書郎となり、宋の泰始中に祠部郎となった太原の王延秀（宋書巻十六、礼志六など）の撰述になる『感応伝』八巻は、『隋書（巻三三）経籍志』・『唐書（巻五九）芸文志』などに著録されている。唐志では、『感応伝』や『冥祥記』などが子部小説の類に入っていることは、歴史の史料としての価値に疑問を提起しているものである。

十一、徴応伝　　朱君台撰

唐の済法寺沙門法琳（五七二―六四〇）の『破邪論』巻下には、「呉興朱君台撰徴応伝」と見えるし、『唐書芸文志』には、撰者名を欠いた『徴応集』二巻が録されている。

十二、捜神録　　陶淵明撰

世に『捜神後記』十巻として周知されるもの。神怪の小説集であり、とくに仏教史、僧伝の資料としてこたえるものはすくなく、今日では陶潜字淵明の真撰を信ずるものもいない。『高僧伝』巻十、晋上虞竜山史宗伝に、「陶淵明記に、白土埭で三異法師に遇うという、その中の一法師がこれ（史宗）である」とするのは、この『捜神録』を指すものである。

以上の五から十二にいたる八書が慧皎によって、「傍出諸僧、叙其風素、而皆是附見、亟多疎闕」と評されるものである。しかも、これらの中に記された諸僧の行状、諸人の真摯な信仏の中に、当時の中国人社会の中に受容された中国仏教の本質といったものを看取できることを知るべきである。後の図表によっても知られるように、魯迅の『古小説鉤沈』の中の拾佚の『冥祥記』のみをとりあげてみても、『高僧伝』の資料となったものは三十件を数えるのである。まして、完全な『冥祥記』の原本があって対比し得るとすれば、まだまだ多数の資料が摘出される可能性を持っているのである。「亟多疎闕」として批難するにあたらないことは、撰述者慧皎自身がもっともよく認識していたにちがいない。しかも敢てこれらの言をなすことは、解しがたいことといわねばならない。

十三、三宝紀伝　　竟陵文宣王撰

南斉武帝の第二子、文宣王蕭子良(四六〇―四九四)字は雲英、六朝貴人の中でも最も敬虔な仏教篤信者として知られる。『南斉書』巻四十、武十七王にその伝がある。「また文恵太子とともに釈氏を好み、甚だ相い友悌あり、子良は敬信尤も篤し、しばしば邸園に斎戒を営み、大いに朝臣衆僧を集めて、食を賦し(施食)水を行ない(水で身を清める)、あるいは躬らその事を親しくするにいたる、世や、おもえらく宰相の体を失なう」と評せられたほどである。定林寺の僧祐に請うて律部を講ぜしめ、聴衆常に七、八百人と称せられたと『高僧伝』巻十一、僧祐伝に伝えるのも、仏教史家としての僧祐との深い交渉を示すものである。「著すところの内(仏教)外(世俗)の文筆数十巻あり、文采無しといえども多くは勧戒なり」(南斉書)といわれるほど、日常生活に仏教を導いた彼の著書中に、『三宝紀伝』の名は見えないが、慧皎の序に「或称仏史或号僧録」と称するように、おそらくは当代の仏法僧三宝の歴史を記したものであろう。『歴代三宝紀』巻十一にも、『仏史法伝僧録』の別称のあったことを伝え、道宣の『大唐内典録』巻四もこれを承けている。慧皎がこの書を、「(仏法僧の)三宝をともに叙しており、辞旨相いかゝわり、混濫して求めがたく、さらに蕪昧たり」と酷評しているのは、律を宗とした慧皎の生活体験から出たものである。

十四、僧史　王巾撰

『歴代三宝紀』巻十一に、『斉僧史』十巻。司徒竟陵文宣王府記室王巾撰とするもの。『隋書』経籍志では『法師伝』十巻という。竟陵文宣王の記室として、おそらくはその著作活動にも王巾は参与したが、慧皎はこの書を、「意は該綜に似るも、文体いまだ足らず」と評している。文宣王の『三宝紀伝』が仏法僧にわたるのに対して、これは『斉僧史』の名の示すとおり、僧伝であり、『高僧伝』中にみる数多くの文宣王をめぐる僧侶の伝記は、これによっているものとみられる。

十五、出三蔵記集　　僧祐撰

道安の『綜理衆経目録』を発展させた経録であり、撰者、梁の僧祐（四四五―五一八）は慧皎とは五十二歳もの年長者であるから、『高僧伝』は、僧祐の死後の編纂であろう。慧皎はこの律部の大先輩の著書にも、「たゞ三十余僧あり、無きところ甚だ衆し」と評するが、もともと『出三蔵記集』は訳経目録をめざしたものであり、この書に見える三十二人附見数人の僧伝も、多くは訳経を中心としたものであり、慧皎自身、『高僧伝』に収載したこれらの僧の伝記は、ほとんどが『出三蔵記集』に依っているのである。斉・梁代の代表的な文人劉勰が幼くして両親を失い、志を篤くして学を好んだが、家の貧なるため婚娶できず、沙門僧祐を頼って寺内にともに住み、十余年を経て、博く経論に通じたことは周知の事実である。儒家の図書分類をまねて、仏経論疏類の分類を試み、定林寺の経蔵について新しい蔵経排列の基準を示したことは、斉・梁代における内外の学の交渉を考えるうえの重要な事件である。具体的な分析を必要とするが、僧祐の編著である『出三蔵記集』『釈迦譜』『弘明集』などに、劉勰の積極的な参与があったと信ぜられる。『梁書』巻五十、劉勰伝に、「京師の寺塔及び名僧の碑誌には、必ず勰に請うて文を製せしむ」ということからも、僧祐の著述に劉勰の関与乃至代作の可能性が思料されるのである。⑯

十六、東山僧伝　　郗景興撰

晋の中書郎郗超（三三六―三七七）字は景興の撰述する『東山僧伝』は、他には著録するものが見あたらない。浙江会稽剡東の諸山に住む僧の伝記である。支遁・于法開・于道邃・道安・竺法汰・竺法曠・慧厳などとのはばひろい交友があり、自らも『奉法要』（弘明集巻十三所収）のような、在俗の仏教信者である知識人による仏教概論を著わした郗超の僧伝は、慧皎にとってはこの地方の仏教界の活動を知る上の資料となった。十七の『廬山僧伝』、十八の『沙門伝』の三部をふくめて、慧皎が、「おのおの競うて一方を挙げ、今古に通ぜず、つとめて一善を存するも、余行に及ばず」というのは、あまりにもきびしい批評である。しかし王曼穎は『東山僧伝』について、たまたま居山の僧を採っていて、その間選択のなかったことを指摘している。

十七、廬山僧伝　　張孝秀撰

『梁書』巻五十一の伝によれば、張孝秀（四八一―五二二）は江西南陽の人、わかくして州に仕えて治中従事史となったが、母の死にあって喪に服し、おわってから建安王の別駕となり、間もなく職を去って故山に帰り、廬山の東林寺に居た。所有する数十頃の田、数百人の部曲をもってつとめて耕作にあたり、その得るところことごとくを廬山の僧衆に供した。しかも自らはきわめて質素な生活をして群書を博渉し、とくに仏典に詳しかったという。『廬山僧伝』の名は慧皎が挙げ、王曼穎によって、張孝秀は筆はとったが、郗超が得たと同じ誚、すなわちたまたま住みあわせた土地での選択なき取材採録（偶採居山之人）を批判されたのである。

十八、沙門伝　　陸明霞撰

陸明霞、名は杲（四五九―五三二）、呉郡の名家の出で、もとより仏法を信じ持戒甚だ精しと、『梁書』巻二十六の伝に記されている。性は婞直にして忌憚するところなく、司法の職については権幸をも避けず（梁書巻二十六、史臣曰）と評された陸杲の日常は厳格をきわめた。しかも『沙門伝』三十巻を撰述するだけの、仏教界に対する博識をも兼ねていたのである。六朝時代に仏教信仰の主流をなした観音信仰の霊験記である『繫観世音応験記』六十九条を撰して、傅亮・張演の『観世音応験記』に繋いだのは、南斉最後の年、中興元年（五〇一）であり、時に司徒従事中郎の職にあり、四十三歳の壮年であった。[17]『沙門伝』三十巻の撰述の年時は不詳であり、その撰述が事実であるとすれば、『繫観世音応験記』よりも後の著述であろう。『大唐内典録』巻十には、慧皎の『高僧伝』を列した次に、梁著作中書監裴子野撰『沙門伝』三十巻、其十巻劉璆続とあり、さらに梁外兵郎劉璆奉勅撰『楊都寺記』一十巻を挙げている。裴子野（四六九―五三〇）は著名な歴史学者裴松之の曽孫にあたり、著書も多いが、『梁書』巻三十の伝によれば、勅命によって『衆僧伝』二十巻を撰したと伝える。道宣はその『続高僧伝』巻六慧皎伝において、江表に多く裴子野の『高僧伝』一帙十巻が行なわれているが、その文は極めて省約、未だ通鑒するに足らずと評している。陸杲の『沙門伝』三十巻は、この裴子野の『沙門伝』との混淆、誤解があるのではなかろうか、疑問をのこしておくものである。

慧皎の『高僧伝』執筆の直接の動機は、宝唱の『名僧伝』の欠を改めんとしたものであることはいうまでもない。そして、『名僧伝』を除いた如上の慧皎自序の中に示された十八種の資料について、いま若干の論述を試みたのであるが、これらの外に、慧皎がふれずに、王曼穎が慧皎への返簡の中に示すもので、いわゆる別伝の類が若干見られる。『隋書経籍志考証』巻十三には、『世説』に引用された別伝六十九種を挙げていることは古来注目されているものであるが、王曼穎は、康泓の「単道開伝」・王秀の「高座別伝」[18]・張弁の「僧瑜伝賛」・周顒撰の「玄暢碑文」を挙げている。[19]もとよりこのような別伝碑文の類は、慧皎の『高僧伝』中にも、他にも多く引用されていて、これのみにとどまるものではない。とくに著書として挙げる必要もないものである。しかしこれらの片記孤文の堆積が、ついに慧皎の『高僧伝』の成立にまでつながることは否み得ない事実である。

三　名僧伝と高僧伝

以上のような数多くの僧伝・寺伝・応験記の類とか、稗史・野乗の類など、慧皎が自序にいうがごとく、『宣験記』・『幽明録』・『冥祥記』・『感応伝』・『徴応伝』・『捜神録』等にいたる雑録数十余家、及び晋・宋・斉・梁各朝の春秋史書、『隋書経籍志』によれば、『晋書』だけでも王隠・虞預・朱鳳・謝霊運・蕭子雲・沈約の各家のものがあり、また向法盛の『晋中興書』・習鑿歯の『漢晋陽秋』・孫盛の『晋陽秋』その他、『宋書』にしても、徐爰の『宋書』をはじめ、孫厳・沈約所編のもの、その他斉・梁の国史にかゝわるもの。また「秦趙燕涼荒朝偽暦」という北方胡族国家の史書、たとえば『高僧伝』巻九、仏図澄伝に引く田融の『趙記』とかの類。地理雑篇、『高僧伝』巻三、宋六合山釈宝雲伝にいう「其遊履外国、別有記伝」とするような天竺旅行記、曇無竭の『歴国伝記』、庾仲雍の『荊州記』などの類。孤文片記、さきに述べた別伝・伝賛・別記とか、劉勰が作った僧祐の碑文、何胤が作った慧基の碑文、あるいは伝文中に引用されているような、孫綽の『道賢論』・『正像論』・『明徳沙門論』・慧琳の『白黒論』・宗炳の『難白黒論』の類。また慧皎が直接間接に故老から伝聞したことがら。そのようなものが『高僧伝』編纂の資料となっていることはあきらかであり、慧皎の蔵書が梁の元帝蕭繹の有に帰するのもきわめて当然なほど、多くの資料が記述のために蒐集されたのである。それにもかかわらず、宝唱の『名僧伝』がもっとも大きく、慧皎の著作に影響力を与えていることに注目しなければならない。

宝唱の『名僧伝』三十巻は、梁の武帝天監九年（五一〇）より筆を起し、天監十三年（五一四）に条列に就いたというから、前後五年をついやしてようやく成った。『続高僧伝』の宝唱伝に記された『名僧伝』の自序・後序によって編纂の過程を知り得る。慧皎は三十歳ほどへだった僧界の大先輩に対して、かたくななほどに、名を排して

高を立てることを強調している。慧皎の自序に、

前代より撰するところ、多く名僧という。然も名はもと実の賓なり、若し実に行なうも光を潜むれば、則ち高なれども名あらず。徳寡きも時に適えば、則ち名あれども高ならず。名ありて高ならざるは、もとより紀するところにあらず。高なれども名あらざるは、則ち今録に備う。故に名の音を省きて、代うるに高の字をもってす。その間、草創なればあるいは遺逸あらんか。[20]

という。「多く名僧という」と記すが、名僧の名を冠した僧伝は、慧皎より十年以前に宝唱によって撰述された三十巻の規模を持つ本格的な僧伝『名僧伝』を除いては、法進の『江東名徳伝』があるのみであり、慧皎が直接に『名僧伝』を意識していたことは、自序の中に、従来の僧伝の欠点を挙げて、きびしい批判をしているが、さらに次の数句によってもその真意が知られる。

おのおの競うて一方を挙げて、今古に通ぜず、一善を存するに努めて、余行に及ばず、即時に逮んでまた継ぐに作者あり、然れどもあるいは褒賛のもと、あい揄揚するに過ぎ（僧伝類への批評）あるいは、事を叙するの中に空しく辞費を列ね、これが実理を求むるに、的として称すべきものなし（名僧伝への批評）、

とのてきびしい批判を下していることは[21]、いちめん青年史家慧皎の意気ごみをも推察させるものがある。名と高の区別や、的として称すべきものなしなどいう慧皎の見解はともかくとして、現実には、慧皎は宝唱の『名僧伝』を意識し、これに対抗して、己の『高僧伝』を挙げることにつとめた。しかし附表に見られるように、『名僧伝』は、さいわいに今日に残された日本の笠置宗性の抄写した『名僧伝指示抄』に記された目録によれば、三十巻四百二十五人、『高僧伝』は十三巻二百五十七人と、人数においては若干のへだたりはある。『名僧伝』に専伝とするものを、『高僧伝』において附見の中に入れるものもあり、一概に数の多少で云云することはできないし、この二百五十七人の中に、『名僧伝』にないものは三十数人に過ぎない。上述のとおり、道宣は「慧皎伝」において、「宝唱の

撰した名僧伝はすこぶる浮沈多きをもって、よって遂に例を開きて広を成し（八科を十科にひろげる）て、高僧伝十四巻を著した」というのであるが、やはり一代の仏教史家として、また永く宮廷の蔵書をも自由に利用し得る地位にもあった宝唱の『名僧伝』撰述は、資料的にも豊富で手堅いものがあったことは、事実として認めなければならないのである。

また慧皎が、「諸僧を傍出しその風素を叙ぶるも、皆附見にして亟ば疎闕多し」とした応験記の類も、『高僧伝』において、文辞は修飾されているが、その事蹟は多く語りつがれていて、たとえば『冥祥記』の場合をみても、さきにふれたように、附表を一見すれば、これらも『高僧伝』の成立には、重要な役割を果しているのである。その『冥祥記』などの応験記にもとづいた『高僧伝』の列伝の究明は、中国人の理解し受容した初期中国仏教の本質につらなるものであることはいうまでもない。

四　竺法義伝の変遷（小説・志怪類と僧伝）

いま、竺法義の伝を一例として、『光世音応験記』、『名僧伝』、『高僧伝』の記事の変遷と、『法苑珠林』巻十七、巻九十五所引の竺法義伝とを記し、伝文の成立について考察したい。

竺法義は浙江の始寧（上虞県）の保山に住んだ僧で、観世音を念じて篤病が頓愈したことをもって後に伝えられた。この竺法義の伝記は、『光世音応験記』・『名僧伝』・『高僧伝』などにそれぞれ載せられているが、僧伝といったものの本質、その変遷といったものを知るために、左にその全文を挙げる。

㈠『光世音応験記』宋・傅亮撰

沙門竺法義者、山居好学、後得病積時、攻治備至、而了自不損、日就綿篤、遂不復治、誠（念）光世音、如此数日、昼眠、夢見一道人来候其病、因為治之、刳出腹胃、湔洗府臓、見有結聚、不浄甚多、洗濯畢、還内之、語義曰、病已除也、眠覚、衆患豁然、尋便復常、義住始寧保山、余先君少与遊処、義毎説事、輙懍然増粛、案其経云、或現沙門梵志之像、意者義公之夢是乎、

㈡『名僧伝』巻八 梁・宝唱撰

竺法義、沙門曇宗寺記云、恵義不知何許人、年九歳遇竺法深、法義問曰、仁利是君子所行、孔丘何故罕言、深答曰、縁物尠能行、故希言之耳、年十三伏膺道門、修治戒行、標秀之称与日而升、好大乗学、尤精法華、住瓦官寺、王導、孔敷並通風契、後居始寧之保山、徒衆四十余人、皆是高勝道士、領会玄微、四時不替、咸安二年遇篤病、針石不差、唯専念観世音、久忽夢、一沙門出其腸胃去其垢疾、清水洗濯還内腸中、既寤、豁然頓癒、晋孝武即位、以其名徳延出京華、常所師諮、供給甚厚、春秋七十四、太元五年卒、帝以銭十万買新亭崗為墓、起塔三層、時有釈普随釈恵鑒、升平中居于臨海、並有徳素云云、

㈢『高僧伝』巻四 梁・慧皎撰

竺法義、未詳何許人。年十三遇深公、便問、仁利是君子所行、孔丘何故罕言、深曰、物尠能行、是故罕言、深見其幼而穎悟、勧令出家、於是棲思法門、従深受学、遊刃衆典、尤善法華、後辞深出京、復大開講席、王導・孔敷並承風敬友、至晋興寧中、更還江左、憩于始寧之保山、受業弟子常有百余、至咸安二年、忽感心気疾病、常存念観音、乃夢見一人破腹洗腸、覚便病愈、傅亮毎云、吾先君与義公遊処、毎聞説観音神異、莫不大小粛然、晋寧康三年孝武皇帝遣使徴請出都講説、晋太元五年卒於都、春秋七十有四矣、帝以銭十万買新亭崗為墓、起塔三級、義弟子曇爽於墓所立寺、因名新亭精舎、後宋孝武南下伐凶、鑾旆至止、式宮此

寺、及登禅、復幸禅堂、因為開拓、改曰中興、故元嘉末童謡云、銭唐出天子、乃禅堂之謂、故中興禅房猶有龍飛殿焉、今之天安是也、

『名僧伝』巻八（隠道上、中国法師四）に記された竺法義伝は、沙門曇宗の『寺記』によっている。曇宗は、『高僧伝』巻十三に宋霊味寺曇宗伝として伝えられており、宋の孝武帝の帰信を得、唱導をもって知られた。その著に前述のごとく『京師塔寺記』二巻があり、『高僧伝』では巻一安世高の伝に、瓦官寺を記すなかに引いている。また『建康実録』にも、謝尚の宅を捨して作った荘厳寺を『塔寺記』を引いて説明している。曇宗の生卒年時は未詳であるが、孝武帝（四三〇—四六四、四五四—四六四在位）に信頼篤く、帝の殷淑儀が死んだ時にも、三七の法会にもっぱら曇宗を請じたというから、おそらく四五〇年から六〇年頃にかけて江南で、「唱説之功独歩当世」と評せられる布教活動につとめたのである。宋の都建康の仏寺の盛衰を記したと思われる曇宗の『京師塔寺記』の中に記録された竺法義（三〇七—三八〇）の伝は、『名僧伝』所引の伝からは、はっきりとは窺えないが、『光世音応験記』の撰者傅亮（三七四—四二六）の年代から見ても、曇宗は、『光世音応験記』に記す竺法義の観音応験に関心を持っていたことは事実であろう。その上に、『名僧伝』（五一四年ごろ編纂）の撰者宝唱が、竺法義が竺法深＝竺潜（二八六—三七四）の弟子であること、十三歳で出家し、大乗を好み、とくに師承によって法華経に精通したこと、京師瓦官寺に住し、当時江南第一等の貴族として知られた宰相王導や孔敷などと親交のあったこと、のちに始寧の保山に住し徒衆四十余人、すべて高勝の道士であったこと、東晋簡文帝の咸安二年（三七一）に篤病にあい、観世音を念じて頓愈したこと、晋の孝武帝（三七三—三九六在位）の帰信を得て京華に招かれて供

給甚だ厚かったこと、太元五年（三八〇）に七十四歳で寂したこと、孝武帝が十万銭をもって竺法義のために新亭崗に三層の塔を建てたこと、などがあらたに附加されて、伝記としての体裁をととのえてくるのである。

宝唱の『名僧伝』から十数年遅れて編纂された慧皎の『高僧伝』巻四の晋始寧山竺法義伝では㈠江左に還り始寧の保山に住んだのが興寧（三六三―三六五）中であること、㈡傅亮の『光世音応験記』の竺法義の観音応験をはっきりと引用していること、㈢孝武帝所建の三層塔を中心として新亭精舎と名づけたこと、㈣さらにのち宋の孝武帝（四五三―四六四在位）がまだ江州の軍団長であったとき、皇太子劭が父の文帝を殺して自立したとき、直に兵をひきいて都に還り、新亭精舎に陣してこれを撃ち、ついに皇太子以下その一族、皇太子に与した兄とその三人の子のことごとくを殺して揚子江に投げこみ、帝位に即くのであるが、のちにこの新亭精舎の禅堂に幸して往時を偲び、寺を大きくして中興寺と改めたので、その頃「銭唐出天子」という俗謡がはやったが、この銭唐は禅堂の訛伝であること、などを附加して、竺法義や新亭精舎中興寺の沿革を記している。かくて、竺法義伝は、慧皎の『高僧伝』にいたって定着するのである。

今日に伝わる『名僧伝』は周知のように、わが笠置の宗性が文暦二年（一二三五）五月に東大寺東南院経蔵に伝わる名僧伝一部三十巻の中から、弥勒結縁の先蹤・兜率往生の旧跡を抜萃した『弥勒如来感応抄』に記されたものによるのである。したがって『名僧伝』の竺法義伝の全文が筆写されたかいなかはあきらかでないが、右の『名僧伝』の記載を見れば、弥勒信仰のことはないが、たんなる抄出とも見られないほど、伝記としてはととのっている。

『名僧伝』からすこし遅れて撰集された『高僧伝』になると、『名僧伝』の記載によりながらも、竺法義伝はさらに整ったものとなり、宋の孝武帝によって中興寺と改められる縁由、元嘉の末（元嘉三十年は四五三年）ごろに都におこなわれた童謡までを収録している。これは、『名僧伝』よりも少しおくれて、慧皎があえて『高僧伝』を撰集した意義を、事実をもって示したものともいえよう。

私の『六朝古逸観世音応験記の研究』は、昭和四十四年春から印刷に着手したため、荘司格一氏の「冥祥記について」（集刊東洋学第二十二号、同年十一月刊）を読むことはできなかった。また拙著も、青蓮院に伝わる資料の復原と校注を主としたため、六朝の他の応験記・小説類についてふれるところがすくなく、将来、これらについても補筆したい希望をもっている。庄司氏の論文中に、たまたま竺法義の説話をとりあげているため、上述した竺法義伝と関連して、ふれておきたい。

『冥祥記』の撰者王琰については正史に専伝はないが、陸杲の『繫観世音応験記』の四〇、彭子喬の観世音応験を記録する中に、

太原王琰、杲有旧、作冥祥記、道、其族兄璉識子喬及道栄、聞二人説、皆同如此

とあり、王琰と陸杲（四五九―五三二）が交友関係のあつかったことが知られる。『法苑珠林』巻二七に『冥祥記』を引いて彭子喬の応験を記す末尾に右と同文があり、陸杲の『観世音応験記』に引く彭子喬説話が、すべて『冥祥記』によっていることをあらわすとともに、王琰の年代をも類推することができる。かくて、竺法義の応験については『法苑珠林』巻十七敬仏篇に記す、「右十四験出冥祥記」とあるのに誤りなしとすれば、『冥祥記』の記載がさらに古い傅亮の『光世音応験記』にもとづいていることとなる。

また『法苑珠林』巻九十五、病苦篇に記す、「述異記に出づ」とする竺法義伝がある。小説としてとりあげられる『冥祥記』と『述異記』の竺法義伝についてしばらく考察する。

(四)『法苑珠林』巻十七引『冥祥記』竺法義伝

普始寧山有竺法義、晋興寧中沙門、遊刃衆典、尤善

(五)『法苑珠林』巻九十五引『述異記』竺法義伝

晋沙門竺法義、山居好学、住在始寧保山、後得病積

法華、受業弟子常有百余、至咸安二年、忽感心気疾病、常存念観世音、乃夢見一人破腹洗腸、寤便病愈、傅亮毎云、吾先君与義公遊処而聞、説観世音神異、莫不大小粛然矣、

（大正五三・四〇九b）

時、攻治備至而了不損、日就綿篤、遂不復自治、唯帰誠観世音、如此数日、昼眠、夢見一道人来候其病、因為治之、刳出腸胃、湔洗腑臓、見有結聚、不浄物甚多、洗濯畢、還内之、語義曰、汝病已除、眠覚、衆患豁然、尋得復常、案其経云、或現沙門梵志之像、意者義公所夢其是乎、義以太元七年亡、自竺長舒至義六事、並宋尚書令傅亮所撰、亮自云、其先君与義遊処、義毎説其事、輒懍然増粛焉、

（大正五三・九八八b）

竺法義伝について、上述の五項の記述についてみると、㈠宋傅亮撰『光世音応験記』の竺法義伝から『述異記』・『冥祥記』への小説・志怪の類の系統、㈡『光世音応験記』の竺法義伝から仏教史料としての『名僧伝』・『高僧伝』竺法義伝への系統にわけることができよう。

中国の仏教史の成立を考える上で重要なことは、今日われわれが普通に用いる史料は、いずれもが趙宋の初め、『開元釈教録』などによって規制された開宝年中の蜀版大蔵経（印刷大蔵経）以降のものであるということである。伝統的教学の範疇の中にあくせくする経録編纂者、それは仏経の真偽を判定して、涇渭流れをともにすることをふせぐという立場にたって、かえって中国仏教の発展を阻害したと思われる人たちによって、中国人の理解にたって中国の仏教をうちたてようとした試み、中国人撰述の仏教経典、いわゆる疑経の類はことごとく印刷大蔵経の埒外においやられ、ついに一二の疑経を除いて千数百巻の疑経類は雲散霧消するのやむなきにいたった。そして、法宝の名のもとに、高い経蔵の壇上には読みもせず読まれもせぬいたずらに尨大な蔵経が塵埃にまみれ、庶民（この定

義にもいろいろと論じ得られようが、要は仏教を必要とし、仏教を実践したいと思うが、経典の講解にはあまり関心を持たぬ一般大衆としておこう）の間に行なわれ、浸透していた仏教の経典も、密教や禅宗の流行とともにいつしか忘れさられてしまった。一千年の後、二十世紀の初頭になって、ようやく人間の注目を惹くことになった敦煌出土経典類の発見によって、それらを通してわれわれは、印刷大蔵経以前の中国仏教の本質の片鱗を窺い得る機運を迎えるにいたったのである。

こうしたなかで、中国の仏教史、ことに上代のそれを考察する上に、『法苑珠林』（太平広記をふくむ）などに教証として引用されている『冥祥記』、『述異記』その他の報応を中心とした小説志怪のたぐいが、きわめて重要な役割をもつこととなる。『六朝古逸観世音応験記』は、傅亮らの応験記を中心として、いわゆる応験記の原形を知る上の、きわめて重要かつ貴重な資料であることを再確認するものである。すでに原形に復することは不可能に近いと思われるが、魯迅の『古小説鉤沈』に見られるような、『法苑珠林』一百巻に引用される『冥祥記』・『述異記』その他を通して、庄司氏も指摘するように、「個々の説話をなお詳細に検討することによって、仏教がいかに中国人に受容されたか、どのようにして民間に浸透していったか、その様態や過程などを明らかにし得る」のである。

ここにその実例として、以上のように一連の竺法義伝を挙げたのである。『光世音応験記』では㈠もっぱら竺法義が観音を誠念してついに病除かることを知るのである。『述異記』・『冥祥記』では、この説話はそれほど発展せずに終っている。㈡『光世音応験記』を承けて『名僧伝』へと推移した仏教史伝は、さらに、『高僧伝』へと発展していった過程を十分慎重に検討しなければならない。

竺法義は十三歳で竺法深（竺潜）に師事している。竺法深（二八六―三七四）は俗姓王氏、武昌郡公王敦（二六六―三二四）の弟である。司徒王導は従父兄にあたる。清談にもすぐれていて、世説にもしばしば見えている。晩年、君側の姦を除くことを看板として、兵を武昌に挙げた。武帝の娘を妻として、勢威ならぶもののない権勢をほしいままにしていたが、結局は目的を達することができず、五十九歳で急死して、事は平いだ。竺法深十八歳出家の原因はわからないが、当代一流の名族の出身であり、かつ『法華』・『大品』に精通し、老荘をも釈し得た竺法深の学殖の深淵さは、東晋の元帝・明帝をはじめ、王導・庾亮らの帰信を得たことも当然であろう。竺法義はこのような名族出身の師のもとにあって多くの便宜を得たことであろう。京師にあって大いに講席を開き、王導（二六七―三三〇）らの帰信を得たと『名僧伝』・『高僧伝』に記している。しかし、王導没の時、竺法義はまだ二十四歳の若さであるから、王導・孔敷らが『名僧伝』に「並通風契」といい、『高僧伝』（巻四）に、「承風敬友」というほどの仲ではなかったと思われる。しかし孝武帝が彼の死後、十万銭をなげうって、三層の塔をきづくほどの帰仰を得ていたことは、観音応験の神秘にもとづくだけでなく、やはり時の権力者の実力背景もあずかって力有ったと思われるのである。同時に、四世紀末葉の中国の、とくに権力構造のなかに仏教・仏教僧の社会に占める立場を窺うにたるもののあることを示している。

かくて、中国における小説・志怪の類と、仏教史書としての『名僧伝』・『高僧伝』の類との差をも、竺法義伝を一つの例としてとりあげてきたのである。小説・志怪の類を蒐めた『法苑珠林』・『太平広記』・『太平御覧』など類書所収の中国中世仏教関係資料はそれじたい、頗る貴重な資料として中国仏教の漢民族への浸透を考察するに役だち、中国人自身の宗教を語るうえに不可欠のものとなる。しかし、それはあくまで小説・志怪の類であって、これが中国仏教史の史料となるためには、よりきびしい甄別が要求されることは、いうまでもないことである。

五　高僧伝目録対照表

大正大蔵経（第五十巻）本『高僧伝』序録によって、『高僧伝』の列伝者の名を録し、『名僧伝』・『出三蔵記集』・『冥祥記』・『幽明録』・『宣験記』・『観世音応験記』などに、著録されているものの所在をあきらかにした。『名僧伝』・『出三蔵記集』については、山内晋卿氏がすでに六十余年前に試みられたが、それを参照しつつ、さらに進めたものである。これによって、慧皎の『高僧伝』の列伝が、神怪・小説のたぐいまでをもふくめて、どのような系列で記述・増添されていったかの過程をも知ることができるのである。

『名僧伝』は東大寺図書館蔵、宗性自筆の『名僧伝目録』、『出三蔵記集』は大正大蔵経本によった。名僧伝の項に1―1とあるのは第一巻の第一であることを示す。出三蔵記集の場合もこれに準ずる。『冥祥記』などは、魯迅全集重印本である一九五一年北京重印第一版の『古小説鉤沈』によった。たとえば開巻第一の摂摩騰の冥375は、同書三七五頁記載の冥祥記、第二の竺法蘭の幽277は同書二七七頁記載の幽明録。また宣は『宣験記』であることを示す。また観世音応験記類については、牧田著『六朝古逸観世音応験記の研究』の頁数を示す。（　）を附した僧名は闕文を示す。

高僧伝第一巻　訳経上 十五人	名僧伝	出三蔵記集	其他
1、漢雒陽白馬寺摂摩騰	1―1		冥375
2、漢雒陽白馬寺竺法蘭	1―2		幽277
3、漢雒陽安清	1―4	13―1	幽274
4、漢雒陽支楼迦讖　竺仏朔　安玄　厳仏調　支曜　康巨　康孟詳	1―3	13―2	
5、魏雒陽曇柯迦羅　康僧鎧　曇帝　帛延			
6、魏呉建業建初寺康僧会	1―5	13―4	宣367
7、魏呉武昌維祇難　法立　法巨			

8、晋長安竺曇摩羅刹	聶承遠　聶道真	1—6	13—7		
9、晋長安帛遠	帛法祚　衛士度	8—2	15—1		
	帛法祖	8—7			
10、晋建康建初寺帛尸梨蜜		1—7	13—9		
11、晋長安僧伽跋澄	仏図羅刹	3—3	13—10		
12、晋長安曇摩難提	趙正	3—2	13—11		
13、晋廬山僧伽提婆	僧伽羅叉	3—1	13—12		
14、晋長安竺仏念		26—1	15—5		
高僧伝第二巻	訳経中　七人				
15、晋江陵辛寺曇摩耶舎	竺法度	19—6			
16、晋長安鳩摩羅什		2—2	14—1		
17、晋長安弗若多羅		19—1			
18、晋長安曇摩流支		18—2			
19、晋寿春石磵寺卑摩羅叉		18—1			
20、晋長安仏陀耶舎		2—1	14—2		
21、晋京師道場寺仏駄跋陀羅		19—5	14—4		
22、晋河西曇無讖	安陽侯　道普　法盛　法維　僧表	2—3	14—3		
	竺法維	26—3			
	安陽侯		14—9		
	僧表	24—4			
高僧伝第三巻	訳経下　十三人				
23、宋江陵辛寺釈法願		26—2	15—6		
24、宋黄龍釈曇無竭		26—8	15—10	冥	424
25、宋建康龍光寺仏駄什					
26、宋河西浮陀跋摩					
27、宋京師枳園寺釈智厳		26—5	15—7		
28、宋六合山釈宝雲		26—6	15—8		
29、宋京師祇洹寺求那跋摩		3—4	14—5	冥	416
30、宋京師奉誠寺僧伽跋摩		3—5	14—6		
31、宋上定林寺曇摩蜜多		19—7	14—7		
32、宋京兆釈智猛		26—7	15—9		
33、宋京師道林寺畺良耶舎	僧伽達多　僧伽羅多	19—9			
	達多	19—8			
	羅多	19—10			
34、宋京師中興寺求那跋陀羅	阿那摩低	3—6	14—8		
35、斉建康正観寺求那毘地	僧伽婆羅		14—10		
高僧伝第四巻	義解一　十四人				
36、晋洛陽朱士行	竺叔蘭　無羅叉	5—1	13—5	冥	376
	竺叔蘭		13—8		
37、晋淮陽支孝龍		11—2			
38、晋予章山康僧淵	康法暢　支敏度	1—8			
39、晋高邑竺法雅	毘浮　曇相　曇習	11—1			
40、晋中山康法明	令韶	6—7		冥	385

41、晋燉煌竺法乗	竺法行　竺法存	6－4		
42、晋剡東仰山竺法潜	竺法友　竺法済　竺法蘊　康法識	8－3		
		友 8－10		
		蘊 8－12		
43、晋剡沃洲山支遁	支法度　竺法仰	8－5		冥 402
		仰 8－9		
44、晋剡山于法蘭	竺法興　支法淵　于法道	8－1		
45、晋剡白山于法開	于法蔵	8－4		冥 384
46、晋燉煌于道邃		8－15		
47、晋剡葛峴山竺法崇	道宝	8－11		
		宝 10－2		
48、晋始寧山竺法義		8－16		冥 398
				観 18
49、晋東莞竺僧度	竺慧超	15－2		
		超 11－7		
高僧伝第五巻	義解二 十五人			
50、晋長安五級寺釈道安	王嘉	5－2		
51、晋蒲坂釈法和		6－6		
52、晋泰山崑崙巌竺僧朗	支僧敦	8－14	15－2	
53、晋京師瓦官寺竺法汰	曇壱　曇弐	11－4		冥 402
54、晋飛龍山釈僧先	道護	6－1		

		護 6－2		
55、晋荊州上明竺僧輔		6－5		
56、晋京師瓦官寺竺僧敷		11－3		
57、晋荊州長沙寺釈曇翼	僧衛	6－8		
58、晋荊州長沙寺釈法遇		11－6		
59、晋荊州上明釈曇徽		11－5		
60、晋長安覆舟山釈道立（僧常 法溶）		10－5		
61、晋長沙寺釈曇戒				
62、晋於潜青山竺法曠		8－6		
63、晋呉虎東寺竺道壱	帛道猷　道宝（道施）	8－18		
		宝 10－2		
64、晋山陰嘉祥寺釈慧虔（曇誡 智明）		27－2		
高僧伝第六巻	義解三 十三人			
65、晋廬山釈慧遠		9－1		冥 386
66、晋蜀龍淵寺釈慧持	慧巌　僧恭　道泓　曇蘭	10－3		
		巌 11－10	15－3	
67、晋廬山釈慧永	僧融	22－1		観（僧融） 22
68、晋廬山釈僧済		23－10		
69、晋新陽釈法安		28－7		冥 412
70、晋廬山釈曇邕		10－8		
71、晋呉台寺釈道祖	慧要　曇順　曇遷　法融　道恒　道授	11－9		

72、晋長安大寺釈僧䂨	弘覚	12-1		
73、晋彭城郡釈道融		11-8		
74、長安釈曇影				
75、晋長安釈僧叡	僧楷	12-2		
76、晋長安釈道恒	道標	12-5		
77、晋長安釈僧肇		12-4		
高僧伝第七巻	義解四　三十二人			
78、宋京師龍光寺竺道生	実林　慧生　法宝	10-10		
		林 14-3		
		宝 16-8	15-4	
79、宋京師烏衣寺釈慧叡		13-5		
80、宋京師東安寺釈慧厳	法智	13-6		冥 452
		智法 16-7		
81、宋京師道場寺釈慧観	僧馥　法業	13-7		
		馥 7-4		
82、宋京師祇洹寺寺釈慧義	僧睿	13-8		冥 416
		睿 14-2		
83、宋京師彭城寺釈道淵	慧琳			
		琳 22-6		
84、宋京師彭城寺釈僧弼		13-3		
85、宋東阿釈慧静		13-4		
86、宋京師祇洹寺釈僧苞	法和	7-5		観 39
		和 13-2		
87、宋余杭方顕寺釈僧詮		27-4		
88、宋江陵辛寺釈曇鑒	道海　慧龕　曇泓　慧恭　道広　道光	7-2		
		海道 24-10		
		泓 7-3		
89、宋廬山淩雲寺釈慧安		25-7		
90、宋淮南中寺釈曇無成		14-4		
91、宋京師霊味寺釈僧含	道含	14-13		冥 428
92、宋江陵琵琶寺釈僧徹	僧荘	14-1		
93、宋呉虎丘山釈曇諦				
94、宋寿春石磵寺釈僧導	僧因　僧音　僧威	14-20		
95、宋蜀武担寺釈道汪	普明　道闇	22-3		観 48
		明 22-2		
		闇 13-9		
96、宋山陰天柱山釈慧静		15-4		
97、宋長沙麓山釈法愍	僧宗	10-6		
		宗 10-2		
98、宋京師北多宝寺釈道亮	静林　慧隆	14-18		
		林 14-11		
99、宋丹陽釈梵敏	僧篇	14-15		

項目	付記	典拠		
		篇 7—8		
100、宋京師中興寺釈道温	僧慶 慧嵩 慧定	14—16		冥 443
		慶 16—10		
		定 14—7		
101、宋京師中興寺釈曇斌	曇済 曇宗	16—3		
		済 16—5		
102、宋京師何園寺釈慧亮		16—4		
103、宋下定林寺罰僧鏡	曇隆	10—13		
104、宋京師霊根寺釈僧瑾	曇度 玄運	16—2		
		運 22—17		
105、宋京師興皇寺釈道猛	道堅 慧鸞 慧訓 慧敷 道明	15—8		
106、宋山陰霊嘉寺釈超進	曇機 道憑			
107、宋呉興小山釈法瑤	曇瑤	7—7		
		曇 15—3		
108、宋京師新案寺釈道猷	道慈 慧整 覚世	15—7		
		整 14—9		
		世 15—9		
109、宋京師冶城寺釈慧通		16—6		
高僧伝第八巻	義解 五 二十七人			
110、斉偽済州釈僧淵	慧記 道登	17—2		
		記 17—30		

項目	付記	典拠		
		登 17—33		
111、斉偽魏釈曇度		17—1		
112、斉京師荘厳寺釈道慧	玄趣 僧達	17—3		
		趣 17—28		
		達 17—32		
113、斉京師中興寺釈僧鍾	曇識 曇遷 僧最 僧表 敏達 僧宝	17—17		
		遷 17—18		
		表 17—19		
		最 17—26		
		達 17—37		
		宝 17—38		
114、斉京師天保寺釈道盛		17—6		
115、斉京師湘宮寺釈弘充	法鮮			
		鮮 17—7		
116、斉高昌郡釈智林		17—13		
117、京師霊根寺釈法瑗	法愛 法常 智興	17—20		
		常 17—35		
118、斉蜀斉后山釈玄暢		7—9		
119、斉上定林寺釈僧遠	道慧(憑) 法令 慧泰	7—10		
120、斉荊州竹林寺釈僧慧	曇順(慎) 慧敞 僧岫			
121、斉上定林寺釈僧柔	弘称 僧抜 慧熙	7—11		

	称14—8		
	抜10—14		
	熙17—10		
122、斉山陰法華山釈慧基　僧行 慧旭 慧永 道恢 慧深 法洪	7—12		
	行10—16		
123、斉京師謝寺釈慧次　僧宝 僧智 法珍 僧猛 僧嚮 法宝 慧調（淵）	17—22		
	智28—15		
124、斉京師何園寺釈慧隆　智誕 僧弁 道慧 僧賢 法度	17—23		
125、斉京師太昌寺釈僧宗　曇准 法身 法真 慧令 僧賢 法仙 法最 僧敬 道文	17—29		
	文17—9		
126、斉京師中興寺釈法安　慧光 敬遺 慧韜 光賛 道宗	17—31		
127、斉京師中興寺釈僧印　慧竜	17—36		
128、斉瑯瑯嵎山釈法度　法超 僧朗 法開 慧開 僧紹	17—14		
	紹22—12		
129、梁京師冶城寺釈智秀　（法整）僧若 僧璿 道乗			
	整10—15		
130、梁荊州釈慧球			
131、梁京師霊曜寺釈僧盛　法欣 智斂 僧護 法冏 僧韶			
132、梁山陰雲門山寺釈智順			
133、梁京師霊味寺釈宝亮　道明 僧成 僧宝			
134、梁上定林寺釈法通　聖進			
135、梁京師招提寺釈慧集			
136、梁剡法華台曇斐　法蔵 明慶			
高僧伝第九巻　神異上四人			
137、晋鄴中竺仏図澄　道進	4—1		幽 222
	進6—3		
138、晋羅浮山単道開	21—3		冥 415
139、晋常山竺仏調	21—4		冥 383
140、晋洛陽耆域	21—1		冥 381
高僧伝第十巻　神異下十六人			
141、晋洛陽盤鵄山揵陀勒	21—2		冥 384
142、晋洛陽婁至山訶羅竭	21—5		
143、晋嚢陽竺法慧　范材	21—6		
144、晋洛陽大市寺安慧則　慧持			
145、晋長安渉公			
146、晋西平釈曇霍			
147、晋上虞竜山史宗			
148、宋京師杯度	21—10		
149、宋偽魏長安釈曇始	21—9		
150、宋高昌釈法朗　智整	21—12		
151、宋岷山通雲山邵碩			

152、宋江陵琵琶寺釈慧安　僧覧　法衛			
153、斉京師枳園寺沙弥釈法匱　法楷			
154、斉荊州釈僧慧　慧遠	21—15		
	遠 21—13	冥 慧遠 442	
155、斉寿春釈慧通	21—14		
156、梁京師釈保誌　道香　僧朗			
高僧伝第十一巻　習禅 二十一人　明律 十三人			
習禅　二十一人			
157、晋江左僧顕	23—2		
158、晋剡隠岳山帛僧光	20—2		
159、晋始豊赤城山竺曇猷　慧開　慧真	20—3		
160、晋長安釈慧嵬	23—8		
161、晋広漢閻興寺釈賢護			
162、晋始豊赤城山支曇蘭	20—6		
163、晋蜀石室山釈法緒			
164、晋偽魏平城釈玄高　慧崇	6—10		
165、宋長安寒山釈僧周　僧亮	24—3		
166、宋長安太后寺釈慧通	20—7		
167、宋余杭釈浄度	20—8		
168、宋始豊瀑布山釈僧従	25—6		
169、宋広漢釈法成	20—11		

170、宋京師中興寺釈慧覧	20—17		
171、宋荊州長沙寺釈法期　道果	20—21		
	果 22—30		
172、宋成都釈道法	24—14		
173、宋蜀安楽寺釈普恒	20—24		
174、斉武昌樊山釈法悟　道済	20—27		
175、斉京師霊鷲寺釈僧審　僧謙　超志　慧勝　(法隠)　法達	20—25		
	謙 20—19		
	隠 20—26		
176、斉銭塘霊隠（苑）山釈曇超	20—29		
177、斉始豊赤城山釈慧明	11—21		
明律　十三人			
178、宋江陵釈慧猷	18—3		
179、宋呉閑居寺釈僧業　慧光	18—4		
	光 18—7		
180、宋京師長楽寺釈慧詢	18—5		
181、宋京師荘厳寺釈僧璩　道表	14—14		
	遠 18—9		
182、宋彭城郡釈道儼　慧曜	18—6		
183、宋江陵釈僧隠　成具	18—8		
	具 18—10		

184、宋広漢釈道房	18—11	
185、宋京師閑心寺釈道営　慧祐	25—23	
186、斉鐘山霊曜寺釈志道　超度	度 18—14	
	18—15	
187、斉京師多宝寺釈法穎　慧文	文 18—18	
	18—16	
188、斉蜀霊建寺釈法琳	18—20	
189、斉京師安楽寺釈智称　聡・超	18—19	
190、梁京師建初寺釈僧祐		
高僧伝第十二巻　亡身　十一人　誦経　二十一人		
亡身　十一人	24—1	
191、晋霍山釈僧群	24—2	
192、宋彭城駕山釈曇称	24—4	冥 381
193、宋高昌釈法進　僧遵	24—5	
194、宋魏郡廷尉寺釈僧富	24—6	
195、宋偽秦蒲坂釈法羽　慧始	始 20—10	
	24—7	
196、宋臨川招提寺釈慧紹　僧要	24—8	
197、宋廬山招隠寺釈僧瑜	24—9	
198、宋京師竹林寺釈慧益	24—11	冥 434
199、宋蜀武担寺釈僧慶	24—16	
200、斉隴西釈法光	24—17	
201、斉交阯仙山釈曇弘		
誦経　二十一人	23—11	
202、晋河陰白馬寺釈曇邃	20—5	
203、晋越城寺釈法相　曇蓋　僧法	蓋 23—9	冥 403
	法 25—2	冥 竺曇蓋 412
	23—14	
204、晋山陰顕義寺竺法純		冥 409
		観 29
205、晋蜀三賢寺釈僧生	25—8	
206、宋剡法華台釈法宗	23—17	
207、宋京師南澗寺釈道冏	23—19	冥 437
208、宋廬山釈慧慶		425
209、宋臨淄釈普明	22—4	
210、宋京師道場寺釈法荘	23—20	
211、宋京師瓦官寺釈慧果	25—5	
212、宋京師東安寺釈法恭　僧恭	恭 13—1	
	25—13	
213、宋京師彭城寺釈僧覆　（慧琳）		
214、斉京師高座寺釈慧進　僧念	25—22	冥 456
	念 25—24	

215、斉水興栢林寺釈弘明			
216、斉京師霊根寺釈慧予	法音（普）	22―14	
217、斉上定林寺釈道嵩		18―17	
218、斉上定林寺釈超弁		25―26	
	法明	明 25―28	
	僧志	志 22―29	
	法定	定 25―35	
219、斉山陰天柱山釈法慧	曇遊	25―34	
220、斉京師後岡釈僧侯		22―11	
	慧温	温 22―8	
221、梁上定林寺釈慧弥	法仙		
222、梁富陽斉堅寺釈道琳			
高僧伝第十三巻	興禅十四人 経師十一人 導師十人		
興福　十四人			
223、晋幷州竺慧達		28―5	冥 406
224、晋武陵平山釈慧元	竺慧直	28―3	
225、晋京師瓦官寺釈慧力		28―2	
226、晋京師安楽寺釈慧受		28―1	
227、宋京師崇明寺釈僧慧			
228、宋山陰法華山釈僧翼			
229、宋予州釈僧洪		27―3	冥 457

			観 35
230、宋京師釈僧亮		27―7	
231、宋京師延賢寺釈法意		28―12	
232、斉南海雲峯寺沢慧敬		28―21	
233、斉南海蔵薇山釈法献		28―20	
234、斉上定林寺釈法献		26―11	
	玄暢	暢 22―16	
235、梁剡石城山釈僧護			
236、梁京師正覚寺釈法悦			
経師　十一人			
237、晋中山帛法橋		23―3	光世音 2
238、晋京師建初寺支曇籥		30―1	
239、宋京師祇洹寺釈法平		30―2	
240、宋京師白馬寺釈僧饒		30―6	
241、宋安楽寺釈道慧		30―7	
242、宋謝寺釈智宗		30―8	
243、斉烏衣寺釈曇遷		30―10	
244、斉東安寺釈曇智		30―13	
245、斉安楽寺釈僧弁		30―14	
246、斉白馬寺釈曇憑		30―15	
247、斉北多宝寺釈慧忍		30―17	

唱導　十人

248、宋京師祇洹寺釈道照	29—1
249、宋長干寺釈曇穎	29—2
250、宋瓦官寺釈慧璩	29—3
251、宋霊味寺釈曇宗	29—5
252、宋中寺釈曇光	29—6
253、斉興福寺釈慧芬	29—7
254、斉興福寺釈道儒	29—9
255、宋瓦官寺釈慧重	29—10
256、斉正勝寺釈法願	25—33
257、斉済隆寺釈法鏡	29—13

右十三巻十科凡二百五十七人

六　高僧伝十科の分類

『名僧伝』や『高僧伝』以前の僧伝類については、すでに略述したが、多くの僧伝類の志向するところが如何なるものであったかは、それらの内容について如何なる分類をなしているか、僧伝に列すべき僧侶を如何に評価するかによって理解されるであろう。

すでに、東晋の丞相王敦（二六六—三二四）の弟で、王導・庾元規などがその風徳を欽んで、友として敬したと伝えている竺道潜[22]があり、その門下で神足と称された竺法友・竺法薀・康法識らとならんで、幼にして才藻ありと評された竺法済に『高逸沙門伝』がある。その高逸の名によっても知られるとおり、おそらくは師の竺道潜が建康を中心として弘道の法師として知られ、のちに会稽の剡県の仰山に同遊十余人とともに高棲浩然たる生涯を送ったことを中心に、「高逸」の沙門の伝を撰述したものであろう。世俗の外に超然とし、篤勤おこたらずといった高逸の沙門は、おそらくはこの時代にあってもっとも望ましい僧侶のありかたであったにちがいない。

斉の京師中興寺法安[23]（四五四—九八）に『僧伝』五巻の著があることは、慧皎もその『高僧伝』巻八法安伝にのべ、またその序に「沙門法安但列志節一行」と記しているところである。志節高潔の僧を列伝したものであるまた遊方の僧の一科にかぎって列伝したもの、さきに述べた法進の『江東名徳伝』のように、ある一地方の沙門に限ったものなどの、高僧の伝記そのものについても、なお上述のような区別も生ずるのである。

博学・善文をもって知られた孫綽（三二〇—三七七）は、遂初賦・遊天台山賦をもって文名を一世に風靡したものであるが、また支遁をはじめ慧厳ら当時の仏教界の名流と交渉が深かった。彼が『道賢論』を作って、竺法護・帛遠・支遁ら仏教界の七僧を、竹林の七賢に配したことは、よく知られているが、さらに同時代の釈道安（三一二—三八五）の行状を陳べて、「釈道安は博物多才、経に通じ理を名とす」として『名徳沙門論』を撰した。彼よりも若年の沙門道安ではあるが、その名声と徳行が、一代の師表たるにあたいするものとして、この論を作ったのである。南斉の張融・孔稚珪らと莫逆の友となり、文宣王蕭子良とも交渉のあった何点（四三七—五〇四）は、信仰の念篤く、勝侶と名徳の桑門を招いて清言賦詠、優遊自得したという。名徳の桑門とは、数多い僧侶の中での一つの基準となるものである[24]。

北魏末期の期城の太守楊衒之撰の『洛陽伽藍記』は、その撰述の年代は『高僧伝』よりやや遅れるが、その巻二崇真寺の項に、当時の僧侶の品隲を論じた説話をのこしている。洛陽城東の崇真寺の比丘慧嶷が暴死して七日にして還って来ての、閻羅王庁での彼が見聞した裁判物語である。菩提流支は三十九部一百二十七部にのぼる経典翻訳者としても著名であるが、彼からは菩薩とあがめられた融覚寺の曇謨最は『涅槃』・『華厳』の講者として洛陽随一の評判があった[25]。彼をふくめての五比丘が、ともに閻羅王の裁きを受けている場面にこの慧嶷が際会したのである。

㈠宝明寺の智聖は坐禅苦行をもって天堂《ごくらく》に升ることを許された。

㈡般若寺の道品は『四十巻涅槃経』（北京曇無讖訳大般涅槃経）読誦の功をもってまた天堂に升ることを許された。

㈢融覚寺の曇謨最は『涅槃』・『華厳』の二経を講じ、衆千人をひきい（て権勢があっ）た。閻羅王は、講経の者は、心に彼我（の分別）を懐き、他を淩がんとするふるまいであり、比丘中の第一の麤行であるとして、試みに坐禅・誦経せよ、講経などは問題でないと非難したところ、曇謨最は、私は講経をのみ好み、闇誦はしたことがないと答えたので、閻羅王は役人にいいわたし、青衣十人をもって曇謨最を西北の門に向わしめた。建物はみな黒色で、好処ではないようであった。

㈣禅林寺の道弘は、比丘・比丘尼・優婆塞・優婆夷の四輩や、檀越（施主）を教化し、一切経や等身大の金仏像十軀を造ったという。閻羅王は、沙門の本質というものは必ず心を摂めて道を守り、その志すところは坐禅や誦経であり、俗世の事をもとめず、有為《うたかた》のことをなさず、たとえ経像を造ったとしても、まさに他人の財物を得たいがためにほかならず、すでに財物を得てしまうと、貪りの心がおこる、貪りの心がおこってしまうと、もはや貪欲・瞋恚・愚痴の三毒がなくならないで、煩悩が具足するというものだとして、役人にいいつけて曇謨最と同じように、黒い門に入ってゆかせた。

㈤ついで霊覚寺の比丘宝真が告白するには、私は出家する以前は隴西の太守であって、霊覚寺を造営し、寺が竣工してから官を棄て、仏門に入ったので、坐禅・誦経はしないが、礼拝は闕かしたことはないと。閻羅王は、お前が太守であったときには、道理を曲げ、法を枉げ、民の財産をかすめとったのだ。たとえ霊覚寺を作ったとしても、お前の力でないことは、いまさらいうまでもないことだとして、これもまた役人にいいつけ、青衣が宝真をつれて黒い門に入っていったというのである。

以上の五僧のことを、仮死から還った慧凝が言ったことを太后が聞き、黄門侍郎徐紇を遣わして洛陽の以上の寺について尋ねしめたところ、これらはそれぞれ実在の僧であったことから、事の真実に驚いて、この後、京邑の比丘はみな坐禅誦経を事として、もはや講経のことは問題としなくなったという。

『洛陽伽藍記』のこの記事は、講経口舌の僧はもはや重要視されず、坐禅・誦経の僧こそが僧侶として望ましきものであり、僧にしていたずらに自らの尊大を誇り、広く布施を求め、みだりに経像を造作することの愚を説いたものであり、当時の知識人の期待する僧侶像が描きだされている。これも中国僧侶の品隲の一種といえよう。㉖『論語』における徳行・言語・政事・文学の四科はいうまでもなく、正史などにおける列伝の分類や、『世説新語』の、四科をふくめた三十六篇も、乱世に処した知識人の生き方を品定めしたものともいえよう。仏教界においても、このような僧伝を記す場合には、当然何種類かの類型にわかって編集されることはいうまでもなく、『洛陽伽藍記』に見える講経・坐禅・誦経・礼拝・造寺・造経像のごときも、その時その地においての僧侶の類型の一つともいえるものである。山内晋卿教授がつとに指摘されたように、㉗『文献通考』巻二二六にいう蕭梁の僧恵敏が『高僧伝』を撰し、訳経・義解の両門に分ったということも、その拠っている記事の信憑性や、編者の仏教に対する浅い認識などからみて、どの程度の信頼性があるかは疑問である。

僧祐（四四五―五一八）の『出三蔵記集』はいうまでもなく、仏教経典翻訳目録の現存最古の信頼すべきものとされるが、その中、訳経僧三十二人の伝記三巻は、訳経一科の専伝として今日もなお注目されるものである。『名僧伝』・『高僧伝』の訳経科の記事については、当然に、ほとんど同時代ではあるが、僧祐のそれによっていることは事実であり、この両書以前の、上述の高逸・遊方・名徳などの諸科をも参看して、まず『名僧伝』の僧侶品隲があり、ついで『高僧伝』の十科となったことはいうまでもない。

『高僧伝』の著者慧皎が、「前代より撰するところ多く名僧という、然して名はもともと実の賓なり、若し実に行なうも、光《かがや》きを潜せば、高（徳）なるも名（声）あらず、徳寡きも時（流）に適えば、名あるも高ならず、名（声）のみあって高（徳）なきはもともと紀すところではない、高（徳）あってしかも名（声）なきものこそ、この高僧伝に備わるのである」[28]とし、しきりに前代より撰するところの『名僧伝』を非難するにもかかわらず、その編集の体裁・内容など、多く前者を模倣するところが多いことは上において説いたところである。高僧の分類においても、またそれほどの異動はなく、多く『名僧伝』のそれを踏襲したものと思われる。

いま、東大寺図書館に遺る笠置宗性の抄写した『名僧伝』（目録）と、『高僧伝』における十科（慧皎は徳業を開いて大別して十例となすとする）[29]を表示すると、次のようである。

名僧伝			高僧伝	
巻一	外国法師一		巻一	訳経　上
巻二	外国法師二			
巻三	外国法師三		巻二	訳経　中
第四	外国法師四	神通弘教		
第五	中国法師一	高行　上	巻三	訳経　下
巻六	中国法師二	高行　中		
巻七	中国法師三	高行　下	巻四	義解　一
巻八	中国法師四	隠遁　上		
巻九	中国法師五	隠遁　中	巻五	義解　二
巻十	中国法師六	隠遁　下		

巻十一　中国法師七
巻十二　中国法師八
巻十三　中国法師九
巻十四　中国法師十
巻十五　中国法師十一
巻十六　中国法師十二
巻十七　中国法師十三
巻十八　律　師
巻十九　外国禅師　上
巻二十　中国禅師　下
巻二十一　神　力
巻二十二　兼学苦節　一
巻二十三　感通苦節　二
巻二十四　遺身苦節　三
巻二十五　守素苦節　四
巻二十六　尋法出経苦節　五
巻二十七　造経像苦節　六
第二十八　造塔寺苦節　七
第二十九　導　師

巻六　義　解　三
巻七　義　解　四
巻八　義　解　五
巻九　神　異　上
巻十　神　異　下
巻十一　習禅　明律
巻十二　亡身　誦経
巻十三　興福　経師　導師（唱導）

巻三十　経師

『名僧伝』が法師・律師・禅師・神力・苦節・導師・経師と、僧を七類型に区別しているのは、『洛陽伽藍記』などに見える、閻羅王に仮託された当代人の希む僧侶のありかた――それはおそらく江南においても同様であったと思われるもの――が一種の社会通念となっていたことが予想される。『高僧伝』にいう訳経・義解・習禅・明律・神異・亡身・誦経・興福・経師・唱導の十科は、『名僧伝』の法師・律師などの人による類型を、訳経・義解・習禅などの事による分類に改編しているものであり、あきらかに、『名僧伝』の類型を意識し、かつ合理化したものといえよう。『名僧伝』が外国法師・中国法師、外国禅師・中国禅師と、中外によって分類していることも、訳経・習禅の立場にたてば不合理でもある。これらのことは上の高僧伝目録対照表によって、よく承知されることである。

（一）　訳経

摂摩騰・竺法蘭をもってこの訳経篇の第一・第二と排列したことは、『名僧伝』のそれを踏襲したものであり、これらにやや先んじた僧祐（四四五―五一八）の『出三蔵記集』巻一に、『四十二章経』一巻、漢の孝明帝が夢に金人を見て、詔して張騫・秦景らを西域に遣わし、途に月氏国において沙門竺摩騰に遇い、此の経を訳写して洛陽に還り、蘭台石室の第十四間に蔵し、これより今にいたるまで、『四十二章経』が世に伝えられることとなったというのを承けて、中国仏教史がここにはじまるのである。すなわち、中国仏教史の伝説的な始源を後漢の明帝永平中とするのは、おおむね妥当な説として当時一般にうけとめられていたものである。このちにいたって、正像末の三時説、末法到来の危機観と、道教との対立抗争の上に、仏教入中国伝説はさらに秦の室利房とか、あるいはそれよりもさらにさかのぼって、仏道角逐がはげしくなり、老子化胡説などが生ずる事態をうむのである。もちろん外来仏教は経典の翻訳をおいてはよしなく、『高僧伝』の第一に、経典翻訳に貢献した僧を列伝するのは、けだし当然のことである。しかも慧皎が、「楚王英が黄老の微言を誦し、浮図の仁祠を尚ぶ」との『後漢書』楚王英伝の一文を引用するのは、おそらくは仏教史家としての慧皎の史観をあきらかにするものであり、仏教入中国伝説の根拠を、さかのぼり得るかぎり、史書に根拠を求めんとした慧皎の立場は、さらに経典翻訳にさいしての「方俗の語に随って能く正義を示し、正義の中において随義の語を置くという」㉚ことによってあきらかにされている。

さらに梁代の仏教者はもっぱらただ一経のみを鑽求して、「広読は惑を多くす」㉛との言をなすものがあるのに対し、このような言辞は堕学のそれであって、決して全般に通ずるような訓《おしえ》ではないと、真向から反対しているのも、漢訳仏典のさらに多く出現することを期待するものであり、ひろく正法を求めんとすれば博く衆典を尋ぬべきことを提言しているのは、おそらく中国的仏教の成長期ともいえる梁代の仏教者の見解というべきであろう。しかも、亀茲王の女に強いて妻あわされ、「別室の愆」ありとする鳩摩羅什や、長安の旧仏教界から擯黜された仏駄跋陀羅を『高僧伝』に列伝することについて、珪璋の一玷とし、弁護を試みざるを得ない立場においこまれていることは、「名有るは高徳ならず、高徳有りて名有らざるものこそ今録に備う」という、慧皎の『高僧伝』撰述の根幹と矛盾することについての、彼自身の苦しい立場を示すものである。いわゆる鑑戒意識なるものは、高僧の僧伝の撰述のさい当然問題とされるものであり、『梵網経疏』の著もある慧皎としては、その僧伝のたてまえとは異なる行迹のある僧の伝記を収載せざるを得ない現実の苦悩を、露呈したものである。

（二）　義解

『高僧伝』の巻四から巻八まで、総じて一〇二人にも及ぶ多数の高僧の伝記を収載している義解篇は、『名僧伝』では、中国法師を主とした部類に入るものが多いが、その法師たるものは、慧皎によれば、「四弁荘厳して人のために広く説き、教を示して喜ばしめるものこそ法師である」[32]とする。兵は不祥の器ではあるが、已むをえずして用うるのであり、言は不真のものではあるが、また已むをえずして陳べるとの古人の言[33]を引いて、『洛陽伽藍記』などにしきりにあしざまに説かれている講経も、文義を釈して凝滞を消解するために、重要事なりとするのである。[34]生老病死を説く釈尊最初の四諦の説から、鶴林涅槃の時に、法身・般若・解脱の梵書伊字の三点を説きつくす『涅槃経』の講説にいたるまで、兎を得れば蹄を忘れ、月を知れば指を忘るの要諦をもって講説にあたるべきことを説く慧皎の『高僧伝』義解篇の論は、この義解をもってのゆえに、中国仏教の盛美を致した縁由を知るにたるものである。道宣は『続高僧伝』巻十五の義解の論に、「昔は漢の明帝夢に入り、摂摩騰・竺法蘭は雒陽に赴き、道俗を通悟し邪正を抑引す、故に時俗をして一期に翕然として考え方を改めさせた、かの弁慧の力でなければ何をもって明かになし得よう」[35]と、強調していることは、慧皎の意をさらに伸ばしたものである。また慧皎が「正法を建立せんと欲すれば、則ち国王及び持仗者（兇器所持者）にも親近するを聴す」[36]との経説を引証しているところにも、仏法護持のためには、義解もまた必要闕くべからざるものであることを主張するのである。

（三）　神異

『名僧伝』では巻四、外国法師の四、神通弘教の篇に竺仏図澄を、巻二十一、神力の篇に耆域・杯渡ら十五人を伝しているが、『高僧伝』では巻九・十の二巻にわたって、『名僧伝』記載のほかにも神異としては梁朝にその名を知られる宝誌（保誌）などを記録している。中国仏教で神異をいうものは必ず仏図澄を言うのであるが、能く神呪を誦し、能く鬼物を使役すというような、神通力をもって、強暴なる者を抑え庶民を救済し、神異によって侮慢の者を摧く仏図澄の行迹は、まさに神異篇の第一に位置するだけの必要性をもっている。魏晋南北朝時代における神怪については、それを集録した『神仙伝』・『捜神記』の類によって、中国人社会に受容されたことを知るのである。本来、合理的宗教としての仏教が、中国において流伝するさいに、「神異」ということで、『高僧伝』に掲載されるような神怪に類する行迹をもった僧は、すべてこの範疇の中に入る。ひとり神異の二巻にとどまらないのである。神異篇の論に、慧皎が、「理の貴ぶところのものは道に合するからであり、事の貴ぶところのものは物を済うことにあり」とするのは、中国仏教の主眼とするところであり、方便にすぎない神異そのものが問題となるのではないことを知るべきである。道宣の『続高僧伝』では、神異は感通と改められている。これはまさに済物の観念がより強調され、より中国的な表現となったものである。

（37）（38）（39）

（四）習禅

『名僧伝』では、外国禅師・中国禅師の二にわけて、禅師を記載している。蔬食して経を誦し、禅を業として務めとなすというような、日常の真摯な修道生活の僧は、『高僧伝』ではなお二十一人を挙げるにすぎない。『宋高僧伝』のいう習禅とは、修めて無念にいたり、善悪すべて亡くし、その亡くすところを亡くして、常に安楽に住す、というのである。『高僧伝』の場合、そのような禅の極致にまではいたらず、宋の成都香積寺の釈道法のように、禅業に精しくまた時に神呪を行うというのもあり、『名僧伝』（巻二四）ではこの道法を遺身苦節の篇に収めている

（40）

ように、なお禅を宗とするまでにはいたっていないのである。『老子』第二十六章に、「重は軽の根たり、静かなるは躁《さわ》がしきの君たり」とある。慧皎はこれを根拠として、禅とは万物に妙なることをいう、唯寂、それが禅の極致であり、軽は重を根本とし、躁というも実は静をもって基幹とする、軽挙妄動するものは結局は重厚なるものに、がさがさとさわがしきものは結局はじっくりと静かに構えるものに支配される、(41) 禅定のはたらきとはこのようなものであるとの立場である。慧皎は、その禅定を得ることによって、還って衆生を化益するとの本旨を忘れていないのである。

(五) 明律

儒教の礼は忠信の薄いことからはじまるし、仏教の律も非を防ぐところからおこる、犯すに随って律の篇目がつくられてゆくのであり、三学の中、慧は定に資《よ》り、定は戒に資るのである。道に入るには戒律をもって本となし、俗に居りては礼義をもって先となすのであり、礼記に、「道徳仁義は礼にあらずんば成らず、教訓して俗を正すは、礼にあらざれば備わらず(42)」というごとく、仏経(優婆塞戒経巻六)に、「戒を平地とすという、衆善由って生ず、三世の仏道は戒に藉《よ》って方に住《とど》まる」として、明律の一篇を重視するのである。慧皎が明律篇の最後に、高僧伝撰述の数年さきに卒した僧祐を標出したことは、律学の徒として当然のことではあるが、なお自讃毀他をいましめ、戒律偏重をいうによって、かえって自ら傷つけることを憂えているのである。

（六）　亡身

身体髪膚これを父母に受く、敢て毀傷せざるは孝の始なりという儒教の孝（孝経・開宗明義章）に全く乖くのは、仏教における餓虎投身などの説話によって表現される自身を捨てての布施であり、燃指焼身のごとき菩薩行は、儒家においては大いに斥けるところである。仏教においては、凡夫の生死往来する三界は、いたずらに長夜の迷の宅《やど》であり、胎生・卵生・湿生・化生の四生は、まことに夢幻にもひとしい境界にしかすぎないことを悟ることが目的であり、そのためには自己の生命を捧げて他物を救うごときはまさに兼済の道を尚ぶからであり、我を忘れて他物を済うのである。しかも仏教にいう「能く手足の一指を然《や》くは、すなわち国城の布施に勝る」㊸というのも、その精神はもってとるべきであるが、これもその身を忘れて物を済うという点では得といえるが、いたずらに肉体を損壊して、かえって福田の相をやぶる㊹ものであり、その方法・発願を誤れば、仏の戒律にもたがうこととなる失の面もあることを、慧皎は述べている。これはおそらく、すくなくとも江南の地では、この亡身——遺身の行為によって、仏教の極致を実践した高僧も多かった反面に、表面的な亡身の行によって、かえって一時の名声を得んとするような非行の僧もあったことを誡めるものである。亡身の論に、あるいは誉を一時《とうだい》に邀めようとし、また名を万代にまで流そうとして（亡身焼身の事を行い、さていよいよその場につきあたってまのあたり）火を見、（つみかさねた）薪のあるのをみて、後悔と恐怖とがこもごも身にせまり、すでに（焼身のことを行なうことを）広言した以上（いま止めては）自分の操にそむくことを恥じ、（万止むを得ずして）僶俛《つとめて》、事に従って（心にもなく）空しく万苦に嬰るなどいうようなやからにいたっては、もはや言うべきことばもないと慨歎するのである㊺。南北朝の末期、この亡身遺身の風潮はようやく大であって、その事迹は高僧伝・応験記の類に著しいところであるが、慧皎のこの提言のうらには、俗流の間に行なわれていた亡身のいたましい現実を見るのである。貪欲・瞋恚・愚癡の三毒、常楽我浄の四倒は生死の根幹であり、七菩提・八正道の実践は涅槃への要路であり、必ずしも形骸を燔炙して（肉体に惨憺たる苦痛を与えて）のちにようやく苦を離れるなどはとるべきではないのである。この時代に生れた疑経、たとえば『要行捨身経』のごときは、捨身を行ずれば功徳無量で、先世の悪業も捨身の福報によって除滅すると[46]、勧奨するような経説もしきりにおこなわれたことも併せ考察すべきものがあるのである。

（七）　誦経

誦経の功徳の大なることは、『洛陽伽藍記』をまつまでもなく、多くの経典の流通分にはしばしば記すところである。『法華経』巻七普賢菩薩勧発品に、「法華経を受持読誦するものは、我が（仏）身を見ることを得て甚だしく歓喜す」、以下凡そ百行にわたって『法華経』を受持読誦することの効験をつぶさに説いているのはその一例である。しかも慧皎は、仏経を諷誦することの利の大なることは認めながらも、その功を成すものはまれであるとして、なお、僧肇の『注維摩』を引いて、善を持って失なわず、悪を持って生ぜしめないようにすることは困難であり、昏忘は生じやすいが、しかも経の一句一偈といえどもまた聖の称美するところなりとして[47]、誦経の一科をもって高僧の伝に列せられた人々の事迹を記録したのである。ここにいう誦経とは、経典を吟諷し、音吐遒亮、文字あきらかならば、幽霊をして忻踊せしめ、精神を暢悦せしめることをいうのであり、今日ふつうに我々が理解する誦経とはおのずから異なるものがある。

優塡王が栴檀瑞像を刻み、舎衛国の波斯匿王がはじめて金像を鋳たようなこと、また八万四千塔を建て、仏舎利を奉安するなどのことによって、この仏像を敬すること、仏身を敬するがごとくにする。このような寺塔を建て、仏像を鋳造するといった、福徳の業につとめるのである。仏道に入るには必ず智慧を本とし、智慧は必ず福徳の業をもって基とするのであり、この二者あいまって、はじめて仏果を得るゆえんをあかすのである。

（八）興福

（九）経師

世に梵唄と称される、曲調を附して経文を諷誦し、また偈頌を詠唱して、いわゆる微妙の音をもって仏徳を讃歎するものである。魏の陳思王曹植は声律を愛して、意を経音に託したという。日本では経師の語は、正倉院文書に屢見するもので、経文を書写し、またこれを装釘するものの意にとっている。天平時代の仏教がまったく中国のそれによったものであるのに、経師についてこのようなくいちがいのあることも注目すべきものである。その梵唄の妙をもって、人をして聞くを楽しましむるものである。経文を詠唱するときは転読といい、歌讃するときに梵唄というのが、慧皎の頃の区別である。劉宋の傅亮（三七四—四二六）の『光世音応験記』には、沙門帛法橋は常に衆経を諷誦せんと欲したが、生れつき特に声気に乏しと伝えられている。『高僧伝』には、少《わか》きときより転読を楽しむとあり、諷誦と転読と称呼は異なっても、おそらくは相互に混《ま》じったものである。

（十）唱導

法理を宣唱し、衆心を開導するものが唱導とよばれるものである。中国に仏教が伝わった当初は、仏の教の何たるかを知らず、ただ仏名のみを唱え、礼拝するのみであった。中宵にいたって、その事に疲労の極みには、宿徳の高僧を別請して説法を聞くのであるが、種々の因縁談をのべ、また譬喩譚をまじえての説教であり、これが唱導とよばれたのである。その声・弁・博・才の四がとくに必要とされた。この四事が具わって唱導は衆人を楽しませることとなる。楽しませるためにはおのずから技巧の末に走ることとなり、無上正真の仏理を興味深く解りやすく説かんとして、かえって邪道におちいる危険が多い。慧皎が巻末の唱導の論に、経師の転読とともに、時宜にかなった方法で、衆庶に機縁を説くそのことに一分の称すべきものあるがゆえに『高僧伝』の最後に唱導の一科をもうけて、十人の唱導家の列伝をおさめているのである。[48]善巧方便をもって、音吐流朗、参集の徒侶を陶然たらしめることは可能ではあるが、これらの唱導の台本は本人の述作ではなく、従来の伝承によるものが多いため、誤字にもとづく伝写の訛謬もそのままに習うこととなり、法集の席上にわかにゆきづまって収拾しがたいさまをもしばしば露呈することとなり、かえって仏法を自らそこなうこととなる。いわゆる声色《こわいろ》をもって身振り手振りよろしくの大衆に阿ねった説教は、かえって衆人をして仏教に対する軽侮の念をさえおこさせる憂さえ有ることを恐れたのである。

以上の慧皎による高僧十科の分類は、名僧伝などのそれを承けたものであり、必ずしも慧皎独自の判断によるものではない。しかし現在最古の中国高僧伝として、梁の武帝天監の末年（五一九）ごろにおける、「高而不名」の僧の実態を観ることによって、当時の中国仏教の真実を窺い得るものである。「名而不高」の僧を拒否し、中国仏教の師表たるべき僧の伝記をのみ収載することを目的とした『高僧伝』は、その意味では、衆愚の僧をしりぞけて、ことさらに自らを高めんとしたものであって、当時の中国仏教の真実を蔽わんとするものであるがごとくに感ぜられる。しかしながら、訳経・義解以下十科の伝の論を読むことによって、必ずしも単なる高僧の、したがって社会の中に滲透していった仏教の欠点をおおいかくしたものとはいえず、かえって当時の中国仏教の盲点を鋭く指摘していることに思いをいたさねばならない。同時に、それが一見、ことさらに高僧の名にかくれて、中国仏教の美点をのみ強調したかのように伝えられる慧皎の、真実の歎きが露呈されているものといえよう。このような『高僧伝』十科の分類は、同時に慧皎の仏教史観が遺憾なく表現されていて、中国仏教生成期の梁の仏教を中心として、同時代の仏教の動向をも十分に察知できるのである。

七　石山寺本高僧伝について

日本への『高僧伝』の流伝が、文献の上で最古の記録として証されるものは、『正倉院文書』に見える写一切経所の記録である。

天平十四年（七四二）五月三十日の「写一切経経生等手実帳」の記事を整理してみると、次のようになる。

高僧伝	第一巻	用紙三十九枚
	第二巻	三十五枚
	第三巻	二十九枚
	第四巻	二十八枚

第五巻　　　　二十八枚
第六巻　　　　二十九枚
第七巻　　　　三十八枚
第八巻　　　　三十二枚
第九巻　　　　三十五枚
第十巻　　　　十三枚（総計三〇六枚）

鎌倉時代書写の石山寺本『高僧伝』も十巻であり、天平書写の『高僧伝』も書写に要した各巻の枚数から考えてみても、日本で最も古く書写されたと思われる『高僧伝』が十巻本であり、これが唐の天宝元載にあたる天平十四年であり、おそらくは入唐僧らによって齎らされた中国の写本にもとづいて書写された『高僧伝』の編成を示すものと思われる。

この『高僧伝』十巻書写に先だつ約二年、天平十二年七月八日の「写経所啓」によると、さらに写し加うべき経論疏などの目録として合計八百十五巻を挙げているなかに、

高僧伝十巻……西域記伝十二巻……以上玄印師本

とあり、玄奘の『大唐西域記』十二巻とならんで、十巻本の『高僧伝』を挙げている。

このほか正倉院文書を通覧してみると、

一、高僧伝十巻用紙三百六、天平十四年七月二十四日（大日本古文書巻八）
二、高僧伝経巻二三十五・巻四三十五・巻十一三、天平十五年六月十五日（大日本古文書巻八）
三、高僧伝十一巻、天平十九年六月七日（大日本古文書巻九）

などが見られる。この中、『高僧伝』十一巻とするものは、高僧伝序録（天平十一年七月十七日、大日本古文書巻七）

を別に挙げていることからする誤解とも解せられるが、世にいう十四巻本『高僧伝』の名が正倉院文書から見られぬことは、我が国への『高僧伝』流伝の上からは、奇異に感ぜられるものである。『高僧伝』巻十四序録の自序をはじめ、『歴代三宝紀』巻十二・『続高僧伝』巻六慧皎伝など、中国の古文献がいずれも『高僧伝』を十四巻としているにもかかわらず、天平十年代の正倉院文書がいずれも十巻としていることは、なお解決を将来に俟つものである。

石山寺に数多くの貴重な古写経古文書が蔵されていることについては、いま改めて述べる必要もない。私もかつて、当時の古写『高僧伝』を拝観校閲することを許されて、おそらくは日本に現存する最古の、かつ一部十巻編成の高僧伝という貴重な仏教史籍を十数日にわたって校訂したのである。四十年後、あらためて再びこの書を拝観し得ることを喜ぶとともに、その中でも、とくに異動の多い道安伝を中心として若干の報告を併せ載せて、「高僧伝の成立」のむすびにかえたい。

石山寺本『高僧伝』は、一部十巻十冊二百九十紙よりなっている。一行十六―十八字詰前後、楷、行書、二寸六分に七寸九分の折本である。徳川末期文化文政の頃、知足庵尊賢によって保存に便なように改摺せられたものであって、原形は巻子本であったことは、石山寺一切経の他の場合と同一である。

その内容分科、各巻の跋文等は次の如くである。

高僧伝　序録
巻第一　訳経一　応保二年（一一六二）十月書写畢
　第二　訳経二
第三　義解一　長寛元年（一一六三）六月七日移点了
第四　義解二　長寛元年六月十三日移点了

第五　義解三
第六　義解四　長寛元年七月廿三日移点了
第七　義解五　仁平四年（一一五四）二月六日戌刻許書写畢
第八　習禅明律　長寛元年八月十二日移点了
第九　誦経興福　一校了
　　　経師導師　長寛元年八月二十日移点了
　　　　高僧一部十巻一巻目録也
　　　　正伝九巻也加目録十巻
　　　　此交醍醐本分明所見彼十四巻
　　　　本正伝十三巻也彼十三同此九

（右の中、第九巻跋、高僧一部十巻云々以下は異筆であって、後人の附加になると信ぜられ、醍醐寺本と比交して、巻数の不同のみを認めているようである。）

右によって、まず石山寺本が現行刊本には全く見ない序録一巻本文九巻計十巻本であることが知られる。然らば石山寺本は何時、何人によって何処の『高僧伝』を依拠として書写せられたか。

写経あれば校正の行なわれるのは必然の事である。それは天平時代であろうと、それ以後であるとを問わない。石山寺一切経は、その書写年代において、その経巻の中で前後数百年の差があるが、その跋文に現われた処に依れば、この態度に異なる所は無い。例えば『仁王護国般若波羅蜜多経疏』巻下の跋には、

　始自天暦二年（九四八）正月廿五日書之、至三年四月十二日畢、幷与余本校正返了

とあり、『弥勒所問経論』巻二の跋には、

仁平三年（一一五三）閏十二月廿九日書写、比交畢

と見え、また『大方広十輪経』巻六には、

久安五年（一一四九）九月十九日辰尅許書写畢、同時一校畢

の跋がある。これとともに訓点読点を附けることも、平安末期以後よりの写経には頻りに見られ、一二の例を挙ぐれば、『八名普密陀羅尼咒経』の跋には、

久安三年（一一四七）五月廿四日於勧修寺西山書写、保元二年（一一五七）十一月四日移点

と記し、『陀羅尼集経』第七巻には、

仁平三年（一一五三）仲春二月六日書写畢

長寛二年（一一六四）三月六日移点畢

とある。

さらに当寺の一切経史伝部についてみると、その多くは応保、長寛及びその前後に書写比校せられたものである。

例えば『続高僧伝』にはその跋に、

巻一　応保二年十一月一日、

巻二　一交了、但文字狼藉、点不分明、可書替之、

巻十　長寛元年九月廿二日書写了、即校了、

巻十六　長寛元年八月十九日一校了、

第十七　長寛元年十月廿三日書写畢、

とあり、『出三蔵記集』には、

巻一　長寛二年二月廿七日於勧修寺書写畢、朗澄、
巻六　長寛三年十月廿一日申時許書畢、比交畢、求法沙門永宝、
巻十三　長寛三年三月三日於勧修寺書写畢、
の跋がある。参照のためさらに二三を挙示する。
『一切経音義』
巻三　安元元年八月廿一日未刻於善峰寺書、
巻七　承安四年極月廿日亥刻許於法住寺書写畢、為往生極楽也、僧昌円之筆、
巻十　承安五年四月廿六日比校畢、
巻二十　応保二年二月廿六日書写畢、
巻二十三　安元三年九月一日於法住寺書写畢、
巻二十四　応保元年九月十八日、
巻二十五　承安五年廿三日於大谷書写畢、
『衆経目録』
巻三　長寛二年仲冬十六日書写畢、奉為老師菩提抽丹心染紫憂《ママ》、依此善根之力、早開下品中生之蓮、速証中道正観之理、
『大唐内典録』
巻六　願以此功徳普及於一切我等与衆生皆共成仏道、
長寛三年□月廿三日執筆慶厳、
『古今訳経図紀』

巻一　長寛二年極月十月於勧修寺書畢、信宝、
巻三　長寛三年正月七日於勧修寺西山西尅書畢、此非他念、為頓証菩提也、至殊丹心染楽土、執筆信宝、
巻四　長寛三年正月九日書畢、

以上の挙例によって、石山本は大体において仁平四年（一一五四）以後長寛二年（一一六四）以前、近衛、後白河、二条三天皇の御世（南宋高宗の治）において書写校合せられたものであることが類推せられ、かつ誤謬なきものと思われる。石山本『梁高僧伝』第二巻第五巻及び序録には跋文がないが、その書法、用紙、慣用古字、誤字によって同種のものであることは明らかである。恐らく巻子本から折本に改装の際に脱落したものとみられる。

この当時は、一切経論書写の大願を起した念西の書写及びその勧進が頻りに行なわれていた。『雑阿含経』第一巻の跋には、

仏子、自去久安四年（一一四八）七月、為自法界出離得道、発一切聖教書写大願之後、或求旧経加修補、或企写成帙、其内今経者、宇治白河別所住侶意聖房順源所助成也、然則経本主幷助成人、共出趣輪廻之故郷、早生九品不退之浄刹矣、保元元年（一一五六）十一月廿五日修補之次、願主念西記之

と見える。彼の活動は、久安四年に始まり、仁安三年（一一六八）に終わる二十年間、現存石山寺一切経の半は、彼の力によって蒐められたと言って過言ではない。史伝部、目録部についても、『釈迦譜』、『出三蔵記集』、『衆経目録』、『開皇三宝録』（歴代三宝紀）、『大唐内典録』『古今訳経図紀』、『大周刊定衆経目録』、『大唐西域記』（巻一より巻八に至る）、『集沙門不拝俗議』、『続高僧伝』等は、大体において応保・長寛の頃、朗澄・永宝・信宝・慶厳寺によって書写せられたものであるが、これが念西発願に依るものなることは明らかであり、また、『集古今仏道論衡』、『広弘明集』、『南海寄帰伝』、『比丘尼伝』等は明応、文亀の頃、善忍律師の補写勧進になるものであるが、恐らく念西蒐集にかかるものの欠を補なったものであろう。かく考え来ると、『高僧伝』も、念西の発願によって、

彼か恐らくは彼の勧進による篤信の僧俗数人が書写したものと解される。

念西の勧進によって経論を書写した僧侶は、勧修寺西山蓮光房勧林、小野大乗院智光房、醍醐寺住侶大甫公、醍醐寺沙門栖蓮、勧修寺住侶証明房、法琳寺入寺朝日、沙門堯暹、平等院円明房、同円定房、宇治白河別所住侶意順源、同文散房、同成就房覚玄、興善院隆賢、台嶺住侶近江阿闍梨、園城寺住侶寂静房、上醍醐尊聖房、同金養、醍醐寺賢寂、同尊恵、同縁覚房、興福寺法橋覚提、賢朗、天台山住侶字五郎房、覚紹、曼荼羅寺住侶等主なるものであって、その写本の原本は多くこれらの寺に襲蔵せられていたものではなかったであろうか。『高僧伝』の場合、直接にそれを証明する材料が見出されないのは惜しむべきである。

なお長寛二年以前に刊行せられた大蔵経は、蜀版、福州版、思渓版、高麗初雕版であり、東大寺奝然は永延元年（九八七）蔵経五千四十八巻を将来したと伝えられる。

石山本『高僧伝』は前述の如く、序録一巻本文九巻計十巻よりなっている。現行の刊本は、すべて十三巻乃至十五巻本であり、『出三蔵記集』・『歴代三宝紀』以下の諸経録にも、十巻本高僧伝の存在は発見し得ない。日本では、石山寺本のほか、『東寺一切経目録』（高野山光明院蔵）に、

高僧伝十巻一巻、是録二百九十紙

とあり、その組織・紙数も石山寺本と一致する。石山本の序録には、

述六代名賢止為十三巻幷序録合十四巻今為十巻号曰高僧伝

と見え、「今為十巻」と割註せる所を見れば、或は本邦においての作為からか、便法を以て十巻と為したのであろうか。もとより、天平写本と東寺一切経目録本と石山寺本とに或る種の関連ありと断定するのは容易ではない。ただ一つの問題を提示するのみである。

かく十巻本とはいうものの、その目次、分科に到っては変化はない。現行本に、

始于漢明帝永平十年至梁天監十八年凡四百五十三載二百五十七人又傍出附見者二百余人

とあるに対して、石山本は、

……二百五十七人又傍出附見者二百三十九人都合四百九十六人

となすに徴しても、登載人員に殆ど異動がないことが知られる。主として序録附見人各中に誤字脱落あり、また現行本巻五法和伝の後の太山竺僧朗伝が、長沙寺釈曇戒の後に掲げられている程度の相違にすぎない（宋本・宮内庁本には、法和伝の後に現行本巻四竺法雅伝が続いている）。内容の編成では訳経以下の十科の分類を継承していることも、他本と異らない。

十巻本と称するものの、その分科内容については殆ど変化がないにもかかわらず、伝中の字句の異動は甚しい。後出の道安伝を一見するならば、明らかである。

廟＝廟、恠＝怪、餝＝飾、賫＝齎、などの古字も随所に使用せられ、梵は梵唄の場合を除いてはみな胡に改められてある。さらに一例を求那跋陀羅伝に求めてみると、宋太祖、世祖、太宗はすべてそれぞれ宋文帝、孝武、明帝と改められてある。これは現行の如何なる刊本にも見ない所である。また智厳伝、求那跋摩伝、道安伝、竺法曠伝、曇翼伝、竺僧朗伝、智秀伝等においては、数十字乃至千数百字の増加が見られる。

以上は石山寺本『高僧伝』及びそれに関するものの概略の紹介である。後出の道安伝は、石山寺本の中でも異文の多いものである。現行本との相違が何故生じたか、『晋書』芸術伝などから示唆を得て書きそえたものであろうか、詳細な考察はまだつけることができない。石山本の、現行本との校合よりする真価値、十巻本高僧伝の縁由、

天平写本・東寺一切経目録本、石山寺本との連関などについては、『高僧伝』の書誌学的な研究上の重要な問題として、なお将来にその研究を俟たなければならない。博雅の君子の教示を請うものである。また牧田編『梁高僧伝索引』（平楽寺書店、昭和四十五年刊）も『高僧伝』の研究に貢献するところがあるものと信ずる。

〔石山寺本高僧伝の道安伝本文右側の注記は、東国大学校訳経院発行、一九七五年刊の高麗版大蔵経第三十二巻所収高僧伝巻五道安伝を示す。「ナシ」とあるのは麗本にその文字のないことをあらわす。〕

石山寺本　高僧伝巻第三　晋長安五級寺釈道安

釈道安、姓衛氏。常山扶柳人也。家世嬰禍《英儒》。早失覆癊《蔭》、為外兄孔氏所養。年七歳読書、再覧能誦、郷隣嗟異。至年十二出家。神性聡《智》敏而形根《貌》甚陋、不為師之所重。駆役田舎至于三年。執懃《勤》就労、曾無怨色。篤性精進、斎戒無闕。数歳之後、方啓師求経。師与弁意経一《五》巻、可一千言。安賷経入田、因息就覧。暮帰以経還師、更求余者。師曰、昨経不《未》読、今復求耶。答曰、即已闇誦。師雖異之而未信也。復与成具光明経一巻、減一万言。賷之如初。暮復還師。師執経覆之、不差一字。師大驚嗟、敬《ナシ》而異之。後為受具戒、恣其遊学。至鄴、入中寺、遇仏図澄。ゝ見而嗟歎、与語終日。衆以貌侵《見形貌不称》、咸共軽侘《怪》。澄曰、此人遠識非爾儔也。因事澄為師。澄講、安毎覆述。衆未愜《之》。咸言、須待後次、当難殺崑崙子。及《即》安後更覆講、疑難鋒起。安弁釈無滞《挫鋭解紛》。衆乃歎服《行有余力》。故《ナシ》時人語曰、漆（澄）道人驚四隣。于時学者多守聞見。安乃歎曰、宗匠雖邈、玄旨可尋。応窮究幽遠、探《ナシ》索微奥。令無生之理宣揚季末《未》。使流《通》道之徒、帰向有本。於是遊方問道、備訪経律。後避難、潜于濩沢。値《ナシ》太陽竺法済弁州支曇講陰持入経。安又《後》従之受業。因為注解《ナシ》。頃之。与同学竺法汰倶憩飛竜山。沙門僧光《先》道護已在彼山、相見欣然。乃共披文属思、妙出神情。安後於太行恒山創立寺塔。改服従化者、中分河北。時武邑太守盧歆、聞安清秀、使沙門敏見苦要之。安辞不獲従《免》。乃受請開講。名実既符、道俗欣慕。至年卅《四十》五。復還冀部、住受都寺。徒衆数百。常宣法化。時石虎《死》彭城王石遵纂《墓》襲《嗣立》偽号。遣中使竺昌蒲《蒲》。徴《請》安入華林園。広修房舍。安以石氏之末国運衰《将》危、乃西適牽口山。迄染《冉》閔之乱、人情蕭索《素》。安乃謂其衆曰。今天下《ナシ》灾蝗寇賊縦横。聚則不立、散則不可。遂復率衆入王屋女林《牀》山。頃之、復渡河、依陸渾山、木食修学。俄而慕容俊逼陸渾。遂南投襄陽、行至新野。謂徒衆曰、今遭凶年。不依国主則法事難立。又教化之体宜令広布。咸曰、随法師教。乃令法汰詣楊州。曰、彼多君子。好尚風流。法和入蜀、山水可以修閑。安与弟子慧遠等四百余人、渡河夜行。値雷雨乗電光而進。前行得人家、見門裏有二馬棙之間懸一馬篼。可容一斛。安便呼林伯《百》升、主人驚出。果姓林名伯《百》升。謂安神《是》人、厚相当接《接待》。而《既而》弟子問何以知其姓字。安曰、両木為林、篼容百升也。既達襄陽、復演《宣》仏法。安《ナシ》初経出已久。而旧訳時謬。致《致使》深義隠没未通。毎至講説、唯叙大意転読而已。安窮覧経典、鉤深致遠。其所注般若道行密迹安般諸経、並尋文比句、為起尽之義。及《乃》析疑甄解。凡廿二巻。厚《序》致淵富、妙尽深旨。条貫既序《叙》、文理会通。経義克明、自安始也。自漢魏迄晋、経来稍多。而伝経之人、名字弗説。後人追尋、莫測年代。安乃総集名目。表其時人、詮品新旧、撰為経録。衆経有拠、実由其功。四方学士競往師之。時征西将軍桓朗子鎮江陵、要安暫往。朱厚《序》西鎮、復請還襄陽、深相結納。厚《序》毎歎曰、安法師道学之津梁、澄治之爐《鑪》肆矣。安以白馬寺狭、乃更立檀渓精舍《寺名曰檀渓》。即清河張殷宅。已大富長者並加賛助。建塔五層、起房四百。征虜将軍《涼州刺史楊》弘忠送銅万斤、擬為承露。安曰、露盤已就託《ナシ訖》汰公営造。欲廻此銅鋳像、事可然乎。忠欣而敬諾。於是衆共抽捨、助成仏像。方《光》身《相》丈六、神好明著。毎夕放光、徹照堂殿像後。又自行至方《万》山、挙邑皆往瞻礼。遷以還寺。安既大願果成謂言夕死可矣 苻堅既《ナ》藉安清誉、乃《シ》遣使送外国金泊《箔》倚像高七尺。又金坐像、結珠弥勒像、金縷繍像、織成《成像》各一張。毎講会法聚、輒羅列尊像、布置幢旛。珠珮迭暉、烟華乱発。使夫升楷履城《?》者、莫不粛焉尽敬。有一外国銅像、形製古異。時衆不甚恭重。安曰、像形相致佳、但髻形未称。令弟子爐冶《治》其髻。既而光炎《焔》煥炳燿満一堂。詳視髻中、見一舎利。衆咸愧服。安曰、像既霊異、不煩復冶《治》。乃止。識者咸謂、安知有舍利、故出以示衆。時襄陽習鑿歯、鋒弁天逸、籠罩当時。其先藉《聞》安高名、早已致書通好。曰、天《ナ》不終朝而雨、六合者弥天之雲也。弘淵源潤八極者四海之流也。彼直無為降而万物頼其潤。此本無心而高下蒙其沢。況大哀降歩慇時而生。乗不疾之輿、以渉無遠之路。命外身之駕、以応十方之求。豈可玉潤於一山氷結於一谷。望閬風而弗廻、捐此世而不度《シ》。承応真履正明白内融、慈訓兼照道俗斉蔭、自大教東流四百余祀《年》。雖藩王居士時有奉者、而真丹宿川《(訓)》先行上世。道運時遷、俗未僉悟。粛《ナ》祖明皇帝。実天降徳始欽斯義乎。尽如来暢乎無外大塊。既唱万竅倶怒、豪賢君子靡不帰宗。日月雖遠光影弥著《シ》。自頃道業之隆盛於此《咸無以匹》。豈《ナシ》所謂月光首昇《将ナ》将生真地《シ出》、霊鉢東遷《応降ナ》忽験於是乎《シ》。法師任当洪範化洽幽消此方諸僧咸有思慕。自《ナ》欣金色之瑞耳、遅無上之蔵軽。詠之情非常言色《シ》。若慶雲東度《ナシ》但摩尼廻曜、一躡七宝之坐《座》、暫《暫現》覩明哲之燈。雨甘露於豊草、植栴檀於江湄。則如来之教、復崇於今日。玄波溢漾、重蕩《盪》於一代矣。不《文多不悉載ナ》勝延預裁書致心意之《シ》。蘊積曷云能暢。及《及聞至止即修造》安至歯往候焉。既坐称言、四海習鑿歯。安曰、弥天釈道安。時人以為名答。歯後餉梨十枚。正値食衆《衆食》、便手自剖分梨尽人遍、無参差者。高平郄超遣使、遺米千斛。修書異紙、深致慇懃。安答書云、捐米千斛《ナシ》弥覚有待之為煩。習鑿歯与謝安書云、来此見釈道安。故是遠勝、非常道士。師徒数百、斎講不倦。無変化技《伎》術、可以惑常人之耳目。無重威大勢、以整群小之参差。而師徒粛々自相尊敬、洋々済々。乃是吾由来所未見。其人理懐簡衷、多所博渉。内外群書略皆遍覩。陰陽算数亦皆能通。仏経妙義故所遊刃。作義乃似法蘭法道。恨足下不同日而見。其亦毎言、思得一叙。其為時賢所重類皆然也。安在樊沔十五載。毎歳常再講放光波若、未嘗癈《廃》闕。晋孝武帝《皇帝》承風欽徳、遣使通問。并有詔曰、安法師器識倫通、風韻朗《標朗》、居道訓俗、徽績兼著。豈直規済当今。方乃陶津来世。俸給一同王公、物出所在。時苻《符》堅素聞安名。毎云、襄陽有釈道安、乃《ナシ》是神器。方欲致之、以輔朕躬。後遣苻丕南攻襄陽。安《ナ》深憂之。謂其衆曰、此出謂我知天文識成敗。我若先行人情必散。且朱厚固留之。及城陥。安与朱厚習鑿歯等、倶、於安謂丕曰。此方人未洽道教、意欲小停。丕曰、弟子忽死不退、正為法師耳。於是随丕至長安。堅深見礼畢。謂安曰、遠客樊沔可謂棲寄失地。安曰、遊必有方。何論得失。堅後与其偽諸族書云、晋氏代呉利在二陸。今破漢南獲士。亦裁一人有半耳。僕射権翼曰、未審誰耶《シ》。安与朱序倶獲於堅、堅謂僕射権翼曰、朕十万之師取襄陽、唯得一人半、翼曰誰耶、堅曰、安公一人習鑿歯半人也。既至、住長安五重寺。僧衆数千、大弘法化。初魏晋沙門依師為姓。故姓各不同。安以為大師之本莫《ナシ》不尊釈迦、乃以釈命氏。後獲増一阿含、果称四河入海無復河名、四姓為沙門皆称釈種。既懸与経符、遂為永式。安外渉群書、善為文章。長安中衣冠子弟為詩賦者、皆依附致誉。時藍田県得一大鼎、容二十七斛。辺有篆銘。人莫能識、乃以示安。〻云、此古篆書、云魯襄公所鋳。乃写為隷文。又有人持一銅斛、於市売之。其形正円、下向為㪷《斗》。横梁昂者為升《斗》、低者為合。梁一頭為籥、籥同黄鍾《ナシ》、容半合、辺有篆銘。堅以問安。ヽ云、王莽《比》自言出自帝舜《舜皇》。竜集戊辰、改正即位、以同律量、布之四方、欲小大器均《鈞》、令天下取平焉。其多聞広識如此。堅勅学士内外有疑、皆師於安。故京兆為之語曰、学不師安、義不中難。初堅承石氏之乱、跨有咸陽。至是民戸殷富、四方略定、東極滄海、西併亀茲、南苞襄陽、北尽沙漠、ナ、及後呑并涼蜀尅兼幽冀。至是民戸慇実四方略定。毎謂群臣曰、朕統承大業垂卅載。芟夷剪穢、策不虚発。東漸于海、西越流沙、北窮弱水、南被江漢《シ》。唯建業一隅未賓王化《能折服》。朕毎思。堅毎与侍臣談話、未嘗不欲平一江左、ナ天下未輙臨食輟哺。今欲起百万之兵。朕躬啓行薄伐南裔、尚《シ》以晋帝為僕射、安《謝安》公為侍中。堅弟平陽公融及朝臣石越原紹等、並切諫不廻《不能》。衆以安為堅所信敬、乃共請曰、主上将有事東南、公何不能為蒼生致一言耶。会堅出東苑、命安升輦同載。僕射権翼諫曰。臣聞天子法駕侍中陪乗。道安毀形寧可参厠。堅懔《勃》然作色曰、安公道徳可尊、朕以天下不易輿輦之栄未称其徳、ナ、冥会至境徳為特尊。朕挙天下之重、未足以易之。非公輿輦之栄、乃朕之願也《シ》。即勅僕射扶安登輦。俄而顧謂安曰、朕将与公南遊呉越、整六師而巡狩。渉会稽以観滄海ナ謂虞陵於疑嶺矚禹穴於会稽、汎長江臨滄海《シ》、不亦楽乎。安対曰、陛下応天御世、有八州之貢富君《ナシ居》臨中土、而制四維《海》。宜棲神無為、与堯舜比隆、今欲以百万之師、求厥田下下之土、ナ逍遥乎順四時以安適。動則鳴鑾清道。止則栖神無為。端拱而治与堯舜比隆。何為身労於馳騎、口倦乎経略。櫛風沐雨而蒙塵野次乎《シ》。且東南区ヽ地《ナシ》、〻旱気厲。昔舜禹遊而不反。秦王《皇》適而不帰。何《ナ》足上労神駕下困蒼生。詩云、恵此中国以綏四方。苟有徳足懐遠。可不労寸兵而坐賓百越東南。挙《シ》以貧道観之、非愚心所同也。平陽公懿感《戚》、石越重臣、並謂不可。独《猶》尚見距《拒》。貧道軽賤《浅》、言必不允。既荷厚遇、故尽丹誠耳。堅曰、非為地不広、民不足治也。但《ナ》思混一六合以済蒼生《シ》。将簡天心、明大運所在耳。高辛有竜泉之役。順時巡狩、亦著前典、ナ堯有舟水之師。此皆著之

前典、照之後王《シ》。若如公《来》言、則帝王無省方之文乎。安曰、若鑾駕必動、可先幸洛陽。抗威蓄鋭、伝檄江南。如其不
服、伐之未晩。堅不従。遣平陽公融等精鋭廿五万為前鋒。堅躬率歩騎六十万。到頃。晋遣征虜将軍謝石、竜驤将軍《徐州刺史》
桓《謝》玄等拒之。堅前軍大潰《於八公》　晋軍逐北卅余里。死者相枕、融馬倒殞首、堅単騎而遁、如所諫焉。安嘗《常》注諸経、恐不
合理。乃誓曰、若所説不甚《堪》遠理、願見瑞相。乃夢見胡道人頭白毛《眉毛》長。語安云、君所注経、殊合道理。我不得入泥
洹、住在西域。当相助弘通、可時〻設食。後十誦律至。遠公乃知和上所夢賓頭盧也。於是立坐《座》飯之、処〻成則。安
既徳為物宗、学兼三蔵。所制僧尼軌範仏法憲章。条為三例。一曰行香定座上経《講経》上講之法。二曰常日六時行道飲食唱
時法。三曰布薩差使悔過等法。天下　皆《寺舎遂》　則而行《従》之。安毎与弟子法遇等、於弥勒前立誓、願生兜率。後至苻《秦》堅《ナシ》建元
廿一年正月二十七日。忽有異僧、形甚庸陋。来寺寄宿。寺房既窄《迮》、処之講堂。時維那直殿、夜見此僧従窓隙出入、
遽以白安。安驚起礼訊、問其来意。答云。相為而来。安曰、自惟罪深、詎可度脱。彼答云、甚可度耳。然須《臾》更浴聖
僧、情願必果。具示浴法。安請問来生所之《往》処。彼乃以手虚撥天之西北。即見雲開、備覩兜率妙勝之報。于《爾》夕大衆数
十人悉皆同見。安後営浴具。見有非常小児伴侶数十、来入寺戯、須臾就浴。果是聖応也。是季《是季ヨリ還寺マデナシ》。慕容沖及姚萇並叛
堅、起兵攻逼長安。堅請安入城、諮以大計。安曰、軍旅之事未之学也。堅曰、法師神人、但留止少時、以慰群心
耳。安固辞還寺。至其年二月八日忽告衆曰、吾当去矣。是日斎畢、無疾而卒。春秋七十有二《葬城内五級寺中是歳晋太元十年也年七十二ナ》。堅臨哭慟曰、吾其不
済乎。安師捨我去矣。為葬城内五級寺中。是歳晋太元十年也《シ》。初朱厚《未終之前》（序）為《ナ》堅所虜入秦《シ》。有隠士王嘉。
来《来在ヨリ終嘉マデナシ》在厚坐安後《ナシ》。王嘉避席。厚曰、法師始来、何以避席。嘉曰、法師如懸鏡。在側映見人疵、是故起耳。及安臨終嘉
往候安。〻曰、世事如此、行将及人可《ナシ》、相与去乎。嘉曰。誠如所言。並《師且前》行、僕有小債未了。不得倶去。及姚萇之
時《ナシ》得長安也。嘉故《時故》在城内。萇与苻登相持甚久。萇乃問嘉、朕当得登不得。答曰、略得。萇怒曰、得当言得、何略之
有。遂斬之。是嘉所謂負債者也。萇死後、其子興方殺登。興字子略。即嘉所謂略得者也。嘉字子年。隴西《ナシ》安《洛》陽人
也。形貌鄙陋、似若不足。本滑稽好語笑、然不食五穀、清虚服気。人咸宗而事之、往問善悪。嘉随而応答、語則可

笑、状如調戯、辞似讖記、不可領解、事過多験。初養徒於加眉谷中。苻堅累《ナシ》徵不《遣大鴻臚》就。乃堅将欲南征、遣問休否。嘉無言。乃乗使者馬。佯歩《向》東行数歩《百歩》。因落靴帽、解棄衣服、奔馬而還。以示堅壽春之敗。其先見如此。及姚萇害《正害》嘉之日、有人於隴《壠》上見之。乃遣書於長《萇》。安之潜契神人、皆此類也。安先聞什《羅什》在西国、思共講析。毎勸堅取之。什亦遠聞其《安》風、謂是東方聖人。恒遥而礼之。初安生便左臂有一皮、広寸許著臂、将可得上下之、唯不得出手。又肘外有方肉、上有通文。時人謂之印手菩薩。安後《終後》十六年。什公方至。什恨不相見、悲恨無極。安既篤好経典、志在宣法。所請外国沙門僧伽提婆曇摩難提及僧伽跋澄等、訳出衆経百余万言。常与沙門法和、銓《詮》定音字、詳覈文旨。新出衆経、於是獲正。孫綽為名徳沙門論。自云。釈道安博物多才、通経名理。又為之賛《讚》曰、物有広瞻、人固多宰、淵々釈安、専能兼倍、飛声汧隴、馳名淮海、形雖草化、猶若常在。別《有別》記云、河北別有竺道安。与釈道安斉名。謂《習》鑿歯致書於竺道安。案本随師姓、竺後改為釈。世見其二姓、因謂為両人、謬矣。

① 山内晋卿著『支那仏教史之研究』所収「高僧伝の研究」（大正七年十二月稿）は、当時としては珍しい中国学の立場から研究を進めた異色のものであった。本稿も山内教授の研究方式を参照しながら、その後の研究成果をふまえて稿をなした。陳垣著『中国仏教史籍概論』（一九五五年十二月北京科学出版社）は、一九四二年九月二十三日附の縁起をもった戦時中の著作であるが、さすがに中国老学者の見識学解の随処に見られる好著であり、仏教史学研究の立場からは、不必要のところもあるが、日本の研究者にとって稗益するところは大きい。一九六八年には *Biographies des moines éminents* （*Kao seng tchouan*） *de Houei-kiao, traduites et annotées* par Robert Shih 第一巻より第三巻までの訳経篇完訳の第一分冊が発行された。この外にも Arthur Wright 教授の仏図澄伝英訳、Arthur Links 教授の道安伝英訳などがあるが、なお試訳の域を出ない。『名僧伝』については春日礼智氏の「浄土教史料としての名僧伝指示抄名僧伝要文抄並に弥勒如来感応抄第四所引の名僧伝に就いて」が貴重な資料となる（『宗学研究』第十二号、昭和十一年七月刊）。牧田編の『梁高僧伝索引』（中国高僧伝索引第一巻、昭和四十七年三月刊）も、中国仏教史研究の完全を期するための一つの試みである。京都大学人文科学研究所における弘明集研究報告は昭和五十年三月に全三冊が完成した。さらに篤学の研究者によって、『出三蔵記集』の研究（一部は宇井博士によってすでになされた―釈道安研究）が進められるならば、中国仏教上代史の研究は、僧祐、宝唱、慧皎の事蹟究明とあいまって、より深められることとな

る。『高僧伝』は、版本大蔵経には悉く収蔵されている。『四庫全書総目提要』巻一四五、釈家類に賛寧の『宋高僧伝』三十巻を挙げている。その文中に、「高僧伝之名、起於梁釈恵皎、分訳経、義解両門、釈慧皎復加推拡、分立十科」と記している。ここにいう高僧伝の名の発端としての釈恵皎は、何の史料にもとづいてかく言ったのかは明かでない。また、『海山仙館叢書』は、道光二十九年（一八四九）南海の潘徳畬の編刊したものであるが、普通の叢書としてはじめて『高僧伝』を収載している。おそらくは明刊本によったものであろう。また『隋書』経籍志二には、虞孝敬撰『高僧伝』六巻、康泓撰『道人善道開伝』一巻、釈宝唱撰『名僧伝』三十巻、釈慧皎撰『高僧伝』十四巻、釈法進撰『江東名徳伝』三巻、王巾撰『法師伝』十巻、裴子野撰『衆僧伝』二十巻、釈僧祐撰『薩婆多部伝』五巻、『梁故草堂法師伝』一巻、釈宝唱撰『尼伝』二巻、『法顕伝』二巻、『法顕行伝』一巻などが、僧伝に類するものとして挙げられている。また『宣験記』十三巻、劉義慶撰、『応験記』一巻、宋光禄大夫傅亮撰、『冥祥記』十巻、王琰撰、『感応伝』八巻、王延秀撰、『補続冥祥記』一巻、王曼穎撰、『幽明録』二十巻、劉義慶撰、『京師寺塔記』二巻、釈曇宗撰などが記録されていて、ほぼ慧皎の序の記載に応ずるものである。

② 続高僧伝巻六（大正五〇・四七一b）、釈慧皎、未詳氏族、会稽上虞人、学通内外、博訓経律、住嘉祥寺、春夏弘法、秋冬著述、撰涅槃義疏十巻及梵網経疏行世、又以唱公所撰名僧頗多浮沈、因遂開例成広、著高僧伝一十四巻、其序略曰、前之作者、或嫌以繁広、删減其事、而抗迹之奇、多所遺削、謂出家之士、処国賓王、不応励然自遠、高蹈独絶、尋辞栄棄愛、本以異俗為賢、若此而不論、竟何所紀、又云、自前代所撰、多曰名僧、然名者本実之賓也、若実行潜光則高而不名、若寡徳適時、則名而不高、名而不高、本非所紀、高而不名則備今録、故省名音代以高字、伝成通国伝之、実為亀鏡、文義明約、即世崇重、後不知所終、江表多有裴子野高僧伝一帙十巻、文極省約、未極通鑒、故其差少。

③ 梁書巻二十二、太祖五王南平元襄王偉伝、太原王曼穎卒、家貧無以殯斂、友人江革往哭之、其妻児対革号訴、革曰、建安王当知、必為営理、言未訖而偉使至、給其喪事、得周済焉、……晩年崇信仏理、尤精玄学、著二旨義、別為新通、又製性情、幾神等論。

④ 梁書巻三十六、江革伝　革歴官八府長史、四王行事、二為二千石、傍無姫侍、家徒壁立、世以此高之、

⑤ 金楼子巻二、聚書篇　又就会稽宏普恵皎道人捜聚之。ここにいう宏普寺はあきらかでないが、元帝が「今年四十六歳」という、今年は、元帝の承聖二年（五五三）であり、慧皎は五十七歳、入寂の前年にあたる。嘉祥寺から宏普寺に隠棲していたのであろうか。また同篇に、張予章綰経餉書如高僧伝之例是也とあり、大同五年（五三九）に予算内史となった張綰（四九二—五五四？）から高僧伝を得たことを記すのも、慧皎の高僧伝を指すのであろう。

⑥ 続高僧伝巻一、梁揚都荘厳寺金陵沙門宝唱伝（大正五〇・四二六b—四二七c）参照。

⑦　大正蔵経本高僧伝（高麗本）の校記によれば、宋元明版大蔵経高僧伝にも見え、宮内庁本にはこの慧皎伝補遺百二十七字（宋・元・明本による）を欠いている。

⑧　高僧伝巻十四後序（大正五〇・四二三a）此伝是会稽嘉祥寺慧皎法師所撰、法師学通内外、善講経律、著涅槃疏十巻梵網戒等義疏、並為世軌、又著此高僧伝十三巻、梁末承聖二年太歳癸酉、避侯景難、来至湓城、少時講説、甲戌年二月捨化、時年五十有八、江州僧正慧恭経始、葬廬山禅閣寺墓、龍光寺僧果同避難在山、遇見時事、聊記之云爾。

⑨　南史巻六四、張彪伝参照。

⑩　高僧伝では、竺潜（法深）は王敦の弟であると明記しているが、世説注（徳行篇）においては、桓彝が評した僧法深は「不知其俗姓、蓋衣冠之胤也」とする。

⑪　高逸沙門伝曰、法師居会稽、皇帝重其風徳、遣使迎焉、法師暫出応命、司徒会稽王、天性虚澹、与法師結殷勤之歓、師雖升履丹墀出入朱邸、泯然曠達、不異蓬宇也。

⑫　巻八、僧鍾伝（三七五c）、時与鍾斉名比徳者……僧宝等並各善経論、悉為文宣所敬、迭興講席矣。また慧次伝（三七九c）時謝寺又有僧宝……一代英哲、為時論所宗。また宝亮伝（三八一a）曠野寺僧宝亦並斉代法匠、宝又善三玄、為貴遊所重。

⑬高僧伝巻一、康僧会伝（大正五〇・三二五c―三二六a）、皓問曰、仏教所明、善悪報応、何者是耶、会対曰、……易称積善余慶、詩詠求福不回、雖儒典之格言、即仏教之明訓、皓曰、若然則周孔已明、何用仏教、会曰、周孔所言略示近迹、至於釈教則備極幽微、故行悪則有地獄長苦、修善則有天宮永楽……後使宿衛兵入後宮治園、於地得一金像高数尺呈皓、皓使著不浄処、以穢汁灌之、……俄爾之間、挙身大腫、陰処尤痛……

⑭　法苑珠林巻十四（大正五三・三八八c）、斉建元初（四七九）、太原王琰者、年在幼稚、於交阯賢法師所受五戒、以観音金像令供養、遂奉還楊都寄南澗寺、琰昼寝夢像立于座隅、意甚異之、即馳迎還、其夕南澗失像十余、盗毀鋳銭、至宋大明七年（四六三）秋夕、放光照三尺許、金輝映奪、合家同覩、後以此像寄多宝寺、琰適荊楚垂将十載、不知像処、及還楊都、夢在殿東、衆小像内的分明、詰旦造寺如夢便獲、於建元元年七月十三日也、故琰冥祥記自序云、此像常自供養、庶必永作津梁……。また牧田著『六朝古逸観世音応験記の研究』参照。

⑮　世説新語の注を書いた劉峻（四六二―五二一）であれば、益部寺記の著者としてもふさわしいが、彼は山東平原（鄃平県）の人、慧皎の序には彭城の劉悛と明記している。

⑯　梁書巻五十、劉勰伝、勰早孤、篤志好学、家貧不婚娶、依沙門僧祐、与之居処積十余年、遂博通経論、因区別部類録而序

之、今定林寺経蔵、勰所定也。また『梁高僧伝』巻十一僧祐伝にも、僧祐が人をして要事を抄撰して『出三蔵記集』、『釈迦譜』、『弘明集』などをつくったと記していることは、注目すべきである。

⑰ 昭和四十五年刊、牧田著『六朝古逸観世音応験記の研究』参照。なお本書補訂版は年内に刊行予定である。

⑱ 山内晋聊教授は、一、高座（帛尸黎蜜）別伝　王秀撰、『高僧伝』の本文（巻一、大正五〇・三二八a）に、瑯瑘の王珉が蜜（―三四二）に師事して、後に序を作ったことに注目して、王秀は王珉か。二、また『晋書』巻六十五、王導伝附見の王珉伝によれば、珉は太元十三年（三八八）二十八歳で死んでいるから、年代的には合致せずとして疑問を提起している（『支那仏教史之研究』一五頁）。『高座別伝』は、『世説』の注（巻上之上、言語篇、高座道人が中国語を話さなかったので、ある人がその訳を聞くと、簡文帝は、彼は問答応対の煩わしさをはぶくためなのだと言った）に『高座別伝』を引用しているが、これは慧皎の帛尸黎蜜伝の成立に大きく影響している。また『高僧伝』巻十一、斉京師安楽寺釈智称（四三〇―五〇一）は、少年時代は王玄謨の軍にあったが、のち、三十六歳で出家して律部をおさめた。『十誦律』を講ずること数十百遍、『十誦義記』八巻を撰している。同巻明律の論に、「斉・梁の間に智称の律学は聞えたので、号して、命世の学徒と称し、伝記して今にこれを尚ぶ」というがごとき、この伝記した小篇にいたっては、枚挙に遑ないほどである。そうした小篇があつまって、後に『高僧伝』に大成されてゆくのである（大正五〇・四〇二b、同四〇三b）。

⑲ 高僧伝巻十四（大正五〇・四二二c）、康泓専紀単開、王秀但称高座、僧瑜卓爾独載、玄暢超然孤録という。康泓が伝讃をつくったことは、巻九単道開伝、僧瑜のことは巻十二僧瑜伝に、呉郡の張弁の伝賛を載せているし、巻八玄暢伝には、成都の傅琰が師礼を執ったのに、山讃を疏して琰におくり、後玄暢の死ぬや、臨川献王がその碑を立て、周顒が文を製したことを伝えて、玄暢伝の本文が周顒の碑文に拠っていることを示している。高座道人帛尸黎蜜については前注参照。

⑳ 高僧伝巻十四（大正五〇・四一九a）、自前代所撰多曰名僧、然名者本実之賓也、若実行潜光則高而不名、寡徳適時、則名而不高、名而不高、本非所紀、高而不名、則備今録、故省名音代以高字、其間草創或有遺逸。

㉑ 高僧伝巻十四（大正五〇・四一八c）、各競挙一方不通今古、務存一善不及余行、逮乎即時、亦継有作者、然或褒賛之下、過相揄揚、或叙事之中、空列辞費、求之実理無的可称。

㉒ 『高逸沙門伝』の撰者竺法済の師は、竺道潜（竺法深）である。『世説』上之上、徳行（30）の注に「僧法深不知其俗姓、蓋衣冠之胤也、道徽高扇、誉播山東、為中州劉公弟子、値永嘉乱、投迹揚土、居止京邑、内持法綱、外充具瞻、弘道之法師也」という。剡県の東二百里仰山に住み、同遊十余人とともに高棲浩然たりといい、支遁がその風範を崇んだという。『高僧伝』

に王敦の弟といい、ここにその出自を明かにしないというのは、王敦が逆臣として東晋王室に叛いたことにもとづくものであろう（『晋書』巻九八、王敦伝）。

㉓ 高僧伝巻八、法安、姓畢、魏司隷校尉軌之後、……永泰元年卒於中寺、春秋四十有五、著浄名十地義疏幷僧伝五巻。（大正五〇・三八〇a）、同巻十四序録（同四一八b）。名僧伝説処第十七には「法安著十地義疏、沙門伝五巻、並伝於世事」という。

㉔ 高僧伝巻五、道安伝（大正五〇・三五四a）。何点の伝は『南史』巻三十何尚之伝附見（梁書巻五一）。また『法苑珠林』巻十六、敬仏篇弥勒部道安伝参照（大正五三・四〇七b）。

㉕ 『続高僧伝』では魏の洛都融覚寺釈曇無最として護法篇に伝がある（大正五〇・六二四b～）。「最善弘敷導、妙達涅槃華厳、僧徒千人、常業無怠」という。正光元年（五二〇、梁武帝普通元年）七月に釈道二教の門人を会して宮中に対論せしめた時に、道士姜斌と議論してこれを屈伏せしめたという。伝には「仏法中興、惟其開務」という。しかし在俗の楊衒之から観れば、その評価は異なってくるのである。

㉖ 僧尼が二万四千、寺院は一七六八所も数えられたという東晋で、桓玄が衆僧沙汰の令を元興元年（四〇二）に下している。（『弘明集』巻十二、与僚俗沙汰僧衆表）その対象からはずされたものは、㈠経典の詁を伸べ明かにし、仏教の教義を解釈敷衍することのできるもの、㈡定められた行をきちんとおこない、戒律を完全にまもって、恒に清浄な地域に住んでいるもの、㈢山林に住んで自己の志を養い、世俗に惑わされないもの、の三を挙げているし、この桓玄の令に答えた慧遠の手紙には、仏教者には、㈠坐禅工夫して微に入るもの、㈡仏の遺された経典を味読するもの、㈢福業を興すもの、以上の三類に分っている。時代に生きるにふさわしい僧侶の類型である（牧田編訳『弘明集研究』巻下、六八九―九五頁参照）。

㉗ 『支那仏教史之研究』三〇頁。『四庫全書総目提要』巻一四五に宋高僧伝三十巻を挙げ、その解説中に、「高僧伝之名、起於梁釈恵敏、分訳経義解両門、釈恵皎復加推拡、分立十科」という。

㉘ 高僧伝序録（大正五〇・四一九a）、「自前代所撰多曰名僧、然名者本実之賓也、若実行潜光、則高而不名、寡徳適時、則名而不高、名而不高、本非所紀、高而不名、則備今録、故省名音、代以高字」。

㉙ 高僧伝序録（大正五〇・四一八c）、「始于漢明永平十年、終至梁天監十八年、凡四百五十三載、二百五十七人、又傍出附見者二百余人、開其徳業、大為十例」。

㉚ 高僧伝巻三（大正五〇・三四五b）、「随方俗語、能示正義、於正義中、置随義語」。

㉛ 高僧伝巻三（大正五〇・三四六a）、「而頃世学徒、唯慕鑽求一典、謂言広読多惑、斯蓋堕学之辞、匪日通方之訓」。

㉜　高僧伝巻八（大正五〇・三八三a）、「四弁荘厳、為人広説、示教利憙、其在法師乎」、諸菩薩説法のさま。教法において滞ることなく、教法のあかす義理を知って滞ることなく、諸国の言辞に通達自在にして滞ることなく、弁舌滞ることなきこと。意に約して四無礙智、口に約して四無礙弁、また四弁という。

㉝　老子第三十一章「兵者、不祥之器、非君子之器、不得已而用之」。

㉞　高僧伝巻八（大正五〇・三八三a）、「滞教者謂至道極於篇章、存形者謂法身定於丈六、故須窮達幽旨、妙得言外」。

㉟　続高僧伝巻十五（大正五〇・五四八a）、「自仏教東伝、年代惟遠、…昔漢明入夢、騰蘭赴雒、通悟道俗、抑引邪正、故使時俗一期翕然改観、非夫弁慧、何以明哉」。

㊱　高僧伝巻八（大正五〇・三八三a）、「経云、若欲建立正法、則聴親近国王及持仗者」、何の経かは未詳。

㊲　高僧伝巻十一（大正五〇・三九五a）、「神道之化也、蓋以抑夸強、摧侮慢、挫兇鋭、解塵紛」。

㊳　前注のやや後に「夫理之所貴者合道也、事之所貴者済物也」という。『法苑珠林』などに類従される神異の類も、同様であろう。

㊴　村上嘉実著『六朝思想史研究』に「高僧伝の神異」がある。神異は慈悲心から発する宗教的実践、それ自身が救済の力を持つ、仙道と仏教との融合がいわゆる神異に見られるとする。

㊵　高僧伝巻十一（大正五〇・三九九b）、「専精禅業、亦時行神呪、後遊成都、至王休之、費鏗之請、為興楽、香積二寺主、訓衆有方、常行分衛、不受別請及僧食」

㊶　高僧伝巻十一（大正五〇・四〇〇b）、「老子云、重為軽根、静為躁君、故軽必以重為本、躁必以静為基」。

㊷　礼記・曲礼上「道徳仁義、非礼不成、教訓正俗、非礼不備」。

㊸　法華経薬王菩薩本事品（大正九・五四a）、「若有発心欲得阿耨多羅三藐三菩提者、能燃手指乃至足一指、供養仏塔、勝以国城妻子及三千大千国土山林河池諸珍宝物而供養者」。

㊹　高僧伝巻十三（大正五〇・四〇六a）、「若是出家凡僧本以威儀摂物、而今残毀形骸、壊福田相、考而為談、有得有失」。

㊺　このような例は、後世にも見える。謝肇淛の『五雑俎』巻八に、「僧之自焚者多由徒衆誑人之捨施…」として多くの例を挙げているのは、明代の庶民仏教の実態を知るうえにも注目すべき記事である。『東洋学術研究』一四―五所収、牧田稿「謝肇淛の仏教観」。

㊻ 西域文化研究第六『歴史と美術の諸問題』所収、拙稿「要行捨身経」参照。

㊼ 注維摩経巻一（大正三八・三二九ａなど）。

㊽ 高僧伝巻十四（大正五〇・四一八ａ）「経師転読、事見前章、皆以賞悟適時、抜邪立信、其有一分可称、故編高僧之末」。

補注 『新唐書巻』七十五下、宰相世系表十五下には、安世高の一族についての興味ある記載がある。

解題

船山 徹

中国仏教史研究1　解題

本巻『牧田諦亮著作集第二巻　中国仏教史研究１』は九本の論文を収録する。著者が研究領域とした幅広い時代のうち、本巻に収めるのは、比較的早期（主に隋唐以前）の中国仏教を歴史的観点から考察した概説や論文である。論文それぞれの底本（本巻の拠りどころとした本）と初出は次の通りである。

中国仏教史の流れ
原載　『アジア文化』一〇—四、一一—一・三・四、一九七四～七五年
底本　牧田諦亮『中国仏教史研究第二』、大東出版社、一九八一年

肇論の流伝
原載　塚本善隆編『肇論研究』、法藏館、一九五五年
底本　牧田諦亮『中国仏教史研究第二』、大東出版社、一九八一年

慧遠とその時代
原載　*Zinbun* 6, 1962
底本　牧田諦亮『中国仏教史研究第一』、大東出版社、一九八一年

慧遠著作の流伝
原載　木村英一編『慧遠研究、研究篇』、一九六二年

底本　牧田諦亮『中国仏教史研究第二』、大東出版社、一九八一年
梁の武帝——その信仏と家庭の悲劇——
原載　『佛教大学学報』一六、一九六七年
底本　牧田諦亮『中国仏教史研究第二』、大東出版社、一九八一年
宝山寺霊裕伝
原載　『東方学報』京都三六、一九六四年
底本　牧田諦亮『中国仏教史研究第二』、大東出版社、一九八一年
大唐蘇常侍写真定本
原載　『福井博士頌寿記念、東洋思想論集』、一九六〇年
底本　牧田諦亮『中国仏教史研究第一』、大東出版社、一九八一年
劉晏の三教不斉論
原載　『塚本博士頌寿記念、仏教史学論集』、一九六一年
底本　牧田諦亮『中国仏教史研究第一』、大東出版社、一九八一年
高僧伝の成立
原載　『東方学報』京都四四、四八、一九七一年、一九七五年
底本　牧田諦亮『中国仏教史研究第三』、大東出版社、一九八一年

以上の各論考は『中国仏教史研究』に再録されているが、その際、著者は「発表後の加筆補訂多く、本書所収論文をもって最終稿とする。」と断っている。それ故、本巻も著者の意向に従って『中国仏教史研究』の再録版を底

本として収録することとする。

各論文の主な内容と特色をかいつまんで紹介しておこう。

・中国仏教史の流れ

「中国仏教史の流れ」は、中国仏教史の最初期から南北朝、隋唐を経て明清に及ぶまでを概説するのみならず、中国仏教史の特色をも指摘する。中国仏教史概説とでも呼ぶべき体裁を備える本稿は四節より成る。

第一節「中国上代の仏教」は、仏教伝来の最初期を取り上げ、後漢の明帝による仏教初伝伝説や楚王英の奉仏の記事を紹介する。

第二節「中国人の仏教」は、中国において、出家僧の社会的定着は仏教初伝と同時ではなく、それより百五十、六十年ほど遅れたことや、仏教信仰に基づく霊験記の成立普及は中国仏教の一大特色であること、仏教語を中国の経書や老荘の語で説明する「格義」と呼ばれる解釈法が中国特有の仏教理解を特徴づけていること等を述べる。

第三節「中国仏教史を形成するもの」では、一転して書誌学的課題に目を向ける。中国仏教史を本格的に研究するには、漢訳経典や正史を調べるだけでは全く不十分なのであって、金石文（碑文）などの積極的活用を通じて真の実態に迫るべきであることを力説する。方法論的覚え書きとでも言うべきこの節は著者の研究の特色を如実に表している。

そして第四節「中国仏教の成長と終りと」では、中国特有の仏教史的展開への視座として、漢訳諸経典の様々な内容が、中国仏教の歴史では、釈迦一代の説法が徐々に進展した記録ととらえられていること、そしてそれらを体系的に位置づける「教相判釈」という経典解釈法に中国的特色がみとめられることを指摘する。さらに後代、長い歴史を経て近世になると、「儒仏道三教の融合」ないし「道仏の混淆」が進んだ点に中国らしさを看取することができるとする。

こうした考察を通じて、最後に著者は中国的仏教受容のありかたの全体的な特徴に触れ、こう述べている――「近世の中国の人々にとっては、もはやインドの仏教だとか、中国古来の民族神だとかの区別は無用であり、願いごとをかなえてくれるもの、それが仏であり、神であるのであり、「有求必応」の四文字の中に、中国人の宗教観の重要な部分が照し出されている」。ここには現実重視や現世利益的態度、教理学ではなく宗教としての仏教の側面、応験譚を重んずる傾向など、中国仏教史を特徴付ける幾つかの面が関わっている。結論的提言としてみれば著者の視点は殊更新しいものではないかもしれないが、中国思想とは何かを根本から考え直そうとするとき、深い示唆を与えてくるものと言うべきであろう。

この概説は中国仏教史全体を射程に入れるものであるが、その中でも特に、著者は、氏の所属していた京都大学人文科学研究所において行われていた中国宗教研究の動向を色濃く受けながら研究を進めた。その際、著者が最も重視し、頻繁に参照した文献が何だったかと言えば、たとえば梁の僧祐撰『弘明集』『出三蔵記集』、唐の道宣撰『広弘明集』、梁の慧皎撰『高僧伝』などであった。このうち『高僧伝』については後述するが、『弘明集』については牧田自身の編になる共同研究の成果として『弘明集研究』全三冊が出版されている（京都大学人文科学研究所、一九七三～一九七五年）。さらに『弘明集』と『広弘明集』については、その後、極めて信頼し得る抄訳が出版されたのであわせて紹介しておこう。吉川忠夫訳『大乗仏典、中国・日本篇4、弘明集　広弘明集』（中央公論社、一九八八年）がそれである。また、僧祐『出三蔵記集』のうち、様々な経序を収める巻については和訳として、中嶋隆蔵編『出三蔵記集序巻訳注』（平楽寺書店、一九九七年）があり、関連の研究者や学生を裨益していることも挙げておきたい。

・肇論の流伝

「肇論の流伝」は、京都大学人文科学研究所で行われた共同研究の報告書『肇論研究』（塚本善隆編、一九五五年）のために執筆された。『肇論』という書物は、仏典漢訳者として名高い鳩摩羅什（三五〇～四〇九年頃）の漢人高弟の一人であった僧肇（三八四～四一四年）の論文集である。その内容は、インド仏教とも適合するような仏教固有の理解のみならず、『荘子』の強い影響を受けた中国特有の思想的潮流をも伝える貴重な文献である。本論文は、僧肇の諸著作、『肇論』一巻の構成、その内容梗概、その流布、その注釈その他の事項を文献学的に手堅い方法で検討した好論である。とりわけ著者らしい視点は、「日本における肇論の流伝」の節において、日本古写経を捜索し、『肇論』の日本に及ぼした影響を調査したことであろう。我が国における『肇論』の流伝は三論宗の隆盛と関係し、八世紀には『肇論述義』『元康疏』の二注釈が日本で知られ、その後、鎌倉時代には『肇論』とその諸注釈が書写されたと解説される。但しその鎌倉時代においても、「一時的な三論宗の盛行が泡沫の如く消えさるとともに、『肇論』研究の風も概ね終了したものの如くである」と説明されている。さらに『夢庵和尚節釈肇論』という日本の注釈書にも着目し、関連写本の書誌学的解説を行っていることも著者にしてはじめてなしえた貴重な成果であろう。

・慧遠とその時代　・慧遠著作の流伝

本巻には廬山の慧遠（三三四～四一六年）に関する論考として「慧遠とその時代」「慧遠著作の流伝」の二本を収める。慧遠は、東晋の釈道安（三一二～三八五年）の弟子として学び、後の廬山時代には、同時代の後秦の長安において極めて大きな影響を生み出していた鳩摩羅什（三五〇～四〇九年頃）と私信を交わし、深い仏教教理と信頼関係を打ち立てたことで知られている。また中国浄土教の祖としても名高い。

「慧遠とその時代」は、京都大学人文科学研究所における共同研究の成果報告書である木村英一編『慧遠研究』遺文篇（創文社、一九六〇年）の公刊を基に、その成果をふまえた英文原稿を和訳したものであるが、同時に、著者の私見を補訂した改訂版としての性格をもあわせもつ。慧遠の生涯から説き起こし、慧遠の思想を代表する因果応報の説や世俗的王者と出家僧の優劣関係を論じた「沙門不敬王者論」、長安の鳩摩羅什とのつながり等を広い視野から論じている。

「慧遠とその時代」が慧遠の活動を先行する時代や同時代との関係から照射した研究であったのに対し、もう一方の「慧遠著作の流伝」は、慧遠の後代に及ぼした影響の大きさに焦点を当てる。慧遠が没した直後の六朝時代における影響という点については、南朝宋の明帝時代にまとめられた陸澄『法論』に及ぼした慧遠の影響力を検討する。次いで隋代の費長房『歴代三宝紀』における影響、唐宋時代の慧遠文集の流布、元代の慧遠に関する説話を取り上げ、考察している。著者の視点は中国にとどまらず、日本にも及んだ。慧遠が鳩摩羅什と交わした教理問答の書簡集は『大乗大義章』という名で呼ばれ日本でも流布したことを重視して、関連写本の調査解説を行っている。同書が日本で出版された『大日本続蔵経』（通称『続蔵』）という大蔵経に収録されたことも述べ、総じて『大乗大義章』の重要性を様々な角度から検討することに成功している。

なお以上に示した「肇論の流伝」「慧遠とその時代」「慧遠著作の流伝」は、他の概説と比べてみたとき、論述の仕方がやや詳細すぎる印象を抱く読者もいるかもしれないが、それはある意味で当然とも言える。これら三論文は、元来、京都大学人文科学研究所における独自の研究体制であった「共同研究」――専門を異にする研究者たちが集まって同じ主題を数年間研究し、意見を交換し合う共同体制――から生まれた研究報告であったため、一般読者よりも専門の研究者を意識して書かれている部分が多いからである。

・梁の武帝——その信仏と家庭の悲劇

慧遠が活躍したのは五世紀初頭であったが、慧遠の没した後の時代に六朝仏教史において大きな足跡を残し、仏教を手厚く保護した皇帝として、南朝梁の武帝（蕭衍。在位五〇二～五四九年）がいたことは広く知られているであろう。本巻に収める「梁の武帝——その信仰と家庭の悲劇」は、武帝の仏教者としての側面に的を絞り、武帝の伝記からは見えにくい仏教信仰や歴史上の悲劇的事件を活写することに意を注いでいる。

長期に及ぶ武帝の治世は安定した幸せな時代だったと思われがちであるが、著者によれば、一見いかにも福徳の長者のように見える武帝も子細に検討すれば決して幸福ではなかったという。本稿は武帝のそうした面を妻妾子弟らの悲劇的最期という面に注目して解き明かす。晩年の武帝は、結局、後の歴史家から「溺仏の皇帝」とも揶揄される程に仏教に頼らざるを得なくなったが、そのことは、不幸な家庭生活に対する思いや、災障をなくしたい思いを考慮すれば十分理解できるということを筆者は説得的に描写する。

因みに本稿の出版後、武帝関係の研究は数多く現れ、とりわけ武帝に触れる論文は夥しい数に上る。著者と共通する歴史学的研究として、「梁武帝仏教関係事跡年譜考」を収める諏訪義純『中国南朝仏教史の研究』（法藏館、一九九七年）と、顔尚文『梁武帝』（台北・東大図書公司、一九九九年）の二冊を近年の主要な単著として紹介しておきたい。

・宝山寺霊裕伝

北魏から隋にかけての頃に、新しい時代を意識しつつも厳しい戒律をもって生涯を貫いた人物として霊裕（五一八〜六〇五年）という高僧がいた。本論文は霊裕の伝記を扱う。霊裕伝には、唐の道宣『続高僧伝』巻九に収める霊裕伝のほか、貞観六年（六三二）建立の『大法師行記』という碑文資料や北宋時代の伝がある。著者は『大法師行記』その他に多く依拠しながら、霊裕の伝記を再構築することに努力を傾ける。この論文は附録として付せられた「河南宝山石刻目録」によって、資料的な価値をさらに高めている。

因みに本稿出版以降に、本稿の研究を継承する視点から編まれた宝山霊仙寺の碑文研究として大内文雄氏による次の研究があるのであわせて参照されたい。大内文雄「隋唐時代の宝山霊仙寺――宝山霊仙寺石窟塔銘の研究」、同「宝山霊仙寺石窟塔銘の研究――釈文・訓読・拓影」（ともに同『南北朝隋唐期仏教史研究』、法藏館、二〇一三年）。

・大唐蘇常侍写真定本

本稿は唐代仏教写本の研究である。正倉院聖語蔵の唐経である『阿毘達磨大毘婆沙論』巻七十と巻百七十八の奥書に見える「大唐蘇常侍写真定本」という角朱印を主題とし、蘇常侍とは誰かの謎解きを試みる。著者は多くの写本跋文等を参照精査した結果、蘇常侍は仏弟子観自在と同一人である可能性や、仏弟子観自在は『旧唐書』宦官伝に見える楊思勗（約六六〇〜七四〇年頃、蘇思勗ともいう）である可能性を導きだし、さらに龍門奉先寺に残る楊思勗の造像記から楊思勗の仏教信仰の様子を浮き彫りにしている。

・劉晏の三教不斉論

この論文も唐代写本研究である。伝教大師最澄（七六七〜八二二年）が入唐した際、越州の龍興寺で写得した経論の目録である『伝教大師将来越州録』に『三教不斉論』一巻という名で記されている撰者未詳の文献を取り上げる意欲的論考である。『三教不斉論』という書名は、最澄より一足先に入唐した空海（七七四〜八三五年）の将来目録である『御請来目録』にも記録されるほか、永超（〜一〇九五年）の撰集した本邦初の仏教書目録『東域伝灯目録』にも名が見える。このように『三教不斉論』が日本仏教を代表する学僧によってもたらされた記録があるにもかかわらず、中国側の文献では従来知られていないことを著者は重視して、本書の同定を試みる。その作業にあたって著者が着目したのはスタイン将来敦煌写本五六四五号であった。この写本は残欠の冊子本であるけれども一冊のまとまった本ではなく、数種類の文献が雑然とメモのように記されている。そして驚くべきことにその末尾には「三教不斉論　劉晏述」とある。著者によれば、この最後の部分は首欠であるが、原文は七八行にわたって残され、末尾は明確に読み取れる。著者はその録文を作成し、本稿に収録した。撰者の劉晏は唐代屈指の財政家として知られ、粛宗・代宗在位間に漕運塩鉄のことに大いに貢献した山東省曹州南華の劉晏（七一五〜七八〇年）である可能性が高いというのが本稿の出した仮説である。さらに粛宗・代宗期の仏教信仰の実態との関わりからスタイン写本五六四五号「三教不斉論」（首欠）の内容を検討し、最終的に『三教不斉論』がたてまつられた時期について、大暦十四年（七七九）に徳宗が即位した直後、劉晏六十二歳の時であった可能性に説き及ぶ。

牧田論文は一九六一年に出版され、その後しばらくの間、研究は進まなかったが、ごく最近、新たな写本研究が公表された。すわなち藤井淳「姚𧦬撰『三教不斉論』（石山寺所蔵）写本の翻刻」（『高野山大学密教文化研究所紀要』二四、二〇一一年）がそれである。藤井氏によれば、石山寺写本（室町時代書写）と東京都立中央図書館の諸橋文庫の写本に全く同一の写本があり、その撰者が姚䛒であるのは確かである。因みに姚䛒という名は牧田論文「劉晏の三教不齐論」末尾の附註（二）にも触れられ、そこに明らかな通り、弘法大師が将来したと伝えられる『三教不斉論』は『三教優劣伝』とも『三教優劣不斉論』とも言い、撰者は姚䛒（功言）であるとされている。この撰者は石山寺本の撰者と合致する。姚䛒と劉晏（劉安）の異同や、『三教不斉論』より知られる唐代の儒仏道三教交渉の具体的側面については今後の研究の更なる進展が期待されるであろう。

・高僧伝の成立

本巻末尾を飾る「高僧伝の成立」は、時代を遡って六朝時代の南朝梁で編纂された『高僧伝』を主題とする文献研究であり、同時に、後述するように写本研究としての価値をあわせもつ。『高僧伝』は、梁の慧皎によって編纂された有名な僧伝である。本稿は、撰者慧皎の生涯や、慧皎が基づいた僧伝応験類を解説し、さらに直前の同時代に存在した宝唱『名僧伝』との関係や日本古写経をも活用した早期の伝承を視野にいれて『高僧伝』の成立と流布の歴史を解き明かそうと試みた論考である。また、『高僧伝』の目録を挙げ、立伝されている各僧を『名僧伝』および『出三蔵記集』と比較しながら表にした「高僧伝目録対照表」と、『高僧伝』を構成する十科（十篇）の名称と概要を解説する「高僧伝十科の分類」も本稿の一部であり、それらも文献学上重要な考察であるが、本稿出版後四十年の経過した今日の研究環境において、この論文の最大の特色は何と言っても論文末に置かれた第七節「石山寺本高僧伝について」である。著者の検討したところに従うならば、石山寺（滋賀県大津市、真言宗）に蔵せられるこの経本は、仁平四年（一一五四）以後、長寛二年（一一六四）以前頃の書写と考えられる。石山寺本を調査する中で筆者はとりわけ二つの大きな貢献を果たした。一つは日本に残る古写本の重要性を指摘し、『高僧伝』石山寺本の書誌学的特徴を学界に初めて報告したことである。もう一つの偉大な貢献は、『高僧伝』石山寺本が中国の経録に古来紹介される十四巻本という通常の体裁と異なって、全十巻構成の本（本文九巻、序録一巻）であることを発見し、現行本との相違を示す端的な例として釈道安伝の録文を作成して公表したことである。著者によれば、十四巻本（通常本）と十巻本（石山寺本）は、十科の「分科内容については殆ど変化がないにも関わらず、伝中の字句の異同は甚だしい」と言い、さらに「智厳伝、求那跋摩伝、道安伝、竺法曠伝、曇翼伝、竺僧朗伝、智秀伝等においては、数十字乃至千数百字の増加が見られる」と指摘する。この事実は重要であろう。石山寺本の現行本との相違が何故生じたかについて「詳細な考察はまだつけることができない」と結論を控えているが、「日本で最も古く書写されたと思われる『高僧伝』が十巻本であり、（……注釈……）おそらくは入唐僧らによって齎らされた中国の写本にもとづいて書写された『高僧伝』の編成を示すものと思われる」と記し、石山寺十巻本の希少価値と重要性を力説する。

因みに著者が「高僧伝の成立」を最初に出版した一九七一～七五年の後、『高僧伝』の研究は大きく発展し、現在は校本として湯用彤校注、湯一玄整理『高僧伝』（中華書局、一九九二年）が広く知られている。また最近公開された版本として、通常の高麗版である高麗版再雕本よりも約二百年早い高麗版初雕本がある（『高麗大蔵経初刻本輯刊』、重慶西南師範大学出版社、二〇一二年）。十四巻本の初の全和訳として吉川忠夫・船山徹訳『高僧伝』（全四冊、岩波文庫、二〇〇九～二〇一〇年）が出版されている。その第一分冊に収める「訳者解説」には、『高僧伝』の成立年次、『高僧伝』と『名僧伝』の関係、『高僧伝』と『続高僧伝』の関係その他についての新しい見解が示されるほか、部分訳、現代中国語訳、研究書、論文など多くの関連研究があることも解説されている。著者の研究はそうした近年の諸研究を打ち立てるための堅固な礎として大きな影響を与えつつ今に至ると言うべきである。

最後に、本巻諸論考に見られる牧田の著作の特徴として二つの点を指摘しておきたい。第一は、中国仏教史の実態や現実への目配りの豊かさである。教理学や漢訳に意義があるのは言うまでもないが、それだけでは中国仏教史の生きた現実は見えないという。

一例を挙げよう。伝統的な経典分類で諸経の冒頭に置かれる『般若経』の中でも唐の玄奘訳『大般若波羅蜜多経』六百巻はその名とともに長大さで有名である。著者は「中国仏教史の流れ」の中でこの経典に触れ、こう書いている。「玄奘訳の『大般若波羅蜜多経』六百巻はたしかに真経であるが、これを通読した人が何人あるであろうか。六千巻大蔵経の首帙におさめられて、鎮国の妙典・人天の大宝といわれながら、今日我国では安置供養され、全く形式的に転読されるにとどまっている現実を思いあわせて、何が読まれた、信じられた経典であるかを理解せねばならない。」通常、経典を主体に研究する仏教学者の場合であれば、もし仮に『大般若経』に通暁していないとしても、そのことを誇らしげに言う者は恐らくいないのではないか。それに対して著者は、『大般若経』を読んで知っているだけでは中国仏教の肝要な点は逆に見えないのだという警告を我々に発し、そして経典の重要性を根源から問い直し、中国日本の仏教の実態や現実という点から再構築することを自らの研究課題としたのであった。以上は玄奘訳『大般若経』をめぐって筆者が語る現実重視の態度であるが、この態度は他の文献の場合も同様である。上述の『高僧伝』に関してさえ、著者は「私は高僧伝類が単なる高僧に限定されず、中国仏教史のみならず。「下級な」人たちの仏教信仰、社会の底辺にうごめく人たちの宗教意識や、社会の動向までをも含んでいる貴重な史料として、高僧伝類を再検討すべきであるとの見地に」立つと記しているのは極めて興味深い。

著者の研究のもう一つの特徴は仏教史料への深い反省である。著者は金石史料（碑銘の類い）や古写本（特に日本古写経と敦煌写本）の価値を極めて重く見、それを通じて従来知られなかった歴史の現実を原典に即して描き出そうと真摯な姿勢を貫いた。我々が通常用いることのできる大蔵経は、ごく一部の例外を除けば、ほとんどすべてが印刷によって後世に伝えられたものである。その際、何を印刷すべきか、すべきでないかの判断は真経（インド伝来の経典を漢訳したもの）と偽経（漢訳経典であるかのように中国人が偽作したもの）とを区別する視点に基づき、唐代の『開元釈教録』（七三〇年）以来、偽経を大蔵経から可能な限り排除する傾向が強まった。唐代に知られていた偽経の数は相当の数に上ったが、厳格な学僧たちはそれらを偽経として否定し、排除することに努力を傾けた。その後の木版印刷大蔵経もそのような真経と偽経の区別に基づいている。そのことは裏返して言えば、中国で一時実際に人気を博し盛大に受け入れられた経典のうちの重要な一部が歴史から消えたことを意味する。著者の研究は、そうした歴史から消えた文献に再び視点を注ぎ、その意義を評価しようとする姿勢に溢れている。

但し著者は写本研究に極めて大きな価値を見出し重視する一方で、写本研究の限界をも冷静にわきまえていた。著者は「中国仏教史の流れ」の「金石文などの史料価値」という節で、宗教史における虚構と真実の問題に目を向けるべきことを説く。すなわち写本や碑文においても時には史実をまげてまで当事者を礼賛することがある点を認め、写本や碑文だからと言って手放しに信ずるのではなく、他の史料とつきあわせながら価値をみきわめるべきであるということをはっきりと冷静に書いている。

このように著者は、歴史の中で散逸した偽経の多くが敦煌写本や日本古写経の中に残されていることを非常に重視し、批判的視点を保ちながら研究を大いに推進した。その最大の成果は本著作集第一巻の『疑経研究』であるが、そのほか、著者の努力はその後、牧田諦亮監・落合俊典編『七寺古逸経典研究叢書』（大東出版社、一九九四〜一九九八年）としても実を結び、諸成果は極めて大きな影響と恩恵を人々に与え続けている。

以上、牧田諦亮先生の仏教研究に関する各論文の内容と先生の研究に通底する特色を二点述べた。これをもって本巻に収録する諸論考の解題に代えたいと思う。詳細は各論文に当たってご理解いただければ幸いである。

牧田諦亮著作集　第2巻　（全8巻）

二〇一五年一月三十一日　初版発行

編　者　『牧田諦亮著作集』編集委員会

発行者　片　岡　敦

印刷
製本　亜細亜印刷株式会社

606-8204　京都市左京区田中下柳町八番地

発行所　株式会社　臨　川　書　店

電話（〇七五）七二一—七一一一
郵便振替　〇一〇七〇—二—八〇〇

落丁本・乱丁本はお取替えいたします
定価は函に表示してあります

ISBN978-4-653-04202-0 C3315
〔ISBN978-4-653-04200-6 C3315　セット〕